影响世界进程的大科学家

霍金传

huojinzhuan

杨建邺 著

長春出版社

全国百佳图书出版单位

图书在版编目（CIP）数据

霍金传/杨建邺编著. -3版. -长春：长春出版社，2009.4
（影响世界进程的大科学家）
ISBN 978-7-80664-641-0

Ⅰ.①霍… Ⅱ.①杨… Ⅲ.①霍金，S.—传记
Ⅳ.①K835.616.14

中国版本图书馆CIP数据核字（2009）第037193号

霍金传

责任编辑：杜 菲
封面设计：王国擎

出版发行：長春出版社 总编室电话:0431-88563443
发行部电话:0431-88561180 邮购零售电话:0431-88561177
地 址：吉林省长春市建设街1377号
邮 编：130061
网 址：www.cccbs.net
印 刷：长春方圆印业有限公司
经 销：新华书店

开 本：700毫米×1000毫米 1/16
字 数：228千字
印 张：16.25
版 次：2012年6月第4版
印 次：2014年1月第3次印刷
定 价：19.80元

前　　言

在 1988 年 10 月我才开始注意霍金教授，那时我因病住在医院里。10 月 12 日，我忽然收到我的大哥杨建军从纽约给我寄来的《时间简史——从大爆炸到黑洞》（A Brief History of Time，From Big Bang to Black Hole），我立即被这本书的内容和写作手法吸引，并且决心把它翻译出来。出院后，我立即与我的研究生翻译这本书中的两章《宇宙的图像》和《时间之箭》，寄给《现代物理知识》杂志。他们很快于 1989 年的 4 期和 5 期刊出。现在很多人都知道这本书是霍金教授写的一本世界知名的科学普及佳著，据说全世界卖了几千万册。但是当时并没有人知道这些。据《时间简史》的译者吴忠超先生说，这本书的中译本 1992 年在湖南科技出版社出版以后，很长一段时间没有人关注这本书和霍金；到人们开始关注时，已经是 1995 年以后的事情了。所以在 1989 年前后，尽管我多方努力寻找出版社，但是没有一家出版社愿意出版这本后来走俏的书。与现在很不同的是，那时很少有出版社愿意出版科学普及或科学人文方面的书。

言归正传，现在应该谈的是霍金教授。

众所周知，霍金教授在宇宙学研究方面做出了非常突出的贡献，对人类的观念有深远的影响。他认为自己一生的贡献是：在经典物理学的框架里，证明了黑洞和大爆炸奇点存在的不可避免性，黑洞越变越大；但是在量子物理学的框架里，他又发现黑洞因为辐射越变越小，大爆炸的奇点不但被量子效应所“抹平”，而且整个宇宙正是起源于此。具体说，霍金的贡献有四个方

目　　录

一、幸福的少年时代

二、“灰色的”优秀大学生

三、剑桥大学的博士

目　录

四、初露头角，新星升起

五、轮椅上的“黑洞的主宰者”

六、霍金爵士与他的《时间简史》

目　　录

到家庭在上述两方面对他的影响。

我们中国素来强调家庭对孩子成长的重要性，“孟母三迁”就是人人皆知的故事。孟母为了使她的儿子孟子有一个良好的成长环境，搬了三次家。后来用这个典故指父母对子女成长的关心。

斯蒂芬的母亲伊莎贝尔·霍金。

同样，被誉为“爱因斯坦继承人”和“宇宙主宰者（The king of universe）”的斯蒂芬·霍金，在人们不可思议的困难条件下，成为20世纪继爱因斯坦之后最伟大的物理学家和宇宙学家之一，一定可以在他的家庭中寻找到他成功的源头。这种寻找，对于每个家庭和每一位正在成长中的青少年来说，也许会带来一些有益的启示。

斯蒂芬·霍金的父亲弗兰克·霍金，是牛津大学医学院的毕业生，是一位热带病的专家。1939年第二次世界大战爆发时，他正在东非研究当地的地方病。他是一位爱国者，听说战争爆发了，立即启程横穿非洲大陆，乘船返回英国，报名参军，想到前线为祖国而战。但有关部门告诉他，他的医学技术和研究，对国家更有用处。他没能上前线，而是进入了一个医学研究所，在这儿，弗兰克遇到了他后来的妻子伊莎贝尔。

弗兰克的祖先世代务农，是勤劳本分、正直善良的农民；19世纪初，他的一位祖先成了德文郡（Deven Shire）一位公爵的管家，由此开端，霍金家族逐渐成为望族，在德文郡建造了富丽堂皇的住宅。到了斯蒂芬的祖父，已经是约克郡（Ycrk shire）的一位农场主。第一次世界大战前，他的农场十分兴旺发达，但是在战争后，由于可怕的经济大萧条，他的农场一落千丈，最后破产。为了摆脱贫困和让家中5个孩子受到良好的教育，弗兰克的母亲（斯蒂芬的祖母）想出一个办法：在家里开办一所学校。这所学校后来办得十分成功。从斯蒂芬祖母的事迹中，我们可以看到她的性格多么坚强。这种坚强的性格，成了霍金家庭中十分重视和强调的品格，以致斯蒂芬的父亲、母亲和他本人，甚至有些极端地认为“温情”（更不用说“妩媚”了！）是性格中严重的缺陷，而且对那些重视温情的人，他们持怀疑和轻视的态度。

伊莎贝尔出生于苏格兰的格拉斯哥，她的父亲是一位医生，有7个孩子，伊莎贝尔排行老二。像她这样的家庭，如果父母不作出相当的牺牲，很难负担儿女读大学的费用，尤其是女孩子，接受高等教育的机会更少。伊莎贝尔能够在牛津大学完成学业，说明她的家庭是一个十分开明和重视教育的家庭。

在牛津大学毕业后，伊莎贝尔干过税务稽查员等几样工作，但都是她不喜欢的。后来，她决定接受一个医学研究所的秘书工作。这个工作和她的资历比较起来，实在不太相符，但活泼友善的伊莎贝尔却对这项工作发生了兴趣。此后，她在这个研究所遇到了个子高大却害羞的弗兰克·霍金，他在国外的激动人心的冒险经历，打动了伊莎贝尔。不久，他们结婚了，在伦敦北郊的海格特居住。

1942年斯蒂芬·霍金出生，接着，他有了两个妹妹玛丽和菲莉帕。战争结束后，弗兰克被任命为国立医学研究院寄生虫部主任。1950年弗兰克全家搬到伦敦北部20英里处的圣奥尔本斯镇希尔赛德路14号。

20世纪50年代的圣奥尔本斯。

关于圣奥尔本斯的起源还有一个小故事：大约在公元304年，一个信奉基督教的罗马军人奥尔本，因为庇护逃亡的基督教士，在佛河东岸被杀害了。1077 年，基督教的信徒们在奥尔本遇害的地方修建起一个修道院，这个市镇就是在修道院周边发展起来的。1877 年，这个修道院被正式称为圣奥尔本斯大教堂，市镇即定名为圣奥尔本斯。到了 19 世纪 50 年代，圣奥尔本斯成为了一座繁荣的典型的英国中产阶级聚居的城镇，人口共有 18 万左右。斯蒂芬的一个同学说："圣奥尔本斯是一座非常整洁的城市，人人都争着往上爬，但它也是一座令人窒息的城市。"

弗兰克的家庭属于中产阶级家庭，这决定了他们的生活虽然比较富裕，但是要让几个孩子都受到良好的教育，仅靠他们的收入是非常困难的。孩子们只能以优秀的成绩取得奖学金，才能读剑桥、牛津这样的名牌大学。他们夫妇都是牛津大学的毕业生，因而他们认为：只有读了剑桥和牛津大学才会有前途，孩子们才会让他们感到欣慰；否则就会被人瞧不起，是没有前途的。在他们的眼光里，凡不是从牛津、剑桥毕业的人，都不会成为知识精英，都不会有什么成就，更不可能进入上流社会。

为了达到这个目标，弗兰克从斯蒂芬上小学时，就迫切希望他能够进英国最好的私立学校，只有从最好的私立学校毕业出来，才能够进最好的大学。这一条路被弗兰克视为他儿子的必经之路。

弗兰克的家庭是典型的书香门第，但是他们的特立独行和不在乎他人评价的行为，在圣奥尔本斯的邻居看来，似乎有些古怪。例如，他们屋里堆满了各种各样的书籍、绘画，还有从世界各地收集到的奇石、标本，以及一些叫不出名字的古怪玩意儿。他们虽然十分注意清洁，室内也很干净整齐，但是他们对房屋的维修却很不

圣奥尔本斯大教堂。

斯蒂芬的弟弟爱德华·霍金，比他小14岁。后来在伦敦北边的卢顿镇开办了一家小建筑公司。

在意，地毯和家具要一直用到破烂和损坏了为止，只要能用就不会换新的；墙上糊的墙纸脱落下来，悬在墙上他们也不在意，也认为没有必要去重新糊上新的墙纸；走廊和门背后，许多地方石灰剥落，露出大大小小的洞，他们也视而不见，要是在别人的家里，肯定会重新粉刷一次。

他们的养子爱德华曾经说：

“我们家令人印象最深的是篱笆。我曾好几次试图说服父亲把它推倒，让矮树长大，但是父亲坚持要修补这个篱笆。可又不愿意花任何钱，而是东拼西凑地到处拣一些木条，把它们钉上去。

“我把朋友带到家里时总有点难为情。前门曾经一度显得非常优雅，后来上面的彩色玻璃有些已经破碎了。父亲通常不去更换这些玻璃，而是用填充品或黏土拼拼凑凑涂涂抹抹。墙纸虽然华丽，却也令人难为情。天晓得它贴在那里有多久了。

“这是一幢非常大而阴暗的房子。它就像闹鬼似的那么恐怖。我在冬天早晨醒来时，房间里结满了厚霜。家里有一台不能正常工作的散热器，它被大厅里的一台储热器所取代。所有卧室都有火炉，但是在每间房里生火当然是不实际的，所以我们只在楼下生火。

“这整幢房子也许有点像一个大怪物。但是不管怎么说，它是我们的家，所以我们都喜欢它。”

弗兰克夫妇对物质生活不赶时髦，更不会刻意追求，因为这种追求在他们看来会妨碍他们对知识、理性的热爱和追求。他们宁可将有限的收入投入到孩子们的学费上，让孩子们进最好的学校。

他们喜欢看书，甚至在吃饭时，每人都边吃边看，这一点让所有的邻居

都感到十分惊讶，其他家庭是决不容许在餐桌上看书或干其他什么事情的。看了书之后，他们喜欢谈论书上精彩的思想和哲理。这种谈话哲理性太强，在邻居听来，觉得很古怪，不合群。他们家里的人相互间谈话时，说话快而简练，不啰啰唆唆地多作解释，在外人听来，他们说话似乎有些含糊不清，口齿不够伶俐，尤其是霍金父子。后来，霍金的同学将这种不同一般的话语，取了一个特殊的名称为“霍金语”，还常常模仿这种“霍金语”作为笑料。

霍金家在圣奥尔本斯镇希尔赛德路14号的房子。

有一次，弗兰克夫妇干了一件异乎寻常的事：他们花50英镑买来一辆旧出租车作为家用轿车，而那时除了非常富裕的家庭，大多数英国人都没有轿车。当邻居用惊诧的目光瞧着他们开着破旧的汽车进进出出时，他们却毫不在意，自得其乐。过了好多年，他们才买了一辆全新的绿色福特车。50年代后期，他们全家人常常开着这辆车去印度旅行，这在当时也是一件不同寻常的事。

伊莎贝尔对斯蒂芬的成长以及政治上的一些观念，有比较大的影响。伊莎贝尔生长的时代，知识分子多与社会主义思想很亲近，很多人加入了共产党。30年代，伊莎贝尔也是一名共产党员。到了50年代，随着苏联共产党无情的大清洗和种种弊端的暴露，知识分子开始转向了工党。她曾鼓励斯蒂芬和她一起参加游行和政治集会。母亲的影响使他对政治的兴趣从来没有衰减过，并且一直同情社会上的弱势群体。

一位记者曾经问霍金：“您的一位家庭老友说过，在你童年时，你的家庭是‘高度智慧，非常聪明而且非常怪异的’，你认为这个说法合适吗？”

霍金回答：“对我的家庭是否智慧我不便评论，但是我们肯定不自认为是怪异的。然而我想，要是按照圣阿尔班斯的标准也许显得如此。我们在那里住时，那是个相当严肃的地方。”

有了对霍金家庭的基本了解，我们对于他今后的一切，包括成功与失误，欢欣与悲伤，成就与辉煌……就比较容易了解了。在这种环境下，斯蒂芬成长为一个性格坚强，热衷于追求知识、理性和公正的人，总是力争成为优秀的知识精英和关注社会弊端的公众知识分子。对于世俗的评价和没有价值的评论，根本不会影响他既定的追求目标。使命感也是在这个家庭培育起来的。

2000年《纽约时报》出版的《50位科学家——这些聪明的人在做什么以及在想什么》一书中，霍金被列入其中。文中这样描述霍金：

……从坐在轮椅上瘫软无语的身体中，斯蒂芬·霍金的思想通过把大拇指和另一手指按在他怀里的一个小控制盒上而神飞天外。一次打一个字或一个字母，慢慢地，句子出现在装在轮椅上的小型电脑屏幕的下半部。他正在对一些世界最杰出的科学家——当然包括他自己——穷追苦索的问题作出回答，以找出一种“万有理论”（theory of everything）来解释所有的时空现象，特别是大爆炸中宇宙形成的第一瞬间。这样一个理论将会把20世纪物理学的两大柱石——阿尔伯特·爱因斯坦的广义相对论和量子理论统一起来，相对论是恒星和行星的宏观世界的引力理论；量子理论描述基本物质的奇特的微观性质。为了理解早期的宇宙，当时万物都是不可思议的小、不可思议的密，需要一个组合的量子引力理论，人们长期梦寐以求的万有理论。……

《50位科学家——这些聪明的人在做什么以及在想什么》一书封面上的霍金像，右边是宇宙星系图。

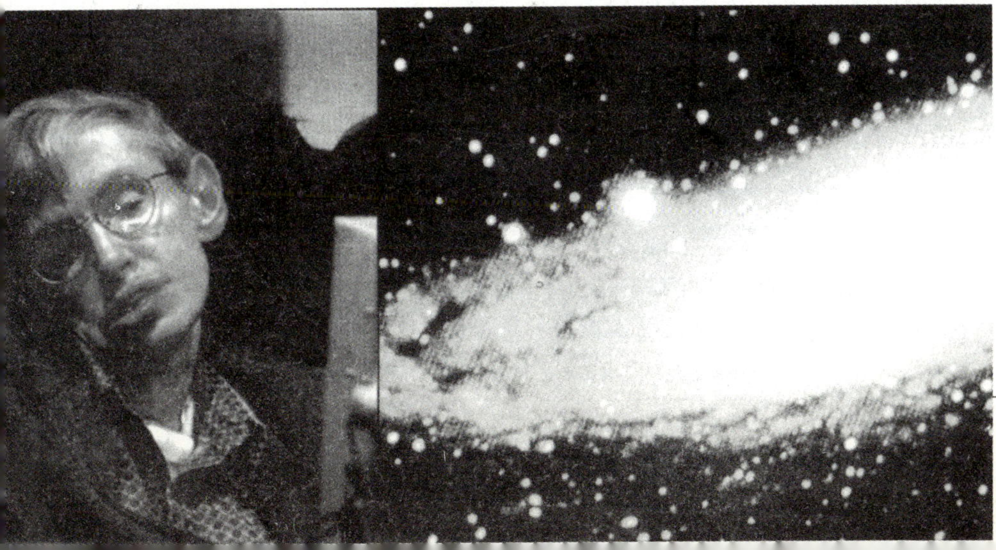

9月7日下午，戈林亲自指挥，德国空军出动900架飞机对伦敦4进行了第一次大规模的轰炸。

霍金很久以前就被限制在轮椅上，体重还不到40公斤；不仅不能站立、活动，连讲话都要靠特制的计算机语言系统，是带有金属腔调的讲话。这样一个活动空间不到一平方米的人，可是他思索的对象却是浩瀚的宇宙：它的起源、结构和本质。如果霍金没有一种强烈的使命感，不去追问宇宙的根本问题，他能够活下去吗？正是他的坚强意志、执著的追求和崇高的人生使命感，才使他的生命大放华彩，成为20世纪最伟大的科学家之一。

2. 出生在伽利略逝世300周年之际

1939年9月，第二次世界大战爆发。当德国侵略者征服了法国以后，就将贪婪的目光对准了海峡对岸的英伦三岛。1940年7月，图谋摧毁英国的“海狮”计划出笼，德国军队大有一举踏过海峡、征服不列颠帝国的势头。

面对不可一世的纳粹，伦敦上空回旋着新任首相丘吉尔大义凛然、斩钉截铁的回答：“我们决不投降！”

1940年8月2日，德国空军司令戈林下令，轰炸英国军用设施和飞机场；从9月6日起，又集中力量轰炸伦敦，企图以此来动摇英国民众的抵抗决心，迫使英国投降求和。1940年5月30日，正当希特勒对英伦三岛狂轰猛炸之时，温斯顿·丘吉尔当选为新一届政府首相，他在就职演说中有了一段令后世永远不会忘记的话：

“我所能奉献的，只有血和汗、苦和泪。……你们问，我们的方针是什么？我就说：是以上帝赐予我们的全部精力，竭尽全力在陆海空作战，进行一场反

连续一周的轰炸，使伦敦成为一片火海，连英国女王的白金汉宫也未能幸免。这是女王夫妇上街视察遭到破坏的情形。这一举动大大鼓舞了英国人民的斗志。

对凶残的暴政的战争。这一暴政在人类罪行的黑暗、悲惨的记录中尚无其匹。这就是我们的方针。你们问，我们的目标是什么？我可以用一个词来回答：胜利——是不惜任何代价赢取的胜利，是不顾一切恐怖都要夺取的胜利，是不论路程多么遥远、路途多么艰苦都必须取得的胜利。因为得不到胜利就得不到生存。”

英国人民在首相丘吉尔的鼓舞下，抵抗到底的决心反而随着轰炸的加剧而日益增强。尤其是在狂轰滥炸之后，英国女王夫妇到街上视察、了解破坏的程度，更是极大地鼓舞了英国军民必胜的信心。

伊莎贝尔显然对英国人民将取得最终胜利很有信心。她在牛津大学读书时，研究的是哲学、政治和经济学，因此她理性的头脑不会被残暴的轰炸弄昏。她曾经在回忆中说：

“我们非常幸运，实在非常幸运——我是指我们一家，包括斯蒂芬和每一个人。人人都饱受灾难，但重要的是我们活了下来，而有些人却从此音讯杳然。”

“飞行中的炸弹是非常恐怖的。它们在天空吱吱作响，突然间沉寂了下来。这时你就开始估算它花多长时间落下来。……倘若你听到爆炸声，你就会意识到没有被炸着，便可以安然无恙地回家吃饭或做点别的什么。”

由于伦敦太危险，伊莎贝尔决定在产前一周到牛津去，在那儿生小孩十分安全。虽然英德双方在作战，却达成共识：德国不轰炸牛津和剑桥这两个文化重镇；作为回报，英国也不轰炸德国的哥廷根和海德堡。

后来，斯蒂芬嘲笑说：“可惜的是，这类文明的措施不能扩及到更大的范围。”

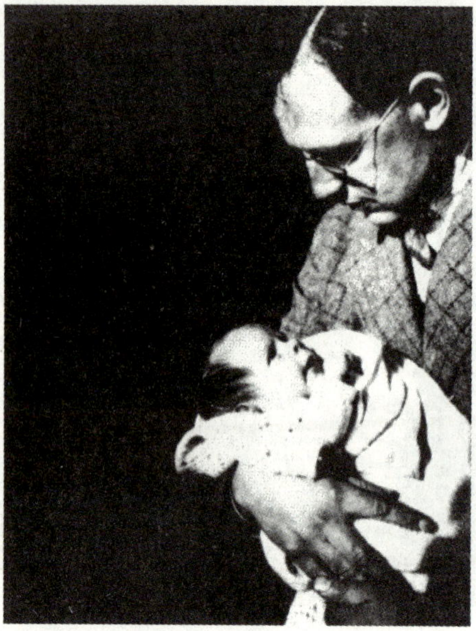

弗兰克抱着出生不久的大儿子。

伊莎贝尔到了牛津以后，本想先找一家旅馆住几天，待临产时再到医院去。但是旅馆老板对伊莎贝尔说：

“你随时都可能生小孩，不能住在旅馆里。”

没有办法，伊莎贝尔只有住到医院去。在住院期间，伊莎贝尔到一家书店里买了一本星象图。后来，当斯蒂芬成了著名的宇宙学家以后，伊莎贝尔的小姑子开玩笑说：“你真是未卜先知呀，在生出他之前就买了这样的书！”

1942 年 1 月 8 日，弗兰克夫妇的大儿子斯蒂芬·霍金出生了。他是弗兰克夫妇的长子。这天恰好是意大利著名科学家伽利略逝世 300 周年的日子。我们知道，伽利略是世界上第一个用望远镜观测、研究月亮、行星和太阳的物理学家。正是由于他的研究，人类才基本弄清了太阳系的运动，走出人类了解宇宙的第一步，也是最重要的一步。而在这一天出生的斯蒂芬·霍金，在 30 多年后，让人类更进一步了解了我们的宇宙的开始和未来。因此，人们觉得这种巧合似乎在冥冥之中，有什么天意一样。想必斯蒂芬也听到过这种议论，所以后来他曾打趣说：“我出生于 1942 年 1 月 8 日，刚好是伽利略逝世 300 周年纪念日，然而，我估计了一下，大约有 20 万个婴儿在同一天诞生。不知道其中有没有后来对天文学感兴趣的人。”

1942 年，世界上还发生了许许多多的大事。在科学上，由于第二次世界大战，从 1940 年起到 1942 年，都没有颁发诺贝尔奖；是年，美国大规模研制原子弹的“曼哈顿计划”上马；9 月，负责这个计划的格罗夫斯将军走马上任；12 月 2 日，由意大利逃到美国的费米，在芝加哥大学的一个橄榄球场完成了世界第一次自持式链式核反应，原子弹的研制成功只是时间的问题了。与此同时，1942 年的秋天，德国军事当局正式否决研制原子弹的任何动议。

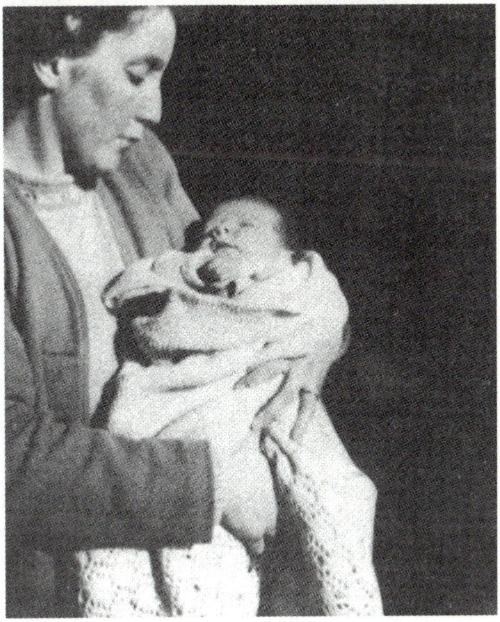

伊莎贝尔抱着出生不久的斯蒂芬。

1942年1月10日，德国开始了残酷杀害那些身体长期有病和不能正常生活的儿童的行动。从这一天开始，据统计约有10万名儿童被“T4”小组杀害。1月20日，在德国柏林城外旺西的一座别墅里，德军高级军官召开了一个秘密会议，制定了一个系统灭绝犹太人的计划。此后不久，日本军队在太平洋地区对被俘的盟军进行了惨无人道的杀戮……总之，霍金出生时，这个世界正处在疯狂之中。而且，这种疯狂至今还在世界的局部地区上演。

出生两周以后，伊莎贝尔带上大儿子回到海格特那个又高又窄的维多利亚式的房子里。这幢房子是弗兰克夫妇在战争时期以很便宜的价格买下来的。当时所有的人都认为这儿离伦敦不远，早晚会被夷为平地，所以卖得很便宜。当斯蒂芬两岁时，在一次轰炸中差一点丢了命。当时他们邻居家的房屋被V2火箭击中，他们家的房子也受到波及，幸好他们一家人恰巧不在家。那个被V2火箭炸出的大弹坑，好几年都一直留在他们家不远处，成了斯蒂芬和邻家小孩玩耍的“好地方”。

斯蒂芬的父母根据《育婴手册》上的意见，认为小孩子在两岁时必须开始社交活动，这样有利于小孩的性格均衡、协调地发展，避免孤僻、古怪性格的形成。因此，在2岁半时斯蒂芬被父母带到海格特的拜伦宫去，那儿有很多小孩和十分美妙的玩具。到了那儿，斯蒂芬被引进一群不认识的小孩子当中，他四周都是正在玩各种玩具的小孩。他十分惊讶和胆怯，想加入到他们当中，也玩那些有趣味的玩具。但是这儿不像家里，在家里父母总将就他，可是这儿的伙伴都是平等的，谁也不会将就一个不认识的新来伙伴。斯蒂芬大约觉得受到了轻视和不友好，于是嚎啕大哭起来。他后来回忆说：

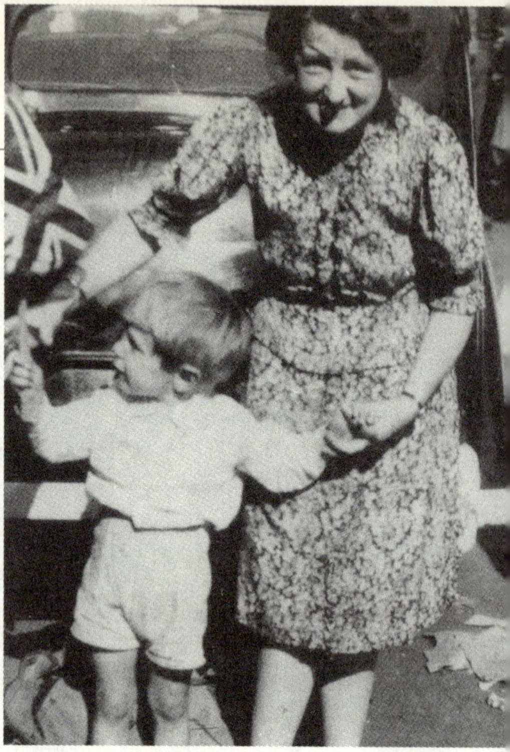

1945年8月15日战争胜利日，3岁的斯蒂芬和姑妈在一起。

“我最早的回忆是站在海格特拜伦宫的托儿所里嚎啕大哭……我想，我的这一行为一定使我的父母十分惊讶。度过这么糟糕的一个上午以后，他们就把我带回了家，一年半之内再也没有把我送到拜伦宫。”

斯蒂芬出生后一年半，他的妹妹玛丽就出生了。他似乎不欢迎妹妹的降临，因为妹妹的出生，他在家中的地位就自然而然地降低了，这使他感到愤愤不平。因此在整个童年期间，他都不怎么喜欢妹妹玛丽，他们之间的关系总有一点紧张。到他5岁时，小妹妹菲莉帕出生了。这时，斯蒂芬不仅不讨厌小妹妹的到来，甚至在她还没有出生时，就急切盼望她早日降临，他觉得有了三个人，可以玩更多的游戏了。

据他们家的一位邻居回忆说：

“因为这两个小孩有很大的头和粉红色的脸颊，所以非常引人注目。他们的一切和常人看起来都不一样。”

“他们的一切和常人看起来都不一样”，除了表示斯蒂芬和玛丽“非常引人注目”以外，恐怕还另有所指，那就是伊莎贝尔推的童车“非常陈旧”。按他们的想法，弗兰克一家的收入还是相当可观的，伊莎贝尔应该买一辆新童车。

当斯蒂芬和玛丽稍大一些的时候，伊莎贝尔就常常带着他们到博物馆去，通常她会把斯蒂芬留在科学博物馆，把玛丽留在自然历史博物馆，任由他们去逛，而自己则带着菲莉帕到艺术博物馆去，小女儿从小就对艺术很感兴趣。这三个孩子各有所好，在各自喜爱的博物馆里流连忘返。

他们家的房间里挤满了书，大部分书架都被摆得满满的，有的书还要“见缝插针”才能放进去。斯蒂芬的爱好很多，但他阅读起来总是有困难，一直到8岁前后才比较流畅。这点与爱因斯坦小的时候相似。爱因斯坦7岁时才

斯蒂芬4岁时，与妹妹玛丽在海滩上玩耍。

能流利地说话，而在此前他说话总是吞吞吐吐，想说而又不敢说出来的样子。为此他的父母还十分担心，有人还认为他有点“傻”。其实这也是由于他太富有想象力，总想在形成了一句完整的话之后才说出来，结果使得他说话的时候，总是显得有些嗫嚅的样子。

斯蒂芬同样具有丰富的想象力，由下面的一个故事就可以看出。

圣诞节期间，斯蒂芬的妈妈通常会带几个孩子去看童话剧，每逢这时几个孩子总是欢呼雀跃。有一次，他们去看童话剧《阿拉丁》。阿拉丁是一个年轻的阿拉伯人，是《天方夜谭》中最著名的一个故事中的主角。阿拉丁的父亲是一个中国裁缝，很早就去世了，他全靠寡母抚养成人。有一天，一个自称是他叔叔的非洲魔术师，把阿拉丁带到一个山洞口，吩咐他到洞里取一盏神灯，同时给他一个有魔力的戒指，说这枚戒指可以保护他的安全。阿拉丁进洞取得神灯后，返回洞口时对魔术师说，只有当他安全出洞后才肯将神灯交给魔术师。魔术师一气之下，把阿拉丁和神灯一起封堵在山洞里。阿拉丁被困在黑暗的洞里，急得直搓手。在搓手

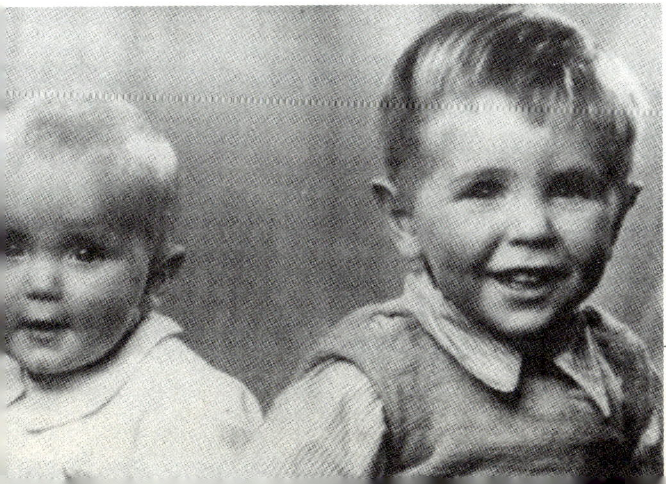

1946年，4岁的斯蒂芬和妹妹玛丽的合影。

时他发现：只要他的手擦到戒指的时候，就会有大力神出现。有了大力神的帮助，阿拉丁终于逃出山洞。回到家以后，阿拉丁又发现把神灯擦一下，就会出现一个灯神，灯神可以帮助他做许许多多人间做不到的事，实现他的愿望。在灯神的帮助下，苏丹国王将美丽的公主许配给他。阿拉丁还向国王说：

“我要为公主建一座宫殿，以表示我的敬慕之心。不完成这个心愿，我是不能见她的。”

国王问：“那么，你想在哪里建宫殿呢？”

“就在皇宫附近。”

第二天早晨，在灯神的帮助下，一座金碧辉煌、气势巍峨的宫殿像从天而降一样，建在了离皇宫不远的地方。

这个童话剧最后的一幕，是阿拉丁的宫殿像魔术一般升上天空。

看完了戏以后，斯蒂芬非要去找这座宫殿，他的理由是，升到空中的东西，一定还会落下来。因此在伦敦西北部的汉姆斯达德的某个地方，一定可以找到这座宫殿。他言之凿凿，坚信不移，非要立刻去找不可。后来，伊莎贝尔花了很长的时间才把他说服，因此当天很晚才回到家。

这以后，斯蒂芬经常对母亲说，在一个叫“德伦”的地方，肯定有一座像《阿拉丁》中那样的宫殿。他多次表示要乘公共汽车去那个地方。但这个“德伦”到底在什么地方呢？大家都不清楚。伊莎贝尔只好多次劝阻他，说事情并非像他想象的那样。

有一次，伊莎贝尔和斯蒂芬到汉姆斯达德·希斯的肯伍德宫参观，斯蒂芬见到这座建筑后，忽然意识到，这就是他想象中的宫殿。他用十分平静的语调对妈妈说：

“真的，这就是我想象中的那座宫殿。”

伊莎贝尔后来说：“斯蒂芬显然对这座宫殿梦寐已久！”

斯蒂芬的父亲每年冬天要去非洲大约 3 个月，有时还到其他国家去。因此他的家庭有点像单亲家庭。由于父子间接触不多，所以弗兰克似乎不知道怎样和孩子接触，但他对斯蒂芬的影响还是很大的。对于弗兰克来说，他感兴趣的不是当医生给人治病，而是研究、追寻隐藏在表象之下的大自然奥秘。他对任何研究都感兴趣，只不过由于机遇，碰巧选中了医学，而特殊境遇又使他热衷于进行热带病的研究。1937 年，他幸运地得到一笔奖金，使他有机

汉姆斯达德·希斯的肯伍德宫。

会到非洲对睡病虫作了两年的研究。这是一种由“舌蝇”感染的疾病，得这种病的人由于脑脊髓受到侵害而引起深度睡眠，睡眠可在吃饭、站立或行走时出现。此后患病者逐渐消瘦，出现昏迷，最后死亡。

弗兰克热衷于研究和探索幽微的爱好，影响了斯蒂芬。当暖和而又夜空澄碧时，弗兰克和伊莎贝尔常常带着孩子们到户外草地上躺着，用双筒望远镜观看奇妙而神秘莫测的星空。深邃渺远的星空，自古以来就是吸引青少年探索奥秘的最好课堂；在闪烁的群星下，青少年最容易打开他们那无限想象的翅膀，尽情遨游在给他们带来无限激情和勇气的自由天地中。这儿的自由没有约束，这儿的激情可以任意抒发。难怪德国伟大哲学家康德曾经满怀激情地说：

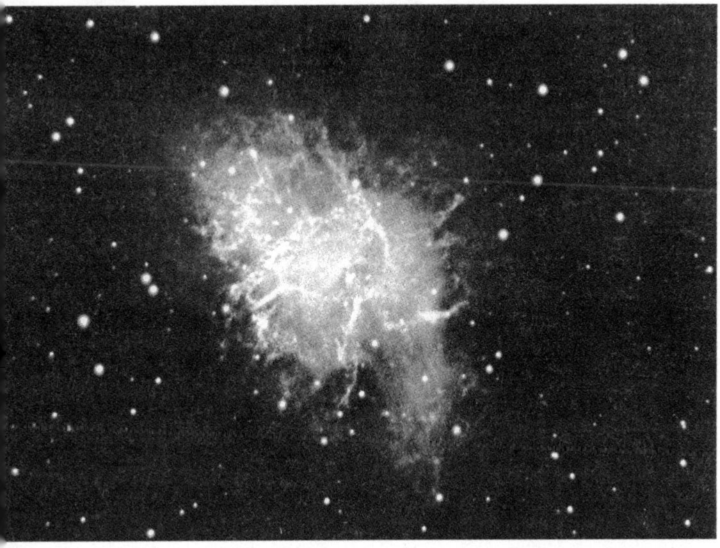

神秘莫测的星空，历来最容易吸引青少年。

有两种伟大的事物，我们越是经常、越是执著地思考它们，我们心中就越是充满永远新鲜、有增无已的赞叹和敬畏——

我们头上的灿烂星空，

我们心中的道德法则！

斯蒂芬的母亲在回忆中说：

“斯蒂芬总是很能感受奇妙的事物，我看得出来，星星很吸引他，而且他的想象力驰骋到星空之外。”

霍金则在回忆中说：

“我记得有一次深夜从伦敦回家，那时候为了省钱把路灯都关了，我从未看见过这么美丽的银河横贯的夜空……没有任何街灯，所以我可以尽情欣赏夜空。”

3. 小学和中学时的霍金

1950 年，弗兰克从海格特调到伦敦北边碾房山新建的国立药物研究所。为了上班的便利，他们在距碾房山不远的圣奥尔本斯买了一幢房子。在这幢房子里，有一个呈 L 形的房间，在他们住进来以前大约是佣人住的。他们家雇不起佣人，所以稍加修缮后就成了斯蒂芬的房间。斯蒂芬很快发现这间房子有一个绝妙之处，那就是从房间里的一个窗户爬出去，外面恰好是自行车车库的房顶，由这儿可以跳到地面上。过了不久，斯蒂芬发现经过自行车顶棚，绕过一个角可以爬到主屋顶上去，然后经过一个窗口爬进屋里去。斯蒂芬的妹妹玛丽后来说：“斯蒂芬曾经计算过，共有 11 种进屋的方法，我只能找到其中 10 种，迄今仍然不知道这第 11 种是什么方法……他是比我强得多的攀登者，但我不清楚哪里还可以进入。不

霍金家一度“非常优雅的”的前门。

可能是门廊的上方。这个门廊在当时就已经相当腐朽了，上面有许多玻璃，门后面是温室，它在那时候就差不多已经败坏了，每次刮风的时候，总有一些玻璃片被吹落下来。”

圣奥尔本斯（Saint Albans）是英国赫特福特郡的一个小城，位于伦敦西北32公里的佛河谷地。如果登上小城颇为辉煌的大教堂的钟楼，你就可以把全城尽收眼底，一览无余。城市虽然很小，但是圣奥本斯教堂却和别的城市大教堂一样，很有来历。圣奥尔本斯教堂建于1077年，当时称为隐修院；800年后的1877年，因为逐年的改建和扩大，于是被称为大教堂。这座小城和原来的隐修院在英国历史上曾经扮演过重要的角色。1213年，英国大宪章的第一个草案就是在这个隐修院宣读的；玫瑰战争时期，在当地发生过两次战斗；17世纪中叶英国内战时期，该城曾经是埃塞克斯伯爵议会党军队总部。后来，该城有了英国最早成立的出版社中的一个。19世纪50年代，它发展成为一座繁荣的、典型的中产阶级的英国城镇。霍金的一个朋友曾经说：“这是一座非常整洁的城市，人

1952年8月，斯蒂芬与两个妹妹在马车前，小妹妹菲莉帕不知为什么站在斯蒂芬旁边伤心地哭着。

人都力争往上爬。”但是他又说，“它也是一座令人窒息的城市。”这种感觉应该说是很正常的，因为大家都拼命往上爬，所以总会让人感到紧张、窒息。

到了圣奥尔本斯以后，斯蒂芬就被送到圣奥尔本斯女子学校，那时这个学校开始接收男孩，把他们放在少儿部里。斯蒂芬第一任妻子简·怀尔德在回忆录中写道：

“我 7 岁时进入圣奥尔本斯女子学校，成为一年级的学生。有一段时间，隔壁教室靠墙边的位置常常坐着一个少年，一头松软的金黄色头发……我从没有和他说过话，他当然也从来没有注意到我的存在。不过，我的记忆是很准确的，因为斯蒂芬那时确实在那儿读了一个学期，然后进入几英里外拉德莱特预备学校。”

简的记忆的确很准确。斯蒂芬在女子学校读了一个学期后，他的父亲又要到非洲去，大约要去 4 个月的时间。他的母亲乘此机会带着三个孩子到西班牙的马约嘉岛看望以前的一个同学贝瑞尔。贝瑞尔的丈夫叫罗伯特·格雷夫斯，是一位诗人。在这段快乐的时光里，斯蒂芬和罗伯特的儿子威廉，由罗伯特的一个学生指导他们学习。但那位学生显然更喜欢为一个戏剧节写剧本，每天只简单地让这两个学生读一章《圣经》，并写一篇读后感之类的文章。4 个月过去了，斯蒂芬发觉自己读完了《创世纪》和《出埃及记》之后，造句大有进步，甚至发现《圣经》中多数文章都以“还有”起头。

从马约嘉岛回到圣奥尔本斯以后，就到拉德莱特的预备学校上了一年学，然后参加“十一加”考试。当时，这是一种对孩子智力进行的试验，通过了就可以获得受国家教育的资格，可以在圣奥尔本斯公立学校免费就读。

斯蒂芬考得很好，是 A 等。他的父亲希望他进入威斯敏斯特学校。弗兰克有一个坚定不移的想法，那就是孩子们必须到私立学校受教育，这是今后事业成功和担任高级职位不可缺少的一环。弗兰克本人是在私立学校读的书，可那是一所小型的私立学校，没有名气。由于这一不算出色的学历背景，他一直认为他在事业上受到歧视，妨碍他取得更大的成就；他还认为一些能力比他差的人，仅仅由于有良好的学历背景而在职位上超过了他。他不甘心儿子重蹈覆辙。因此，他决心要将斯蒂芬送进威斯敏斯特学校，这是当时英国最好的私立学校之一。但是，靠一位科学家的收入是读不起这所学校的，它的学费太昂贵。这就要求斯蒂芬在进校考试时必须成绩优秀，获得奖学金，

斯蒂芬在驾驶小船。他是一个笨手笨脚的小男孩，与他父亲一样，有点结巴。

才可以全部或部分免去学费。弗兰克认为斯蒂芬天资不错，获得奖学金的机会很大。

可惜他失望了。倒不是斯蒂芬考得不好，而是考试那几天恰好生病了，根本没能应考。弗兰克只好把斯蒂芬送到圣奥尔本斯当地的一所著名的私立教会学校——圣奥尔本斯学校。进这所学校也不那么容易，据说在 1952 年，必须通过严格的考试后，才能够在 3 个学生中选上 1 个，可见竞争还是很激烈的。不过，对于霍金来说，这种考试可以说是“小菜一碟”，很容易就顺利通过了。那年，一共有 90 名男孩通过考试入学。

1952 年 9 月 23 日，已经满 10 岁的斯蒂芬进入了这所位于著名的圣奥尔本斯大教堂不远的圣奥本斯学校。斯蒂芬要在这儿至少读 5 年，当 5 年级结束时，如果通过了各门学科的“普通水平考试”，就继续再读两年，参加“高级水平考试”，然后准备进大学。

开始，弗兰克还为儿子没能考进威斯敏斯特学校而懊恼，但后来他发现这个学校的教学很有成绩，加上斯蒂芬在第三学期考到全校第 18 名，保住了 A 等，这使得他又恢复了信心，懊恼也由此减少了许多。

当时，学生的作业非常多，回到家之后每晚都要做 3 个小时的作业，这对斯蒂芬是一件不愉快的事情。倒不是说作业很难他不会做，相反，从来没有作业能够难倒他，但他的字写得实在糟糕，因此作业总是乱七八糟，很不整洁。他的一位同学说：

“那时我知道的同学中唯有斯蒂芬需要一本字帖，因为他写的字实在太糟了。他得到一本字帖，是用铜版字体写的一些句子，在每个句子下面都有五至六行空白以便临摹。我不知道他持续了多久，或者他应该持续多久，但这

是他的字写得无比糟糕的证据。"

斯蒂芬讲的"霍金语"，也让大家不习惯。霍金家的人讲话时，似乎都有一些口吃，别人常常不知道他们说些什么，听他们说话十分费力。

丹麦伟大的物理学家玻尔也有这个毛病，讲话时总是不断地说"可是……不过……"，让人莫名其妙，不知道他在说些什么。其实在"可是……不过……"这些转换词的掩护下，正发生着巨大的思想飞跃！他自己的大脑里也许清清楚楚，可是听的人就满脸惊愕，不知他咕哝些什么。

正因为斯蒂芬有这两个十分明显的毛病，所以有不少老师和同学认为他是一个"傻瓜"，将来不可能有什么出息。但明智的老师和同学，却被斯蒂芬罕见的智力所震慑，有人曾给他取了一个了不起的绰号："爱因斯坦"。

斯蒂芬14岁时，有两个同学对他的评价很不相同，一个认为他永远不会成才，而另一个则认为他必将铸就恢宏的业绩。两人还为此打了一个赌，赌资是一袋果糖。据说，斯蒂芬成名之后，打赌赢了的人并没有得到他应得的那袋果糖，但他对赌输了的人声明："你欠了我一袋糖，别忘了！"20世纪80年代，霍金回忆起这件事情的时候说："我忘记这次打赌是否有结果，也忘记了如果真有结果，结果又是如何判定的。"

学习虽然十分紧张，但学校的一个规定让斯蒂芬十分开心，那就是星期六下午是运动和游戏的时间，而且每一个学生必须参加其中的某一项。斯蒂芬喜欢划船、骑自行车和骑马，虽然他笨手笨脚，说话有些结巴，不是理想的游戏伙伴，但他的热忱和专心，让伙伴们感动。

在游戏中，斯蒂芬最喜欢设计和发明各种棋盘游戏，每逢这时，斯蒂芬就成了伙伴中的首领，他的才干在这时会充分显露出来。

斯蒂芬和他的自行车。

一个叫约翰的同学说：

"斯蒂芬对发明复杂游戏非常在行。"

还有一位叫麦克的同学说：

“他喜欢设计规则。他最大的成就是一种费时的游戏，大家围着桌子投骰子，要花整个晚上才能得到结果。这是一种迷宫。他喜欢创造一个世界，然后又创造统治这世界的定律。他喜欢我们服从那些他制定的定律，并对此洋洋得意。”

这一爱好是很值得我们注意的。从这种爱好中，我们依稀看到了他的未来——“宇宙的主宰者”。

最开始，斯蒂芬喜欢制作模型飞机、轮船和火车，希望做出一个由他控制和运动的玩具，牛顿和英国“原子之父”卢瑟福从小也有这种喜好。牛顿在少年时代曾经制造出一辆汽车，他驾驶着在村里行走，让邻居大为惊诧；卢瑟福不仅修好了家里用了几十年的老钟，而且还自己制造了一架照相机，居然还洗出了照片！

在假日休息时，斯蒂芬有时会骑马到处兜风。

但斯蒂芬却没有那么幸运。他喜欢了解各种玩具如何动作，而且总是把它们拆开来探个究竟，可是拆了之后却再也无法还原，玩具也因此报废。后来，他的兴趣转移到发明一些新的纸牌和棋类，并喜欢为游戏设计很复杂的规则，然后通过这些规则来满足他控制游戏过程的愿望。斯蒂芬曾经说：

“这种希望找到规律并加以控制的渴求，后来在宇宙论的研究中得到了满足。”

斯蒂芬这种对复杂游戏的入迷，有时连他的母亲都感到惊诧，她曾经在回忆中说：

就我观察，这种游戏几乎取代了他日常的生活，要花好多时间。我当时认为这是极可怕的游戏。很难想象有人能像他那样着迷。但是，我觉得这种游戏之所以能够吸引他，就在于它被设计得十分复杂。斯蒂芬的思想总是很复杂的。

斯蒂芬的学习成绩并不特别好，据他自己说："从未名列全班的前一半"。大约是读一年级时，他的总成绩落到了倒数第三名。有一次，他的妈妈担心地对斯蒂芬说：

"斯蒂芬，你真的这么差吗？"

他却毫不在意地回答说："其他人也好不到哪里去。"

有一次他与同学们谈论宇宙的起源时，他说，一本书介绍"光谱红移"时解释说，遥远星球的光线到达地球时，在光谱上会向红的一端移动；正是这种"红移"，证明宇宙正在膨胀。但斯蒂芬却认为这种解释有问题，他认为红移（red shift）一定是由其他原因引起的，也许光线在传播了如此遥远的路途中累了，因此变红。宇宙永恒不变要自然得多，一定是书上讲错了。以后读博士的时候，他才知道自己错了："宇宙果然在膨胀。"

后来，人们常常说霍金是现代的爱因斯坦。我们可以发现，不仅在科学事业的贡献上，霍金与爱因斯坦有可以媲美的成就，而且在青少年时期在许多问题上也有基本相同的经历。例如对于宗教和服军役的态度，两人几乎相同。

爱因斯坦在《自述》中曾经写道：

尽管我是完全没有宗教信仰的（犹太人）双亲的儿子，我还是深深地信仰宗教。但是，这种信仰在我12岁那年就突然中止了，由于读了通俗的科学书籍，我很快就相信，《圣经》里的故事有许多不可能是真实的。其结果就是一种真正狂热的自由思想，并且交织着这样一种印象：国家是故意用谎言来欺骗年轻人的，这是一种令人目瞪口呆的印象：这种经验引起我对所有权威的怀疑，对任何社会环境里都会存在的信念完全抱一种怀疑态度，这种态度再也没有离开我，即使在后来，由于较好地搞清楚了因果关系，它已失去了原有的尖锐性时也是如此。

我很清楚，少年时代的宗教天堂就这样失去了，这是使我自己从"仅仅作为个人"的桎梏中，从那种被愿望、希望和原始感情所支配的生活中解放出来的第一个尝试。

从这种桎梏中解放出来以后，爱因斯坦惊讶而又喜悦地发现：在我们之外有一个巨大的世界，它离开我们人类而独立存在，它在我们面前就像一个伟大而永恒的谜，然而只有极少部分是我们的观察和思维所能达到的，对这个世界的凝视深思，就像得到解放一样吸引着他。从这以后，爱因斯坦终生致力于“对这个世界”的凝视和深思，直到去世。

霍金和他的几个朋友在小学三、四年级时，也曾经将他们的注意力转向了宗教。在三年级结束时，他的宗教狂热正处于巅峰状态，他获得了学校的“神学奖”。不过，对于霍金来说，宗教并没有使他过分痴迷，他的理性主义精神即使在这种巅峰状态时也仍然保持着理智。

接着，他们又对所谓“超感知觉”（extrasensory perception, ESP）等神秘主义抱有极大的兴趣。但是霍金总是能够保持某种距离，似乎从小他就具有一种从事科学所必须具备的理智品质，凡是公开诉诸情感的事情，他都不会过分地热心。他的一个朋友丘奇在回忆中说：

“有一次我突然感觉到，斯蒂芬是在故意怂恿我，好让我自己愚弄自己。我感到他在居高临下地看着我……就在这一瞬间，我第一次意识到他很不寻常，他不只是一般的聪明和有创造性，而是鹤立鸡群。如果你愿意，说他有点高傲也可以。仿佛这世界上的一切他都尽收眼底。”

对所谓“超感知觉”，开始他认为这比宗教要科学一些，因为“超感知觉”似乎可以用实验来考验。但是当他参加一次讲座活动后，他立即不再迷恋“超感知觉”了。因为他发现某些“大师”成功地“表演”超感知觉时，完全不符合科学实验的设计原则；而一旦采用严格的科学方法，表演的结果就一定会失败。霍金很快对这种超感知觉表示了极大的轻蔑。他认为，只有那些分析能力很差的人，才会相信什么超感知觉之类的玩艺儿。

由此可见，霍金虽然年纪不大，但是他那颗讲究逻辑的心灵，追求的却是理性和智慧，而这些都不是宗教和“超感知觉”所能够提供的。

圣奥尔本斯学校也像其他私立学校一样，为青年学生服役作准备而组织军训。每个星期五，学生们除了极少数身体有问题的以外，都要穿上军服，进行军事操练和队列行进。那些热情的同学兴高采烈，大声喊着口令，简直让霍金感到匪夷所思，特别难受！虽然霍金被编到通信队，但是他仍然感到无法忍受一天的军训。

这种感受与爱因斯坦几乎完全一样。15 岁的时候，爱因斯坦的双亲到意大利去开办工厂，把他一个人留在德国慕尼黑读书。可是，当双亲离开不久，爱因斯坦居然私自办了离学证明，一个人来到意大利家里，把双亲吓了一大跳。爱因斯坦不顾一切地离开德国，很重要的一个原因就是他害怕服兵役。如果他在 17 岁以前不离开德国，那么他在 20 岁的时候就一定要服兵役。拒不服兵役的人，将要受到可怕的惩罚。但是如果 17 岁以前离开了德国，就可以不回到德国服兵役。他平生最厌恶和害怕的就是在军队过那种绝对服从军官的“可怜的”生活。所以，一想到不久要穿上军装，就不寒而栗、神情忧郁。想去想来，出路只有一条：尽快离开德国。于是他毅然违背双亲的旨意，没有读完高中就“逃离”了德国。

霍金后来由于身体的原因，没有服兵役。

在圣奥尔本斯读书期间，最值得斯蒂芬骄傲的也许是他和几个同学居然用一些旧机械上的零件，制造出的一台非常原始的逻辑计算机！

那是 1958 年，斯蒂芬 16 岁了。这时他已经是六年级学生，通过了“普通水平考试”，两年后再通过高级水平考试，就可以进大学了。斯蒂芬想选择物理学或数学作为大学学习的专业，虽然这使他父亲感到失望，但斯蒂芬却没有改变主意。

最后两年的学习有较大的自由度，他和几位同学试着制造一台计算机，他们将它取名为“逻辑单选择计算机”。在一位数学硕士的帮助下，他们利用电话交换器上拆下来的零件和一些收集来的零件，把它们焊接、组装起来，最后这台计算机还真的运作起来了。斯蒂芬干焊接活不行，总是笨手笨脚，但他善于出主意，设计上常常有好的想法。

这台计算机，在圣奥尔本斯引起一阵轰动，当地一份刊物《奥尔本斯人》上兴奋地报道说：

“我们有了圣奥尔本斯学生制造的逻辑单选择计算机。这台计算机只能回答一些无用的、但又相当复杂的逻辑问题。上学期（数学）学会的会议主要讨论这台机器，会议气氛十分活跃，有许多人参加。取得了一些经验后，设计者们要继续努力去制造数字式计算机，这未来的计算机虽然还没有命名，但将能真正‘做计算’”。

当地一家报纸《赫特福德广告报》还专题报道了这群“学生设计师”制

造新奇机器的故事。斯蒂芬和他的同学们第一次在新闻媒体上曝光。

这台“逻辑单选择计算机”如果保存下来，将是科学博物馆很有价值的收藏品。可惜它后来被放进学生活动室的一个箱子里，塞在一张桌子下面，不见天日，久而久之，上面落满了尘埃。直到有一天，一位新来的计算机教师在偶尔打开这个尘封已久的箱子时，他看见一些陈旧的晶体管、继电器之类的组合体，上面还有一个标签：“逻辑单选择计算机”。他不清楚这是斯蒂芬和同学们在1958年的壮举，因此把它们扔进了垃圾堆。

许多年以后，当斯蒂芬·霍金成了世界名人以后，他才懊悔地想到由于他的过失，扔掉了多么有历史价值的文物啊！

霍金的科学天资开始使同学和老师吃惊，数学上的天分更是让人们惊讶不已。在作业上他历来花的时间极少，但是获得满分却成了必然的事情。他的一位同学回忆说：

他天生就具有令人惊奇的悟性，当我还在为解一道复杂的数学题而冥思苦想时，他已知道了答案——他想都不用想（He just knew the answer，he didn’t have to think about it.）。

还有一次是在六年级的一堂物理课上，老师提出一个刁钻的问题：“如果有一杯茶，你想加些牛奶，但茶太烫，为了尽快喝上茶，你是倒掉一点茶然后放入牛奶呢，还是在加入牛奶前先让茶凉一会？”当同学们还在争论不休时，斯蒂芬却马上说出了正确答案：“当然先加牛奶。”接着他对答案作出充分合理的解释。同学和老师都钦佩不已。

二、"灰色的"优秀大学生

1958 年，斯蒂芬在圣奥尔本斯学校将要毕业的那一年，他的父亲在一个叫做"科伦坡计划"中找到一份研究工作，因此他必须到印度和其他地区的研究所工作大约一年的时间。他的父母决定：除了斯蒂芬一人留在圣奥尔本斯读完中学以外，全家都到印度去，并把他托付给他们的同事和朋友约翰·汉弗莱，而且约翰·汉弗莱的儿子西蒙·汉弗莱又正好和斯蒂芬在海格特同过学，相互十分熟悉。约翰的女儿珍娜后来回忆说：

珍娜老年时的照片。

"当霍金一家去印度时，决定把斯蒂芬留下和我们生活一年，我们有一栋大房子和一个大家庭，况且那时斯蒂芬也不应该离开，不能说休学就休学，一年休学事关重大。他和我们住在一起当然可以让他父母放心。"

来到这个新的家庭里，大家当然会以惊奇、全新的眼光，来打量、审视新来的客人。在他们的印象中，斯蒂芬的动作相当笨拙。有一次他在擦净桌子后，推着一整车餐具进厨房，撞上了什么东西使得整车餐具都掉到地上。大家都笑起来，斯蒂芬开始有点惊慌，但过了一会儿，他也大笑起来，笑声还最响亮。

后来汉弗莱家买来一些唱片，还买了一本教初学者如何跳舞的书。因为斯蒂芬是孩子中最大的一个，所以决定由他负责教孩子们。怎么教的大家恐怕都忘记了，但是有一点印象最深，那就是不知什么原因，他坚持认为跳舞时必须穿西装和打领带。

珍娜还回忆说："我不记得我们隔多久跳一次舞，但大家的确跳得十分快乐。斯蒂芬在教大家的时候非常认真，而且那时他很喜欢跳舞。"

当霍金父母回到圣奥尔本斯时，斯蒂芬已经通过了牛津大学的考试，还得到了奖学金。

1. 1959年，成为大学生

1959年是霍金人生旅途中重要的一年：这年10月他成为许许多多学子梦寐以求的牛津大学的学生。在他成为大学生的一年前，即1958年12月10日，苏联的三位物理学家在斯德哥尔摩领取了诺贝尔物理学奖……苏联的成就让西方感到坐卧不安，东西方的矛盾和对立似乎在加剧，最突出的表现在对宇宙的探索和大规模杀伤武器的开发上。这一年，总共有6颗人造地球卫星在绕着地球的轨道上飞行；1月4日，苏联向月球表面发射火箭的尝试失败了，仅差5000英里；5月28日，美国将两只猴子送上了太空，运载它的火箭达到了300英里的高度，回到地球时，两只猴子还活着——人们立即意识到把人送上月球是可能的。

还有，这年初的1月8日，卡斯特罗领导的革命军进入哈瓦那，2月3日，卡斯特罗被任命为古巴总理；春天，卡斯特罗访问哈佛大学时，哈佛大学的学生热情接待了这位传奇式的人物；但是到了3月，艾森豪威尔总统开始了旨在推翻卡斯特罗政权的活动，因为美国担心古巴的共产主义会影响拉丁美洲——这可是美国的后院啊！

……事件一件接一件。这些事件对于正在准备进入科学殿堂的霍金，都会有着这样或那样的影响。

在斯蒂芬读最后一年中学时，他和父亲就多次讨论过今后考哪一所大学、读什么专业的问题。

要想今后在事业上有所作为，非考上好大学不可。考哪一所大学，这个问题比较好决定，他们两个人都认为考牛津大学最合适。这是英国最古老的一所大学，与剑桥大学同为世界最有名的大学之一。

但在读什么专业的问题上，却产生了严重的分歧，进行了无休止的争论。由于父亲是做科学研究的，所以在父亲潜移默化的影响下，斯蒂芬也希望自己走上科学研究的道路。父亲希望斯蒂芬像他一样，也作医学研究，但斯蒂芬却酷爱数学，认为医学或者生物学太偏重描述，不像那些让人有神秘感的基础科学那样吸引人；他的父亲则认为从数学系毕业以后，除了教书就很少有其他出路，而教书的职位又极为有限。这种家庭争论，在 20 世纪 40 年代以前所有想学习数学、物理专业的年轻人身上，几乎都发生过。19 世纪 90 年代，爱因斯坦当年选择物理专业时，爱因斯坦的父亲也以同样的理由激烈地反对这一选择。到了 20 世纪 30 年代，当美国物理奇才费曼决定研究物理学时，仍然遭到他父亲的质疑。费曼的父亲曾经写信询问他的导师：

“我的儿子理查德明年春天就要大学毕业，现在他又说要继续做更多的研究，拿另一个学位。在经济上我再供他个三四年倒是没问题，但我想知道的是，这对他是不是值得呢？……”

弗兰克反对斯蒂芬学习数学还有一个原因，那就是他希望斯蒂芬考进牛津大学的大学学院。大学学院是弗兰克的母校，他曾经在这所学院获得了博士学位，而且大学学院还是牛津大学最古老的学院，创办于1249年，许多有名的学者、作家和政治家都毕业于此。而这所学院恰好没有数学专业。两人争论的结果是双方都作了一些让步：斯蒂芬还是考大学学院，不学数学，而学习物理和化学；数学嘛，只附带学一点点。斯蒂芬对这一妥协十分

牛津大学的大学学院，它是牛津大学最古老的学院，于1249年创办。

罗伯特·伯曼教授是斯蒂芬·霍金在牛津大学读书时的物理学导师。

满意，他认为物理学研究的是整个宇宙的奥秘，小到原子、质子、中子和电子，大到太阳系、银河系、星系和整个浩瀚的宇宙。一切的一切都在它的研究范围之内，这是何等壮丽而吸引人的事业！至于数学嘛，它是研究物理的工具，少学一点也没有什么关系。这种态度，也许会使我们想起爱因斯坦的一段痛苦经历。爱因斯坦读大学时也轻视了数学对物理学的重大的作用，被数学老师闵可夫斯基视为"一头懒猪"；最后爱因斯坦因为缺乏足够的数学知识，延误了广义相对论的研究。斯蒂芬以后也要为他对数学价值的忽视，付出代价。

斯蒂芬的父亲在去印度之前，曾经带着他去见了大学学院物理系的罗伯特·伯曼教授。他为什么要这么做，原因不大清楚，可能是他希望儿子能获得奖学金吧。他相信儿子考取大学学院是不会有问题的，但是能不能得到奖学金则没有什么把握，于是想让伯曼教授对斯蒂芬"格外垂青"？不论他怎么想，这种不恰当的行为，差一点害了斯蒂芬。伯曼教授对斯蒂芬父亲这种行为颇为不满，认为他似乎是想利用他是大学学院"老成员"的身份，让伯曼教授对斯蒂芬照顾一下。在伯曼教授看来，这种"走后门"的行为不合适，不够光明正大，是在向他施加压力，所以有些不以为然。在许多年以后，伯曼教授回忆说：

"我第一次见到斯蒂芬时，他大约不到17岁。他的父亲是学院的老成员，他把斯蒂芬带来见我，我们泛泛地谈论进学院和读物理学等等。事实上就我所记忆的，多半是他父亲讲话；斯蒂芬并没有给我留下深刻的印象。"

看来，霍金父亲的这种"成事不足败事有余"的"小动作"，真是差一点让伯曼教授决定取消霍金的入学资格。幸亏斯蒂芬在总共有12个半小时的笔试中，发挥得太出色了，这才使得伯曼没有把对他父亲不适当的行为的不满发泄在斯蒂芬身上。伯曼后来说：

“斯蒂芬的入学考试很出色，尤其是物理学。”

笔试完了以后，斯蒂芬回到圣奥尔本斯，焦急地等待考试结果。10天以后，他激动地收到一个通知，要他去参加另一次考试——面试。斯蒂芬在考试时因为监考老师只顾与别人说话而没有搭理他，因此以为自己考得很糟糕，所以收到这个通知以后，激动万分，因为这说明大学学院已经正式录取了他。事实上，他的几门功课分数都很高，尤其是物理考了95分。

伯曼教授说：

> 斯蒂芬考得很出色，尤其是物理学。那时的面试一般有院长、高级导师和其他学院的权威参加。大家立即一致同意，作为一位未来的大学生，他是绝对合适的，大家都同意给他奖学金，并允许他读物理。

面试后没有几天，斯蒂芬收到了决定他命运的一封信，大学学院通知他，学院决定给他提供奖学金，并要求他在10月份到牛津大学来注册，唯一的条件是：他必须在原中学学完两门高级课程。

2. 第一年，百无聊赖

1959年10月1日，星期四，霍金作为新生来到了牛津大学的高街。

写到这儿，我们应该把牛津大学和剑桥大学（4年以后，霍金到这儿攻读研究生）作一个简略的介绍，这样你才可以了解霍金的读书生活。吴志实先生在他的《记忆的旅程：欧游杂记》一书中，对这两所大学作了很生动的介绍。他写道：

“英国人骄傲他们有牛津和剑桥。虽然那里出名的不过是两所大学，但正是这两所学校，八百多年来在书写着英国的历史，让世人知道了大英帝国的厉害。”

这两所大学，一个在伦敦的西北，一个在伦敦的东北，离伦敦有三四十公里的路，乘车也不过一个多小时的路程。因此到伦敦旅游，牛津和剑桥就

牛津大学的街道。

成了人们非去不可的地方。除了感受那儿的学术氛围，呼吸一下学术空气以外，牛津和剑桥很早就是旅游的胜地。那儿有着中世纪的古老建筑，英国皇室和教会旷日持久地向这里投入巨资，许许多多以国王和主教名字命名的建筑拔地而起。可见，英国的皇帝和世界上的所有统治者一样，好大喜功，他们渴望标志性的建筑；但是，他们又有些不一样，他们将炫耀的目光转向了建造学堂，这实在是功德无量的善事！

牛津大学创始于 1168 年。当时英法交恶，英王亨利二世下令召回正在巴黎留学的英国学生，决心自己培养高等人才，并且禁止英国的学生再去法国求学。他说："要让英格兰不致缺乏服务上帝及国家的优秀人才。"为了安置召回的学生，就在牛津（Ox-Ford）这个弹丸之地，这个"牛可以趟水过河的地方"，建立大学。换言之，牛津大学的建立实在是为了解决早期英国"人才外流"的严重问题。从此，除了皇宫和教堂，帝王们将最好的房子用作了学校。多年的努力之后，牛津成了英国的学术重镇。不管朝代更迭还是皇权易位，也不管宫闱内部如何钩心斗角、血光四溅，牛津大学在皇室的庇护下不断地扩展。

后来又有了剑桥。1209 年，牛津大学的一个学生在练习射箭的时候误杀了一名当地的妇女，引起一场骚乱，几个学生在骚乱中被市民吊死。学校被迫停课，学者纷纷外逃，其中有一些来到剑桥定居。这些人来到剑桥后，发现原来在剑桥的 3 所寺院已经吸引来一些学者，于是学者们纷纷来到这儿避乱。在接下来的日子里，剑桥的规模也不断扩大；它同样得到了皇室和教会的支持。就这样，两所大学以伦敦为轴心，双星并峙，一个学院接一个学院地建立起来，一批批的学子从这里走出去，大英帝国由此而最早走出了愚昧

剑桥大学的威尼斯桥。

和荒蛮，也最早走上了富强之路。

远的不说，仅牛津的基督教学院，100年来就出了五位英国首相。如果纵观英国的历史，在它的四十几位首相里，几乎有 3/4 都出自于牛津大学。从这里走出了丘吉尔、撒切尔夫人、布莱尔……这些英国首相的名字我们都耳熟能详。美国前总统克林顿也是牛津的学生。剑桥比之牛津，它有另外的优势，这里培育过牛顿、达尔文、J. J. 汤姆逊、卢瑟福、布拉格父子、罗素……走出过大思想家培根、大诗人弥尔顿和拜伦。我们熟知的《中国科学技术史》的作者李约瑟爵士，在霍金攻读研究生的时候是剑桥大学凯斯学院的院长。100 多年来，剑桥大学先后有 26 人得过诺贝尔奖的各种奖项。他们摘取科学皇冠上的明珠，有如囊中取物。对此，人们只有惊讶和由此引发的无限遐思。

牛津和剑桥是知识的渊薮，智慧的殿堂，群英荟萃之地。是啊，两座 800 多年历史的大学，没有伟人诞生，岂不名存实亡？

今天的牛津和剑桥固然还是以大学闻名，可它们早已是一座城市了，不过人们到牛津和剑桥来，还是慕名于这两所大学。看看世界著名的学府到底是个什么样子，它何以数百年来声名远播，人才辈出？好奇心吸引着世界成千上万的游客，他们中的许多人就是想来一探究竟。

吴志实先生还写道：“在飞往伦敦的班机上，周围有几个十八九岁的中国学生，与他们闲聊得知，他们辞别父母，远涉重洋，就是去牛津和剑桥求学的。负笈英伦，等待他们的是什么，学成之后又会怎样，他们好像还没做好准备，有的只是莫名的兴奋。但从他们的谈话里，已然觉得他们都设计好了各自的未来。我为他们高兴……到了牛津却大出意料，14 万人口的牛津市竟有 5000 名中国学生。”

牛津的圣马丁教堂。

牛津大学徽记。书上写的字是“主照亮我”。

好了，我们还是接着从霍金来到牛津往下写吧。

曾经有人说：穿过牛津城犹如进入历史；还有人说：没有牛津大学，就不会有后来的剑桥、哈佛、耶鲁和普林斯顿这些大学。当霍金在高街上行走时，他的确感觉到从古老悠远的历史长廊里，迎面走来一位神秘的历史老人，以它那古色古香的楼堂殿塔和那800年风雨历程，向他展露出独特而璀璨的魅力。

从圣奥尔本斯乘车向北走，过了马格达伦桥就进入了绿色花园区，路两旁是繁茂的树木，绿茵茵的草地和鲜花的海洋，远处学院的钟楼告诉你：牛津到了。过了桥，就是高街，路北边有女王学院、万灵学院……路的南边有大学学院、默顿学院……其中大学学院是牛津大学最老的学院，建立于1249年。

牛津大学是一个自治的法人团体。英国政府虽然给予大量的补助金，却并不干预大学的事务。牛津大学的徽记上面写着大学的箴言：“主照亮我”（Dominus illuminatio mea）。大学的最高权力属于“高级教职员全体会议”（Congregation），总人数现约2400人，很少开会；一些重大的事项用通信表决，没有任何外界的参与。校长（Chancellor）

以及诗学教授，由所有持牛津硕士以上学位的人开大会（Convocation）选出，有资格出席大会的现在大概有35000人。校长是一个荣誉终身职位。实际管事的人是副校长（Vice-Chancellor），他由全体会议从各个学院的院长中选出，任期4年。副校长是牛津大学的实际首长。

牛津大学大学学院的徽记。

大学学院（University College）1249年创立。英国历史上许多有名的人物均出自这个学院。大学学院的徽记上中间一个十字架，四周有5只小鸟。霍金考取的正是这所历史悠久的学院。

大学学院虽建于17世纪中叶，但它的建筑物却是17世纪以后的风格。这种建筑大多是四合院结构，大的学院由好几个四合院连在一起，人们称之为“跨转构”（Quadrangle），其实也就是四合院的意思，和北京的四合院基本相同，只不过北京四合院小一些，而且是砖木结构；牛津的四合院不仅是砖石结构，而且院子大多了，里面多是地毯般的绿草坪。在这所学院第一个四方院的西北角，有诗人雪莱的雕像。雪莱于1810年进大学学院读书，一年后因写《无神论的必然性》被学校开除。1822年7月，在意大利比萨驾驶一条小帆船在近海航行时，突来的暴风雨和排空巨浪吞噬了年轻的雪莱。雕刻家为了表现他溺死于暴风雨中，将一具与真人一般大小的赤身裸体的雪莱大理石雕像，侧卧于海滩之中，两只长有翅膀的青铜狮子驮着他，脚下是诗歌女神缪斯。观者看了，无不为之哀痛。雪莱作为被开除的学生而立雕像于学院之中，似有无言的嘲讽意味，但也正好说明学院当局有胆量改正前人所犯的错误。这种强烈的人文精神，恐怕正是牛津大学一直立于不败之地的根本原因吧！反观我们的大学，恐怕只有汗颜的份儿吧？包括北京大学这样的名牌大学也未能脱俗。

目前，牛津大学由35所学院和由教会设立的5所“永久私人学院”组合

牛津大学大学学院雪莱的雕像。

而成。其中有 7 所学院只招收研究生，其他学院大多是本科生和研究生兼招。各个学院有相当独立自主的管理权力，它们可以制定自己的院规，筹募资金，并且按自己的标准录取学生；不过，学生要想到牛津大学就读，还必须同时获得大学的同意，才被正式许可入学。

学院除了照料学生的食宿外，还安排各类体育和社交活动，并且指派导师照顾和指导学生。导师是学生所读学科的学者，他负责指导学生的学业和品行，协助安排学生的学习计划。在开学期间，学生至少每周到导师那儿谈一次话，这种谈话被称为"个人辅导"。在个人辅导时，导师指定学生每周读些什么书，并要在读完后写出读书心得报告。

我国经济学家费巩曾留学牛津大学，对导师制十分赞赏。他说：导师常常与两三个学生聚在办公室或导师家里，讨论学习上的问题，如果在导师家里，导师还会设茶点招待学生。除了讨论学习上的疑难以外，也谈为人之道，为学生的个人问题提出意见。这样的交往使得导师把学生看成自己的孩子，而学生则把导师视为良师益友，虽然交往时间不一定很长，但往往成为终身的朋友。在这种亲手指点、潜移默化的影响下，学生的品德和学问往往齐头并进。

霍金到牛津大学的大学学院以后，先后有两个导师，除了上面提到的罗伯特·伯曼教授以外，派却克·沈德斯也当过他的导师。虽然有导师的帮助，但霍金由于比一般同学都小一岁，比起那些战争结束退役回到学校的年纪较大的学生，他显得与同学们有些无法融合，因此开始一年多时间他觉得既孤独又百无聊赖。而且，牛津大学在上个世纪 50 年代虽说已经开始走向平民，来自中产阶级和工人阶级家庭的学生开始逐渐增多，但进入牛津大学的学生仍然大多来自全国有名的私立学校，如伊顿公学、哈罗公学和威斯敏斯特学校等。从这些学校来的学生多是特权阶层的子女，他们有大把大把的零花钱，有穿戴华丽的伯爵、男爵的女儿做舞伴和女友，根本瞧不起像来自圣奥尔本斯这样不知名学校的学生，把这些学生轻蔑地称为“乡巴佬”。

这种“无形的界线”在霍金到牛津大学上学时，正在改变。随着工党的声望的不断上升，加之复员军人重返大学，这些学生在战时养成的习惯和作风加速改变了学校原有的风气。但是，保守的英国人不会就此完全改变以前的作派。总之，霍金进入牛津大学以后，一段时间里非常不习惯大学的生活和学习节奏，使他非常怀念在圣奥尔本斯时自由自在、志同道合的中学生活，显得非常孤独和郁闷。

在霍金读大学的那个年代，牛津大学学生中流行着一种很不好的风气，学生普遍厌恶用功读书，这似乎是一种对社会的不满而采取的消极抵制态度。你要么毫不费力就得到优秀的成绩，要么就承认自己能力太差，干脆拿一个最差的成绩；如果你非常用功而得到好的成绩，就会被同学们瞧不起，还为这类同学取了一个让大家最憎恶的绰号“灰人”（Grayman）。

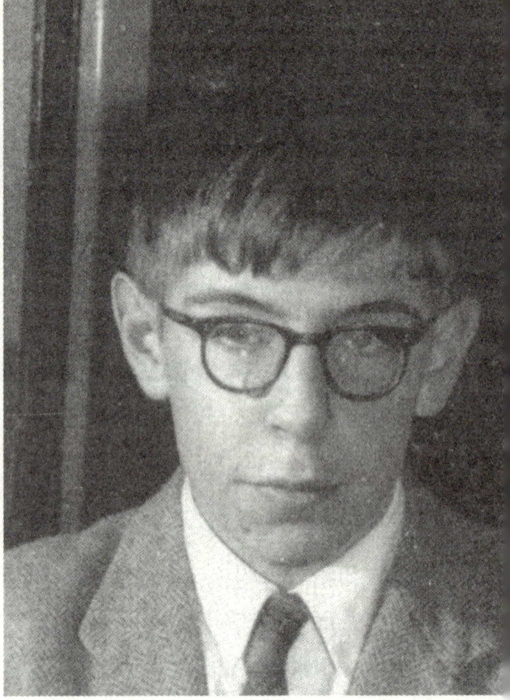

初进牛津大学的斯蒂芬·霍金。

霍金的大学同班同学德瑞克·鲍尼。

霍金的大学同班同学高登·贝瑞。

霍金的大学同班同学里查德·布雷安。

霍金本来就有些懒散，加上在大学很容易逃课，而且他又觉得大学课程太简单，所以他自然而然地成为上面说的第一类学生：毫不费力地就得到了优秀的成绩。

霍金后来回忆这段为期三年的大学学习生活时，多少有些内疚地说：

那时牛津大学物理课程的安排，使得学生很容易就能逃避用功。我上大学前考了一次，然后在牛津过了三年，只在最后参加一次毕业考。我有一次计算过，在牛津的三年中，我大约总共学习了一千小时，也就是平均每天一小时。我并不是为那时不用功而感到骄傲，我只不过是描述当时的想法而已。那时我和大部分同学都有一种百般无聊的心态，而且觉得没有任何事情值得去努力争取。

后来，一位电视台的记者采访他时问道：

"你上牛津的大学学院读数学和物理，按照你计算的，在那儿你平均每天大约用功一小时。据我所知，你划船、喝啤酒，还以捉弄他人为乐。是什么原因使你对学业不在乎？”

霍金说：“那是 50 年代末期，大多数年轻人对所谓的成就感到幻灭。除了财富还是财富，似乎没有别的什么可以追求。保守党刚刚赢得第三次竞选，其口号为‘你从未这么好过’。我和大多数同时代人一样厌倦生活。”

“尽管如此，你仍然在几小时内解决了你的同学在几周都不能完成的问题。据他们所说，他们显然知道你的才能。你自己意识到了吗？”

霍金大约觉得自己不好回答这个问题，于是“顾左右而言他”：“牛津大学那个时期的物理课程极其简单。人们可以不听任何课，一周只要接受一二次辅导就能通过。你不必记许多事实，只要记住一些方程即可。”

与霍金同时学习物理学的还有 3 个同学，他们是德瑞克·鲍尼、高登·贝瑞和里查德·布雷安。有一天，德瑞克和高登晚饭后到宿舍去找他，他们发现霍金一个人坐在一箱啤酒旁，慢慢地喝着啤酒，似乎不喝光就不会罢休一样。他们两人多少有点吃惊，因为霍金还只有 17 岁，还没有到合法进酒吧的年龄。他们还知道，霍金从来不吃早饭，也很少去上课。

这种懒散的状态，一直持续到 1962 年，这年他被剑桥大学录取为研究生，但一场巨大的不幸——无法治愈的疾病降临到他身上。这一不幸彻底改变了他的生活方式。霍金曾经说了一句颇有哲理的警语，他说：

> 我的疾病带来的一个结果就是把这一切都改变了：当你面临着夭折的危险时，你就会意识到，生命是宝贵的，你有大量的事情要做。

3. 优秀的赛艇舵手

我们还是接着说霍金在牛津大学的生活和学习。到二年级过了一半的时候，霍金对一项新的运动——或者说是消遣方式，发生了浓厚的兴趣，很快他就被完全吸引住了——这项运动就是赛艇。

赛艇在牛津和剑桥大学有着古老的传统。开始是各个学院之间比赛，到 1829 年，两校首次在泰晤士河举行比赛，以后每年三、四月份两校都要进行激烈而友好的比赛。比赛从伦敦的普特尼桥沿泰晤士河逆流而上，划到西面的摩特雷克镇，全程 4 英里半。在比赛中，牛津大学的运动员们穿深蓝色的

大学学院赛艇俱乐部的成员。右边高扬着手巾的是热情奔放的霍金。自从霍金加入这个俱乐部以后，他变得欢快合群了。（1962年）

运动服，剑桥大学的则穿浅蓝色的运动服，观众也分色穿衣，用以表明他们支持哪个大学的运动员。由于竞赛涉及大学荣誉，所以牛津大学和剑桥大学都十分重视这项运动，训练也非常严格。最近几年，我国清华大学和北京大学也起而效仿，展开了每年一度激烈的赛艇比赛。

赛艇形似一只织布用的梭子，两头尖而狭长，有桨架；艇内有可前后滑动的座位。划桨手为8人，配有一个舵手。舵手坐在船尾，面向船头，他的任务是发口令，让全体运动员划桨动作一致等等。霍金个头矮小，也不太壮，再加上他声音洪亮，因此被认为是理想的舵手。1982年，牛津大学第一次用女生当舵手，是一次创举。每一个学生如果能够在体育比赛中为学校争光，那是非常光荣的事情，而且会成为同学们钦佩的人物和女生心目中的偶像。

赛艇俱乐部的大学生都是四肢发达、爱喝啤酒并纵情享受快乐生活的人，霍金在进入俱乐部以前，一直是一个郁郁寡欢、笨手笨脚和极不合群的书呆子，但自从到了赛艇俱乐部以后，他居然与这帮爱喝爱闹的大汉们相处得非常融洽。从这幅1962年拍的照片中我们可以看到，霍金一改以前拘谨的作派，出人意料地显得格外"热情奔放"，似乎有点过分，但说他"欢快合群"应该没有问题。

在霍金加入大学学院的"拉戈比"赛艇队时，有一个叫戴维·费尔津的同学，那时也是赛艇队的队员，后来他成为记者和科普作家，还与霍金合作制作了一部与《时间简史》（A Brief History of Time）类似的系列电视片，还写了一本《霍金的宇宙》（Stephen Hawking's Universe）。他在这本书的导语中写道：

"牛津大学的赛艇队由八个划手组成，其中包括我，正紧张地坐在学校的这只虽然有些旧但仍然漂亮的帆板上，等待着参加我们的第一次比赛。这支队伍是一个不同类型学生的奇怪组合，唯一相同之处是每个队员都身着蓝色加金色的运动衫。不知为什么，我们幻想着，必定有人会帮助我们成为一支大获全胜的金牌队。”

霍金在大学二级时迷上赛艇，照片上的霍金（右一）正在掌舵，左二是戴维·费尔津。

有一天，戴维·费尔津忽然发现，在他们旁边站着一个人。他的个子矮一些，没有穿和划手们一样的运动衫，戴一副深色的牛角框眼镜和一顶干净的麦秸编的草帽。

“那是谁？”戴维问旁边的人。

“霍金，斯蒂芬·霍金，他是我们的舵手。”

“有点像个花花公子，”有一个人说，“不过他聪明绝顶，物理系二年级学生。”

戴维模糊地记得好像在学校饭厅里见过他，并听到过他的声音。除此之外毫无了解。

在正式比赛之前他们训练过三次，训练中必须学会很多东西。教练教得非常卖力。不过，他们心里明白，他们这个队不占有优势。后来戴维发现，他们当中只有斯蒂芬·霍金信心十足。他在掌舵时大声喊叫着鼓励我们，不让划手们放弃任何努力。在比赛的第一天，他使全队相信：“我们这个队还是大有希望的！”

在河道的狭窄处，没有足够的宽度让参加比赛的船并肩前进，所以成了“追撞”比赛。每一只船都努力追赶前面的船，同时又被后面的船追赶：担当舵手的人要敏捷地引导自己的船去撞一个别的赛船，然后两只船同时靠向河边退出比赛。第二天，两只船交换位置。在4天的比赛中，表现出色的那只船可以晋4级。

在发令员枪响以后，斯蒂芬·霍金指挥全队以极快的速度出发，这使得后面的船不能追上他们。但他们并没有急于追上前面的船，因为这只船正在拼命追赶它前面的船。斯蒂芬巧妙地掌舵，避免被“袭击”，突然，后面的船停了下来，原来它被撞上了。

斯蒂芬开始暗示划手们，他知道周围没有别的船，因此可以免于被袭击了。其他人也都意识到，看来他们能够也必须划完全程了。由于前面还有很长的距离，划手们自然地开始稍微歇一歇，但斯蒂芬却一点也没有放松，他指挥赛艇继续全速前进，直到一个个都筋疲力尽地到达终点为止。这使得他们第二天在同一位置继续这场比赛，而且重复前一天的整个赛程。

可是划手们很快就“学乖”了，在后来的 3 天里，为了避免再次划完全程之苦，划手们故意让他们的船早早地被别的船撞上。

戴维在书中写道：

“但是想到斯蒂芬为我们的目标所做出的努力，我曾为此模模糊糊地感到有些内疚。可我的负疚感后来在校园生活中很快地又消失了。但令我难以忘却的是，那在草帽和眼镜之下的年轻人的坚毅的性格，以及在比赛中表现出来的必胜信念。”

自从加入了赛艇俱乐部，霍金和高登（也是舵手）每周有六个下午都在河上练习，完全不在乎每周三天的物理实验。这三天的物理实验要求学生从上午 9 点到下午 3 点必须呆在实验室里，完成基本的物理实验训练。但霍金和高登如此迷恋于赛艇，下午在实验室里绝对看不到他们的踪影。后来高登在回忆中愉快地说：

“斯蒂芬和我一周有六个下午理所当然地要呆在河上划船。这样，我们就得牺牲一些课程，于是物理实验被我们放弃了。”

那么，物理实验就真的不做了吗？实际上他们倒还没有胆大妄为到这种地步，但他们有“绝招”使他们既“完成”了实验，又不耽搁赛艇训练。他们的方法是上午进实验室，然后利用这点时间尽快收集一些实验数据。有了哪怕是最小量的数据，他们就可以做出最大量的数据分析。批改实验报告的教师面对他们的大量数据分析，尽管心存疑虑，也被弄得将信将疑。高登说：

“这要花费一些心思，我们必须使那些批改实验报告的教师相信，我们按部就班地做过了……我们必须非常小心地完成实验报告。我们从未欺骗过老师，只是做了大量的分析。”

英国伟大的诗人乔叟，在他的名著《坎特伯里故事集》中这样描述牛津大学的两类学生：一类是“专心致志地读书，多一句废话也不讲”；另一类相反，“他的箱子上……躺着一架欢乐的八弦琴，到晚上他弹起这琴来，优美的乐曲响彻了房间。他唱完了《天使的圣母颂》，又唱起流行的《国王小调》，他快乐的歌喉常受到祝福”。

霍金和高登恐怕是后一类学生，他们希望自己的大学生活过得丰富多彩。

4.“根本不算一回事儿！”

虽然霍金在学习上漫不经心，从没有花费太多的时间，但他却能轻快地驾驭他所有的课程，没有哪一门课程能够难倒他。据他的同学和老师回忆，有两件事足以显示霍金那非同一般的智慧。

有一次，伯曼教授讲完电磁学的第十章时，让霍金他们四个同学做课本第十章后面练习中的 13 个习题。伯曼教授说：

“你们尽可能做完这 13 个习题。”

他们分成两组，里查德和德瑞克是一个组，霍金和高登是一个组。里查德和德瑞克在一个星期中费了九牛二虎之力解出了一道半题，还有点得意洋洋；高登拒绝了霍金的帮助，使出浑身解数只解出了一道题。霍金像以往一样，没把作业放在心上，13 个习题连看都没看一眼。

到再次上电磁学课时，德瑞克问霍金：

“你觉得这些题还难吧？”

“噢，”霍金回答说：“我还没有做呢。”

这三位同学劝他：“你最好做一下，好难做呢。而且，你不吃早饭的习惯不好，应该按时起床吃早饭。”

霍金认真地看着三个同学，点了点头。这三个同学很听老师的话，按时上课去了，留下霍金一个人继续看他的科幻小说，等他们上完课回来遇见霍金时，德瑞克问：

“喂，霍金，你做了几道题？”

“啊，”霍金回答说，“我只来得及做前面的十个题……”

没等霍金说完，三个人哄然大笑起来，认为霍金在开玩笑，“吹牛”呢。他们三个人一个星期才解出两个半题呀！但看见霍金满脸的认真和惊愕的表情，他们都惊呆了。这时才突然意识到，霍金的确做出了前面的十个题。

德瑞克后来回忆说：

“我想，这时我们才意识到，我们和霍金不仅不在同一个层次上，而且有着天壤之别。”

伯曼教授虽然发现霍金在学习上很懒散，但他并没有因此责怪霍金，他认识到霍金是真天才。他说：

> 他显然是我所教过的学生当中最聪明的。我从那时开始教过大约30个学生，他的最后考试并不比其他学生好，当然考得好的学生不仅是聪明而且非常用功。霍金不仅聪明，甚至不能用聪明来衡量。按照正常的标准，不能说他非常用功，因为这实在没有必要。……我想我真正的作用只是监督他学习物理的进度。我不能自夸曾经教过他任何东西。

伯曼教授不仅很宽容，而且不掠他人之美。如果在一所过于强调纪律的学校里，霍金恐怕要为他的懒散和“桀骜不驯”付出代价，天才也许会由此夭折。

还有一件事也显示出霍金的惊人智慧。

派却克·沈德斯当时是大学学院的初级研究员，曾是霍金的导师。有一次，沈德斯在讲完统计物理学第一章以后，告诉学生要认真看一下指定的教材。他知道霍金对布置的作业兴趣不大，但他仍然坚持要霍金完成指定的两个问题。

到了下一次上课时，霍金对沈德斯老师说：

“我没有办法解出您指定的题目。”

“为什么？”沈德斯问。

霍金把教科书打开，用20多分钟陈述了书上所有的错误，然后他们两人讨论了这些错误。

沈德斯后来成了牛津大学克拉顿实验室的实验物理教授。他曾经对人说：“我在那时就很清楚，他对课程比我了解的还多。”

难怪伯曼教授说：

“大学物理课程对霍金来说，根本不算一回事！”

虽说“不算一回事”，但到了毕业考试时，霍金还是紧张和发奋了一阵子，据他的一位同学说：“临近大学学习结束时，他每天学习多达三个小时！”

对一般学生来说，每天学习三个小时实在不算多，但与霍金三年平均每一天只学一个小时的记录比较，每天学三个小时真可以用“多达三个小时”的惊叹语气。

而毕业考试呢，也的确够吓人的，为了获得优秀的成绩，参加考试的人要在 4 天之内从早晨到下午连续不断地把三年来学习的课程全考完。因此霍金不能不紧张一阵子。由于他平时不大用心，面对这么多课程一下子要考完，霍金就想了一个窍门。考卷上题目比较多，考生选择考题的余地也比较大，于是霍金尽量选择那些靠他的直觉就能回答的理论性较强的题目，而避开那些靠死记硬背才能回答的题目。这样，他才能够争取获得“第一等荣誉学位”。他必须争取到这一学位，因为他已经申请到剑桥大学攻读宇宙学博士学位，想在弗雷德·霍伊尔的指导下做研究。只有获得了第一等荣誉学位他才有资格到剑桥大学去深造。但是，第一等荣誉学位是牛津大学的最高资格证书，想获得它又谈何容易！

前三天还算顺利，但最后一天考试的前夜，霍金感到十分沮丧，他认为他得不到一等了；里查德更沮丧，认为他连三等都可能捞不到；德瑞克估计自己得二等有些玄，三等大约没有问题；只有高登非常乐观，他兴高采烈地说，他大约可以得到一等。霍金觉得未来的命运就决定于最后一天的考试了，竟然有点恐慌，一晚上辗转

英国当代最著名的天文学家弗雷德·霍伊尔。

反侧久久不能入眠。

考试结束以后，霍金和同学们到酒吧大肆庆贺了一番。他们狂饮香槟酒，还把香槟喷向夏日的天空。一群群狂饮的学生们，如痴如狂地在街上边饮边大声唱着乱七八糟的歌曲，连街上的值勤警察也无可奈何地向这群疯子摇头，躲到街边商店门口，不愿招惹他们。

经过一段焦急的等待，结果终于揭晓了。考试结果却大出意外，他们四个人的预计几乎全错了。霍金得了一等，德瑞克和高登得了二等，里查德得了三等，除了高登有些失望以外，可说皆大欢喜。不过，霍金的考试并不太理想，只在一等和二等之间，最后得到哪一等，还要等到面试以后才能决定。霍金回忆说：

“我考得不是很好，处于一等和二等之间。还得参加口试才能决定我最后的成绩。他们询问我未来的计划，我回答说要做研究，如果他们给我一等就上剑桥大学，如果给二等就留在牛津大学。后来，他们给了我一等。”

1962年10月，霍金来到了剑桥大学。

在他还没有到剑桥大学之前，还有两件发生在牛津大学的事情，补叙在下面。

有一次，霍金想冒一下险，显示一下自己的“男子汉气魄”，结果几乎陷入困境。这件事发生在加入了赛艇俱乐部之后。自从加入了俱乐部，霍金终于走出了自我封闭的狭小圈子，融入到大学的群体中，往年的朋友再次见到他的时候，几乎难以相信，这个脖子上围着一条俱乐部的粉红色围巾的年轻人，就是以前那个郁郁寡欢的霍金。变化了的霍金，似乎想让人们看到他身上日益勃发的男子气概，就想做一点惊人的举动。

有一天晚上，他和一个朋友喝了一点啤酒，在酒精的作用下，他和朋友决定做一件让人惊诧的事情。他们找来一听油漆和几把刷子，藏在书包里，然后走到一座人行桥上。在桥栏杆下面几英尺的地方，他们用绳子系一块木板，然后小心地站在木板上，在黑暗中把“投自由党人的票”几个斗大的字，用油漆刷在了外桥栏杆上。

当霍金兴奋不已地刷完最后一个字母的时候，一道手电光射到他们身上，一个警察大声怒喝道：

“自由党人上台后，你们想干什么？”

他们两人也许精力过于集中在写字和平衡身体上，连警察走到近处都没发觉，因此警察的一声怒喝，把两人吓了一大跳。那位同伙十分灵光，立即逃跑了，霍金却被逮了个正着。幸亏警察看出这是大学生的恶作剧，只严厉责备了霍金一顿后就让他回学校去了。不过这件事可把霍金吓坏了，从此再也不沾这种违法的事情了，而把这种冒险的精力发泄在赛艇上。一位当时赛艇俱乐部的负责人说：斯蒂芬属于冒险型的舵手，你永远不知道他和这些水手出去以后究竟会闯出什么祸。

1962 年，斯蒂芬·霍金在毕业典礼仪式以后。

如果霍金身体不出毛病，也许还会干出更冒险的事情。到大学三年级时，他发现他的手脚不像过去那么灵活了，他没有把这事告诉母亲，但敏感的母亲已经发觉了这一点。不过，她把这种失常看成是由于考试压力太大所致，并没有意识到它的严重性。

牛津大学的老式楼房，楼梯又陡又窄，一般人行走起来都觉得不方便和危险，对于行走不便的霍金就更加危险。在毕业考试后的一天，霍金准备下楼回家时，事故终于发生了。霍金在楼梯口头朝下一直摔到最底层。他不仅失去了知觉，苏醒后甚至不知道自己是谁了。当同学们把他抬到高登的房间以后，让他靠到沙发上，霍金睁开眼睛后第一句话是：

“我是谁？”

“你是斯蒂芬·霍金。”

两分钟之后，他终于记得他是霍金了，但又问：

“这是什么地方？”

“大学学院。你刚从楼梯上摔倒了。”

“啊，我记起来了，我是1959年上大学学院的。”

接着，由远到近，他记起了一年前、一月前和一周前发生的事情。高登他们焦急地像对待突然失去记忆力的病人那样，不断地提问，从远到近，直到他能回答时为止。

“喂，还记得星期天去过酒吧喝酒吗？”

“记得星期一在河上划船的事吗？”

大约过了两个来小时，他终于记起了从楼梯上摔倒的事情。

斯蒂芬唯恐这次摔倒影响了他的智力。幸好智力测试的结果很好，没有什么后遗症。但他的父母仍然不放心，希望他做进一步检查，但到1962年年底之前，斯蒂芬忙于去伊朗游览和上剑桥大学，一直没有检查，直到1963年才到医院作了认真的检查。

三、剑桥大学的博士

在牛津大学毕业考试完毕摔了一跤以后，母亲伊莎贝尔希望霍金在家休息一下，并到医院去作一些检查，但他却决定和一个朋友到伊朗观光。

伊朗是西南亚的国家，面积16万多平方千米，人口5700多万。在历史上，公元前550年，波斯人居鲁士大帝二世在伊朗建立了一个庞大的中东帝国，直到罗马的亚历山大大帝在公元前330年左右入侵，才结束了这个大帝国的统治。

霍金的父母有些不放心他独自出远门，又是到一个如此不同文化、不同传统和宗教的国家去。幸好与他同行的朋友有着丰富的旅行经验，而且还去过伊朗。朋友的父母还专门写信给他们，让他们放心。

到了伊朗后，他给家里写了两封报平安的信，说他们玩得很愉快，在第二封信中说他们即将离开伊朗首都德黑兰，到一个叫塔伯里兹的地方，然后于某一个确定的日子从伊斯坦堡乘火车返家。此后三个星期没有收到他的信，而这期间在德黑兰和塔伯里兹之间发生了强烈地震。霍金的父母从报上得到这个消息后，简直吓坏了，立即和有关部门取得联系，询问伤亡情况。他们被告知，据统计资料显示，还没有得到英国人伤亡的消息。在霍金没有回到家以前，全家人处于惶惶不可终日的恐怖状态，伊莎贝尔更是噩梦不断。

伊朗的波斯波利斯城，它是波斯帝国的都城之一；建于公元前500年左右。公元前300年被亚历山大的军队灭亡。

上帝保佑，霍金终于安

全归来。让人惊讶的是，由于地震期间他们还乘着汽车，路况不好，汽车颠簸得十分厉害，他和其他乘客居然不知道外面发生了地震！回到家以后，伊莎贝尔得知，霍金在塔伯里兹病了一场，而且病得十分厉害，以至于只好在那儿下车到医院诊治。

1962 年 10 月，霍金来到剑桥大学的三一学院。

1. 剑桥大学

从伦敦乘火车向东北方向行驶约 51 英里，就到了驰名世界的大学城和科学城——剑桥（Cambridge）。剑桥大学和牛津大学是英国人心目中永恒的骄傲，因为这两所大学为世界科学，尤其是近代和现代科学做出了决定性的贡献，人们只要信手从牛津和剑桥拈来几位世界级科学大师，就发现他们无一不直接参与了现代科学的建造，并做出了不可否认的贡献。在英语中，甚至有一个专有词汇“牛桥”（Ox-Bridge，由牛津和剑桥两个词组合而成），将这两个大学相提并论。

剑桥大学共有 31 个学院，一些比较古老和规模较大的学院沿着学院街连成一片，蜿蜒排列于剑河边。在古代，剑河上修了一座木桥，以便于几个驻军部队的相互联络和调动，于是剑桥由此成了一个镇名。1209 年，这儿逐渐集结了一些学者，并在此传道讲学；再后来，规模逐渐扩大，组成各个学院，这些学院的总体就是剑桥大学。

剑桥大学——科学家的摇篮。

剑桥大学与牛津大学一样，校园也是没有围墙的，校舍散布全城各处。剑桥建校初期，没有校舍，学生寄宿在市民家里。1284 年建立了第一所学院——彼得学院

(Peter College)。

鼎鼎大名的剑桥大学数学桥。

剑桥和牛津的风格迥然不同。如果说牛津是雍容富丽，具有王者气派，那么剑桥则幽雅洒脱，颇具诗人风骨。在细雨霏霏的秋晨，剑桥大学像一幅西洋水彩画般呈现在人们眼前，精雕细绘、线条秀美的建筑群，完全是一种脱俗的韵味；大片的草坪、满目的绿阴，使人强烈地感受到大自然的眷爱。最令人沉醉的莫过于横贯剑桥大学的剑河两岸风光了。清清河水，汩汩而去；一叶扁舟，斜插长篙，弯靠在草地入水的岸边；粗大的巨柳，把婆裟的枝条撒向河面，柔柔地婀娜飘摆，在水上拂起微微的涟漪……而这一切都被雨幕笼罩着，一切色泽都似水彩般淡淡地化开。用原木搭建的小木桥跨过浅流，那是剑桥人引以为荣的“数学桥”(Mathematical Bridge)。该桥建于中世纪，没有用一颗钉子，是巧妙运用力学原理的典范。经历几百年风雨后，“数学桥”在本世纪重建，今天我们看见它，外貌依稀当年，但已经使用了钉子。

剑桥的校舍，由于建筑年代的不同而风格各异。比如，建于15世纪的国王学院是哥特式的；建于19世纪的纽南学院则是维多利亚时代的建筑风格。剑桥大学里有许多值得欣赏的楼馆、亭院和桥、廊。剑桥大学的雷恩图书馆是由英国最著名的建筑师、圣保罗大教堂的设计者雷恩设计的，那是他一生中最为人赞誉的杰作之一；16世纪创立的圣约翰学院，院舍分为两部分，由一道有盖有窗的廊桥连接。这桥有一个诗意浓郁的名字——叹息桥，是剑桥大学的景观之一。据说，该廊桥得名于威尼斯的叹息桥，但意义则不同。在威尼斯，桥通向监狱，故此叹息；但在圣约翰学院，学子们叹息什么？难道是考试落第或情场失意来到这儿发泄悲情？谁知道呢。

雄伟壮丽的剑桥大学国王学院。

还有，国王学院的教堂是建筑群中最宏伟的，历99年才建成。最令参观者叹为观止的是它那庄严肃穆的扇形穹窿和记述圣经故事的彩绘玻璃。幽暗柔和的光线投射进教堂内，更增加了它的高贵和神秘……

剑桥的“三一学院”，牛顿曾是这个学院的学生。当年他躺在苹果树下，看见果子坠落，因而发现了地心引力的原理。这株苹果树还在么？有人说已经倒掉了；有人说就是院前那一株，不过，是后来补种的。

剑桥最独特之处是“学院制”和“导师制”（通常美国式的大学下边设有学院）。学院下辖几个相关的系、所。可是，剑桥的学院决不是介乎大学和系、所之间的一层机构，它是一个独立的实体或“家族”。大学直接管理教学、考试并授予学位；而教学则实行导师制，学生由导师挑选。教育方法强调以自学为主。学院负责学生的住宿、膳食、文娱活动及对学生的个别辅导。

剑桥的“学院制”造就了剑桥教育的特色——“个别辅导”。学生除了到系里去听课外，在学院里还有一位指导老师和一位主任教师：前者负责学生的一般学习方法和生活上的问题，例如怎样选课、转系或申请补助等；后者则负责学生的专业课总体进展。学生通常还有一些辅导员，具体辅导学习每一门课。辅导员可由其他学院的教授或者研究生担任。这类辅导占了学生时刻表的很大一部分，因为几乎每门功课每周至少有一次个别辅导，讨论上周布置的阅读心得或布置下周的阅读计划。上课可以不去，但辅导不去却不行，懂不懂一见面就一目了然。所以，任何学

三一学院庭院中“牛顿”的苹果树。

生见了辅导员也不敢马虎。

徐志摩笔下的剑河和河上的桥。

剑桥大学的卡文迪什实验室可以说是世界上最有名的实验室之一，在这个实验室从事过研究的物理学家竟有20多人获得过诺贝尔奖，难怪有人称它为“诺贝尔奖的摇篮”！

这儿也是孕育文学家的地方，世界著名诗人邓恩、拜伦、丁尼生等成长于剑桥。浪漫派诗人华兹华斯曾在圣约翰学院学习过。中国著名诗人徐志摩在20世纪20年代初游学剑桥，于1928年写下传世名篇《再别康桥》（注：“康桥”是“Cambridge”的另一种中译）：

轻轻的我走了，
正如我轻轻的来；
我轻轻的招手，
作别西天的云彩。
那河畔的金柳，
是夕阳中的新娘；
波光里的艳影，
在我的心头荡漾，
……
但我不能放歌，
悄悄是别离的笙箫，
夏虫也为我沉默，
沉默是今晚的康桥！
悄悄的我走了，
正如我悄悄的来；
我挥一挥衣袖，
不带走一片云彩。

这是中国诗人眼里的剑桥，是以文字绘就的一幅内涵隽永、意境迷人的水彩画。

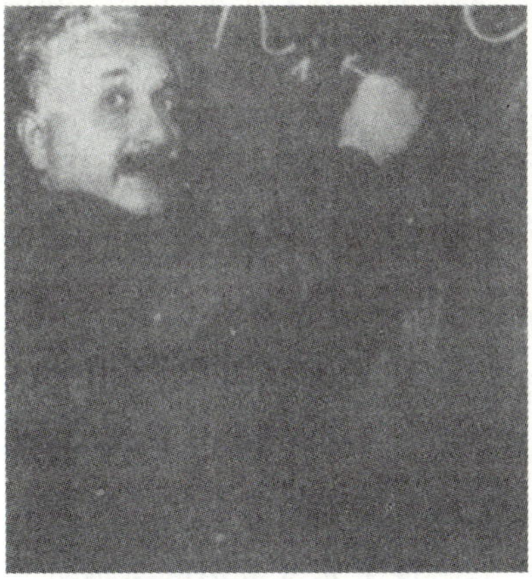

爱因斯坦在黑板上写出广义相对论的引力方程。根据这个方程，宇宙要么在膨胀，要么在收缩。这个理论使宇宙学成为生机勃勃的研究领域。

2. 不幸的事情发生了

霍金决定以宇宙学作为自己将来的研究对象。他觉得在当时两个物理学研究方向中，宇宙学对他的吸引力最大，因为宇宙学已经有了一个明确的理论框架——爱因斯坦的广义相对论；而另一个研究方向是基本粒子物理学（研究电子、质子和中子等亚原子的物理学），他认为当时还缺乏一个合适的理论框架，物理学家除了发现更多的粒子，并把它们像植物学研究那样进行分类，就没有什么可做的了。因此他决定选择宇宙学。

霍金原来在申请中表明，他想让弗雷德·霍伊尔成为自己的指导老师，当时霍伊尔是国际知名的天文学家，曾于20世纪60年代前后，与美国天文学家福勒提出恒星内部元素起源的理论。但是到了剑桥大学以后，给霍金安排的导师不是霍伊尔，却是一位他以前从来没有听说过的天体物理学家西阿马。在开始的一段时间里，霍金对这种安排很失望，甚至认为是一场灾难；但后来他发觉他想错了，西阿马是一位很优秀的科学家，不仅可以随时帮助他解决疑难，而且对他有很大的激励，使他渡过了人

丹尼斯·西阿马是霍金在剑桥大学时的导师。从1963—1970年，他是剑桥大学的教学讲师。

生最可怕的难关。

霍金在进入剑桥大学后的第一学期情况很糟，像刚开始进牛津大学时一样，而且更糟的是在学习广义相对论时，他才发觉自己在牛津大学由于不用功，数学基础没打好，因此困难重重；再加上剑桥大学研究生的课业远比在牛津读大学时重。在这种困难面前，霍金感到跟不上学习进度，甚至连找一个合适的博士研究课题都难。他的导师西阿马看出了霍金似乎迷失了方向，他样样都干得既不好又不顺心。西阿马认为，为了使霍金走出困境，关键是要为他找到一个合适的研究课题，这样就可以激发他的积极性和巨大的潜力。但要为他找到一个合适的研究题目可不那么容易，这是因为当时广义相对论对于物理学家来说，还是一门十分生疏的理论，而且又十分深奥，能充分理解它已属不易，要想找一个研究的课题当然就非常非常困难了。

就在这个时候，霍金的身体日益令人担忧，出现了非常可怕的事情，几乎毁掉了霍金。但谁也没有想到，正是这场从天而降的巨大不幸，倒使得霍金遇到的困难开始化解。

事情是这样的：进了剑桥大学以后，霍金觉得自己的手脚越来越不灵活，走路时不能走直线，总像喝醉了酒一样，东扭西歪，走不规则的曲线；鞋带散了想把它系上，他都无法做到；向酒杯倒酒，总是倒到酒杯外面，洒的到处都是。西阿马开始并不知道霍金的严重毛病，只发觉这个很聪明的学生有些口吃，也不认为这是什么大不了的问题。

寒假回家期间，霍金的父母终于察觉出霍金严重的毛病。有一次，他与母亲一起去滑冰，他无端地摔倒了，而且无论怎样努力，竟然爬不起来。他的父母由此坚持要求他去向家庭医生咨询一下。霍金从小就动作一直不能自如，所有球类的运动他都不行，也许正是因为这一原因他不愿意参加体育运动。到了牛津大学以后，他迷上了赛艇，成为舵手，有时也划船，行为笨拙似乎好转了一些。正因为好转了一些，他在牛津上三年级时，对自己又日渐笨拙的行为能力并没有在意，以为是考试临近时心理上的原因所致。到剑桥大学以后，情况变得似乎更严重了，霍金自己也意识到问题的严重性，所以同意和母亲一起去会见家庭医生。

家庭医生又把他介绍给一位专家。1963 年 1 月中旬，刚过完 21 岁生日不久，霍金到一家医院进行了一系列的检查。检查要花比较多的时间，所以在

1月下旬剑桥大学开学的时候，他还住在医院里。本来他可以住单间病房，但他的社会主义思想原则促使他住进普通病房，病房里除了他，还有一个患有白血病的小男孩。

检查完了以后，医生给他开了一点维生素，并建议他回到大学去继续研究宇宙学，最后的确诊还要等待一段时间。霍金回到剑桥以后不久，诊断结果出来了，他患的是一种十分罕见的病，正式学名为“肌萎缩性侧索硬化症”（ALS）。在英国这种病通常被称为“运动神经细胞症”；在美国被称为“卢格里克症”，这是因为美国有一个著名的棒球队员卢·格里克患这种病去世。

霍金的母亲认为，一定要向医生问清楚，作为母亲她可以为儿子做些什么。医生告诉她说，这种病由于肌肉萎缩引起运动功能减退，最后可能瘫痪；说话也会日益感到困难，最终丧失说话能力，而且吞咽也有困难。最后，呼吸肌受到侵害，引起肺炎和窒息，死亡就降临了。在整个患病过程中，大脑不受侵害，因此思维能力和记忆力不会受到影响，而且这种病没有任何疼痛的感觉。

医生估计病人只能活两年半左右的时间。最后医生说：

“这是非常令人伤心的事情。这么一位优秀的青年，在他的生命巅峰期就横遭不幸，真令人惋惜。”

伊莎贝尔问：“我们还有办法吗？我们可以对他施行生理或者任何有效的治疗方法吗？”

“我毫无办法。”

霍金的病确诊以后，他的父亲非常着急，不惜一切代价为儿子寻找治疗方法。他到处收集有关ALS以及可能治疗它的信息，在热带病研究所与同事们讨论与ALS相类似的疾病。他甚至和美国病毒学家盖达塞克（D.C.Gajdusek）联系过，这位科学家后来因为发现热带慢性病（“库鲁病”）病毒的起源和转播机制，获得了 1976 年诺贝尔生理学和医学奖。但是所有的努力都无济于事，几乎所有的医生都说ALS是不治之症，所有能够用上的治疗手段都无法使病情缓解。

弗兰克在失去希望并停止努力后，找到霍金的导师西阿马教授，对他说：由于他的儿子没有指望活到完成博士学业起码需要的 3 年时间，在这种情形下，能否让他的儿子用更短的时间完成学业？西阿马教授说：“任何人也不可

德国作曲家瓦格纳，他是霍金终生喜欢的作曲家。

能在少于3年的时间内完成博士学业。”他知道霍金有非同一般的智力，但是作为导师，他既不愿意违反规定，也不愿意他的学生只是随便应付就得到博士学位。我们不能不钦佩西阿马教授的光明正大和坚守原则的作风，正是这种作风和风格才造就了巍巍的剑桥大学！

当霍金知道自己得了一种不治之症，并在几年之内就要结束他的生命，感觉是一个致命的打击。像所有得知自己患上绝症的病人一样，他不断地向上苍发问：

“为什么这种事情会发生在我身上呢？为什么我要这样悲惨地死去？”

但没有任何人能回答这些问题。

他感到十分绝望，认为自己活不到完成博士论文的时候了。于是，他整日听他喜爱的瓦格纳的音乐，试图让瓦格纳那充满神秘主义的，具有超人力量的乐声拯救绝望中的他。霍金曾经说：

1963 年我被诊断得了运动神经细胞病之后，就变得喜欢瓦格纳的作品，因为他的乐曲风格和我阴暗的情绪相投……《尼贝龙根的指环》系列的四部歌剧是瓦格纳最伟大的作品。1964年我和我的妹妹菲莉帕一起去德国的拜罗伊特去看这个歌剧。那时我对《尼贝龙根的指环》尚不熟悉，所以系列的第二部瓦尔基莉给我留下了极其深刻的印象，这是沃尔夫冈·瓦格纳执行制作的，舞台几乎是全暗的……

有一段时间，霍金还想用酒来浇愁。他的同学德瑞克·鲍尼曾经写过以下的回忆文字：

斯蒂芬总是非常笨拙，但是大家没有以为这是什么大不了的问题。他在牛津第三年快结束时，有一回在宿舍从楼梯上摔下来。那时，也没有人认为这是什么很不寻常的事情。

后来，有一次鲍尼到牛津，本想在饭厅里找人共进午餐，但是也许天太冷，没有找到一个人。这时正巧斯蒂芬进门来。他慷慨地去买啤酒回来，并放到桌子上。在放啤酒时他把啤酒泼出来了许多。

“天哪，”鲍尼说，“怎么这时候还喝啤酒！”

霍金告诉鲍尼，他在医院里住了两个礼拜，做了一系列检查并被诊断得了什么病。他非常直截了当地告诉鲍尼，他的身体将逐渐运转不灵，会像植物一样，只有思维仍然是完好的，但是他将不能和外界沟通。最后只有他的心脏、肺和头脑仍能运行。但不久他的心脏或肺也会逐渐失去功能，然后就会死去。

他还告诉鲍尼，这是不治之症，完全不可预见：可能在短期或长期内稳定下来，但是永远不可能变好，根本不知道会在6个月内或20年内死去。可是他得这病时年龄比大多数病人更年轻得多，他们怀疑他会更早而不是更晚死亡。鲍尼说：

《霍金讲演录——黑洞、婴儿宇宙及其他》一书的中译本(湖南科技出版社1994年。)

“这个消息无疑是晴天霹雳，但是我的反应对于霍金而言已经无济于事。我很清楚地知道，他没有信仰，这使我更加难过。因为我知道霍金会质问自己：‘为什么是我？为什么得这种病？为什么是现在？’他只能坦然接受这发生在他身上的一切。就我所知他在那时开始进行一些研究。”

但是，霍金并没有颓废到像某些媒体所渲染的那样糟糕。对此，霍金颇有些不以为然。他在1993年出版的《霍金讲演录——黑洞、婴儿宇宙及其他》一书中写道：

……我也许活不到完成博士论文。我感到十分倒霉。我就去听瓦格纳的音乐。但是杂志上说我酗酒是过于夸张了。麻烦在于，一旦有一篇文章这么说，另外的文章就照抄，这样可以引起轰动效应。似乎在印刷物上出现多次的东西都必定是真的。

霍金得知邻床男孩得的是白血病。最后小孩死了。
（鸦巢直树：《漫画霍金》）

但真正能够拯救他的还是他自己。过了一段时间，他终于从绝望中振作起来。这也许与以下三方面的因素有关系。

其一，他在住院时，邻床的那个小孩患了白血病。那个小孩最终死于肺炎，这是很让人伤心的事，但回忆起这件事的时候，他突然醒悟到："很清楚，有人的命运比我还糟，至少我的情况还没使我感到自己有病。当我为自己难过时，我就想起了那个男孩。"

其二，在绝望时，他常常被一些令人感到痛苦的梦所打扰，这些噩梦有时使他从颓废中惊醒。霍金曾在回忆中说：

"我出院不久，做了一个梦，梦见自己被处死。醒了以后我突然意识到，如果我的生命还可以延续一段时间的话，那我还可以做许多有价值的事情。我的一个深刻体验是，当一个人面临早逝的危险时，就会体验到活下去是值得的。"

他甚至于庆幸自己从事的几乎是纯脑力劳动的研究，这样，他患的疾病不至于使他过早中断他的事业；如果是实验物理学，那他的事业可能会就此终结。上帝对他还是很关爱的嘛。

其三，他终于振作起来而没有被残酷的疾病击倒，是因为在这期间，认识了一个非凡的女性：简·怀尔德——他未来的妻子。

3. 一位非凡的女性

简的出现到以后他们的结婚，彻底改变了他对生活的态度。霍金说：

因为我估计自己活不到完成博士论文，所以看来研究已没有什么意义。然而，疾病在以后的时间里似乎缓和了一些。我开始懂得了广义相对论，并在研究上获得进展。但是真正使我的生活改变的是，我和一个叫简·怀尔德的女士订婚。这使我有了活下去的目标。也就是说，如果我要结婚就必须有一份工作。

1962年夏天，简刚考完圣奥尔本斯中学的高级水平考试，她和好朋友戴安娜·金决定轻松一下，进城里去喝茶。她们出门走了不到100码，简忽然看见街对面有一个奇特的身影：一个年轻人，长着乱蓬蓬棕色头发的头低着，跟跟跄跄地朝着相反的方向走着。这个年轻人沉浸在自己的思绪中，根本没有注意到街对面的姑娘正盯着他。简觉得这是一个古怪的人。戴安娜说："那是斯蒂芬·霍金。"

简·怀尔德，一位非凡的女性，后来成了斯蒂芬·霍金的妻子。

简对刚见到的年轻人霍金有一种特殊的感觉，并有一种奇怪的预感：会很快再见到他。接着，简到西班牙玩了一趟，回来后得知，伦敦的威斯特菲尔德学院录取了她。寒假期间，戴安娜和她哥哥举办了一个元旦聚会，简当然被邀请参加。

在这次聚会上，简第二次看到了霍金，他正在向牛津大学的朋友讲发生在他身上的故事，这些有趣的故事吸引了简，她饶有趣味地听着。后来，简回忆这一次对她一生有重要意义的见面时说：

> 我被这个独特人物的幽默感和个性所吸引。他的故事讲得绘声绘色，确实很有意思，特别是他讲起那些笑话来笑得直打嗝，几乎喘不过气来。

简觉得霍金与她的遭遇有一些相像，在生活中遭到一些挫折；但他乐于表达自己的见解，对自己的价值也有充分的认识。简觉得霍金的气质，和那灰色的眼睛，有一种让她无法抗拒的吸引力。

几天后，简收到霍金的一份请柬，1月8日是他21岁的生日，他们家要为他举办一个生日聚会；戴安娜也收到同样的请柬。她们到霍金家参加了这次聚会，简带了一张唱片作为礼品。这是简第一次与霍金家的人接触，简那时只有18岁，胆小怕事，一个人坐在角落里，倾听人们谈话，陪伴她的是霍金的弟弟爱德华，他坐在她的膝上。

又隔了一段时间，简和戴安娜以及戴安娜的朋友伊丽莎白，在一家经常光顾的咖啡馆里享受休闲时光。戴安娜突然问伊丽莎白：

“你们听说霍金的情况了吗？”

伊丽莎白说：“听说了，很糟糕，是吧？”

简急忙问：“怎么了？我没听说什么呀。”

戴安娜说：“他住了两个星期的医院，他患上了一种可怕的病，可能导致瘫痪……他们认为他也许只能再活两三年。”

简听了大吃一惊。她简直难以相信，一个如此年轻和自信的生命，竟然面临死亡的威胁。简心事重重地回了家，老是摆脱不了霍金的影子和对他的命运的担心。她妈妈知道简喜欢霍金，就平静地对她说：

“你为什么不为他祷告？这可能对他有帮助的。”

她们家是虔诚的基督教徒，因此简接纳了母亲的建议。

大约一个星期后，简在等去伦敦的火车时，惊讶地看见霍金提着一个帆布手提箱，摇摇晃晃地从站台上走过来。更让简惊讶的是，他看起来似乎很快活。见到了简，他显然十分高兴，在日光下，满脸动人的微笑，清澈透明的灰色眼睛，显得特别动人。他的容貌中有一种很特别的东西，也许是气质，深深吸引了简，而且下意识地想起了她心目中的英雄——英国海军上将纳尔逊勋爵。

纳尔逊勋爵。在 1803 年 5 月的特拉法尔加大捷中，一举摧毁了法国和西班牙联合舰队，成为最受英国人崇拜的英雄。

他们两人在车上愉快地交谈，简提到听说他住院的事情，他只皱了皱鼻子，没接这个话茬；简也觉得自己有些唐突，谈论他的病实在太残酷了。于是，他们又愉快地谈起别的事情，好像一切都挺好的。他是回剑桥去的，简到伦敦上学，分手时霍金对简说：

“周末我常回家，我能请你一起去看戏吗？”

“当然。”简高兴地回答。

后来，他们不断地约会，感情日益加深。到 6 月份，霍金的身体状况明显恶化。有一次他开车去简家接她去剑桥参加舞会，简把他介绍给了她的母亲，她的母亲没有表示一丝惊奇或意外。但霍金疯狂开车引起的颠簸，实在让简感到恐惧。

舞会结束回家后，简兴奋地向母亲讲述舞会的情形，母亲微笑着倾听着。简说：

“我断定，我实际上是很喜欢他的，只要不经常遭受他疯狂开车的颠簸……”

“我完全被他迷住了，被他那明亮的蓝灰色眼睛和显出酒窝的微笑弄得心神不宁。”

每次与霍金分手，都会给简带来无穷的思念；而每次短暂的重逢，总会给两个人带来衷心的愉悦。

1964 年年底，简又去西班牙访问，因为她在大学学习的是西班牙文学，所以她需要体验在西班牙城镇中的生活。好不容易熬到回家的时候，她急切地想要见霍金。这次，简发现霍金变了：除了要经常拄着拐棍走路以外，他身体状况似乎没有明显的变化，但是他显得极为消沉，因而失去了往日的风采。他忧郁，愤世嫉俗，常常沉默不语；或者长时间听瓦格纳的歌剧，试图用瓦格纳那尖锐回旋、节节升高的夸张的音符，宣泄他内心潮涌般的骚动，或安抚那脆弱善感的神经。更令简惊讶的是，他故意向她显示出敌意，似乎在尽力阻止他们之间的进一步交往。简明白了，他由于绝望而处于痛苦的情感纠葛中。他不想继续伤害年轻的简，他想独自承受自己的灾难。简明白了霍金的痛苦；她也明白要与霍金分手，已经太晚了！她已经同他交往甚密，没有办法解脱了。

霍金迷人的微笑。

简对霍金的爱是真诚的、纯洁的，甚至是崇高的。她认为，帮助她心爱的人摆脱绝望，是上帝交给她的任务，是上帝对她的一次考验。

由于简的爱和温情，霍金终于改变了他的绝望和沮丧，恢复了对生活的信心，开始更自信和愉快地对待学习和他们之间的爱情，对未来不再认为是毫无希望的漆黑一片。有两位英国作者迈克尔·怀特和约翰·格里宾写了一本书《斯蒂芬·霍金的科学生涯》，他们认为，简对霍金的生活起了极重要的作用。他们写道：

《斯蒂芬·霍金的科学生涯》，上海译文出版社，1997年。

毫无疑问，简在这个时候出现是霍金生活的重要转折点。他们两人开始频繁见面，两人的关系也在发展。简使得霍金克服自己的绝望，并重新树立生活和学习的信心。与此同时，霍金继续缓慢而艰难地攻读博士学位。

1964年10月的一个星期六晚上，在剑桥，霍金吞吞吐吐地低声向简求了婚。当时室外一片昏暗，小雨淅沥不停。简接受了霍金的求婚。简和霍金的生活和命运，由此发生了彻底的改变，原来简想从事外交工作，现在也被抛到了脑后。

简当然也碰到了许多打击和不如意的事情，如果以为爱情只是一条色彩斑斓的彩虹，那就错了。简在答应霍金的求婚之后，许多惊讶、疑惑、警告……不愉快的事情，都向她迎面袭来，她想躲开都不可能。

她的好朋友戴安娜一听到简和霍金订婚的消息，就惊叫起来：

“哎呀，简，你要嫁到一个非常癫狂的人家去了！”

霍金家的确有许多独特的习惯，尤其在圣奥尔本斯这个知识分子极少的地方，像弗兰克夫妇都毕业于牛津这样名牌大学，的确让邻居感到他们的言行有些古怪而癫狂。但这一点，简还能够适应，虽然霍金家的人的自信和不在乎别人的感受，也有点让她觉得不舒服。

1965年2月的一个寒冷的早晨，霍金热切地期待心上人的到来，不过不是为了谈情说爱，正如简后来所说，“实际上是指望我充分施展秘书的技能，为他打出一份工作申请单。”

不幸的是，简在前一天晚上跳舞时，由于高跟鞋后跟在地板上滑了一下，她重重地摔在地板上。结果左手腕骨折，到医院急诊室用石膏将左胳膊固定起来。由于固定得太紧，手指成了乌青色，不得不在第二天一早把石膏去掉再重新包扎。当霍金看见简左手用石膏绷带裹着的时候，他并不是首先表示同情和问候，而是由于可能打不了字而显出一脸的震惊和失望。简后来回忆说，霍金失望的表情“完全打消了我想得到一点同情的念头”。

这就是霍金家的特点。他们非常理性，不喜欢表现出亲切、温柔和妩媚，认为这些情感会腐蚀理性。

霍金十分沮丧地解释说，他一直希望简为他打出一份申请书，申请得到凯斯学院研究员的职位，而且马上得交上去。简听了之后，不但原谅了霍金不体恤她的行为，反而为自己跳舞时摔伤了胳膊而感愧疚，于是用没受伤的右手打出了霍金急需的申请书。

这些小的摩擦只要彼此能够谅解，具有奉献精神的简，都可以靠自己的宽容和博爱化解。但有一个恐怖的幽灵却时常从隐藏的幕帘后面偷偷向她露出阴沉、刻薄的眼光，让她不得安宁。霍金的父亲一再提醒简，说由于霍金的病情，一年对于他也许过于漫长，人们无法保证他能生存那么长的时间。这种提醒也许是善意的，暗示着什么，但对简来说，这简直太可怕了。无论她在什么时候想考虑和安排一下未来，这个可怕的恶魔、恐怖的幽灵，就会悄悄地阻止她，影响她的每一个决定和反应。

每当她陷入无法解脱的恐怖和烦恼中时，她总是靠祈祷获得所需要的帮助和支持。是上帝和信仰给了她勇气和决心。

正在这时，霍金在研究上取得了可喜的进展，他的成就也鼓励了简，给了她巨大的勇气。

简在回忆她与霍金从相识到最后订婚的过程时，曾经说过：

“我想找到生存的意义，起先我只是想照顾他，但后来我们成了恋人。”

订婚之后，霍金觉得生活仍然是美好的，生活下去的目标和勇气也有了，而当务之急是写好博士论文，并找到一份能养家糊口的工作。霍金从此摆脱了以往那种懒散的生活作风，开始真正地用起功来。

爱情的力量真可以化腐朽为神奇，这也许会使我们想起歌德在《浮士德》一书的结尾处的几句诗：

不可思议的，
在此地完成，
永恒的女性，
引我们上升。

4. 从大爆炸到黑洞

这一节我们要讲一点有关宇宙学的基本知识。懂得了这些基本知识，我们才能够更好地理解霍金。当然，由于某种原因你没有时间或兴趣看这一节，你也可以跳过。

（1）一个“白痴”才回答的问题

牛顿力学建立后，宇宙结构的早期模型基本上被淘汰。早期宇宙模型无论是东方或西方的，几乎都认为宇宙是有限的、有边界的。但是这种模型立即会引出一个令人困惑的、相互矛盾的结论：有限有界，就意味着存在“边界以外”的空间，但“宇宙”本身就是包括所有一切的，没有什么东西可以在宇宙之外。

牛顿开辟了以力学研究宇宙学的正确途径。

在科学不发达的古代和中世纪，人们为它找到了解决办法，那就是把“边界以外”的空间划归上帝、诸神统治，不属于科学研究范围。这个办法，倒是干脆利落，而且稳稳地维持了几千年。

到了近代科学兴起之后，这种神学的办法当然再也行不通了，于是科学家开始殚精竭虑地思考这个古已有之的“有边有界”的难题了。

牛顿认为，宇宙是无限的，星体则分布在有限的空间里，而且从总体上看，宇宙是稳态的。牛顿的宇宙学由于是建立在经典力学时空观的基础之上，有许多困难他无法解决。当然，牛顿的功劳不可埋没，因为是他开辟了以力学方法研究宇宙学的正确途径。

经典宇宙学里，为宇宙是有限还是无限争论了几百年，结果还是谁也说不清楚。爱因斯坦曾经开玩笑说：“宇宙学究竟是无限伸展的呢，还是有限封闭的呢？海涅在一首诗中曾经给出过一个答案：‘一个白痴才期望有一个答案’。”但是后来他却大力研究这个问题，期望得到一个答案。当然，爱因斯坦肯定不会认为自己是个“白痴”。

（2）爱因斯坦干的“最大蠢事”

1917年2月，爱因斯坦在《根据广义相对论对宇宙学所作的考察》一文中，大胆提出了一个崭新的宇宙模型：宇宙的空间是有限的，但却是没有边界的；而且在整体上宇宙是静态的。这个模型通常称为“爱因斯坦有限无边静态宇宙模型”。

这儿有一个难懂的问题：有限怎么会无边呢？从一般常识判断，一个物体的体积是有限的，那么这个物体就一定有边界，也就是说，应该是“有限就一定有边”。但是，广义相对论不这么认为，广义相对论中使用的几何叫“黎曼几何”，这种几何学不同于我们在中学学的“欧几里得几何”，它的结论是空间是可以弯曲的，因而存在一个“有限无边”的体系。所谓“有限”，就是指空间的体积是有限的；所谓“无边”，指的是这个三维空间并不是一个更大的三维空间中的一部分，它自身已经包括了全部空间。

这个“有限无边”似乎很玄奥，其实它并不是什么新玩艺儿，例如，在二维空间中，球面就是有限无边的。我们沿着球面走，总也遇不到什么“边”，但球面的总面积却是有限的。亚里士多德曾认为，大地并非平坦无边，而是一个“有限有边”的球形，他以此代替那种认为大地是“无限无边”的平面结构。我们只需把亚里士多德二维空间的有限有边体系，推广到三维空间的有限有边体系，就可以得到爱因斯坦的宇宙模型。这儿只需要稍加注意：有限无边的球面是一个二维空间的弯曲面，所以三维空间的有限无边，也应该是一个弯曲的空间。而这个“弯曲”，实质上就离开了欧几里得几何，进入了黎曼几何。

有限无边的难题解决了，

爱因斯坦仰望天空，想回答“白痴”才能回答的问题。

摆在爱因斯坦面前的还有一个难题：按照他的引力方程，由于有引力，那么宇宙从整体上是不稳定的，它只能由于引力的作用而不断收缩。这个问题在牛顿引力理论中也出现过。但人们从日常的常识判断，宇宙在总体上应该是静态的：宇宙既不扩大也不缩小，总是那么稳定恒态。为了满足这种由常识判断得出的稳态结论，德国天文学家诺依曼（1832 ~ 1925）和希利格（1849 ~ 1924），曾建议在牛顿的引力公式里加上一个“斥力项”。这样，由于引力有斥力的平衡作用，宇宙从整体上就可以保持稳态了。

当爱因斯坦在他的模型中遇到了同样的问题时，他也相信宇宙从整体上来说是稳态的，于是照葫芦画瓢，在他的引力公式里也引入了一个“斥力项”（也叫做“宇宙项”）。

爱因斯坦以前对自己的理论（如狭义和广义相对论）总有十足的信心，甚至当某些实验结果对他的理论不利时，他总是放心地说：那一定是实验有问题。最有意思的是，有一次有人问他：“如果实验结果不支持你的狭义相对论怎么办？”他幽默地说：“那我只好为上帝感到遗憾。”

可是，对这一次提出的引力理论，他似乎缺乏信心，以致当论文寄走后，颇为担心地对他的好友埃伦菲斯特说：“对引力理论，我又胡言乱语了些什么啊，它快要让我处于进疯人院的危险境地了。”

后来事态的发展，充分证明爱因斯坦的担心是颇有道理的。

爱因斯坦的论文发表后不久，苏联数学家弗里德曼（1888 ~ 1925）从纯数学角度，研究了爱因斯坦 1917 年 2 月的论文，他惊讶地发现爱因斯坦在证明他的宇宙模型过程中，犯了一个错误，并立即意识到一个全新宇宙模型，正在呼唤着自己诞生的权利。

经过一番紧张的研究，弗里德曼确信爱因斯坦在 1916 年第一次提出的引力场公式才是正确的，这个方程本可预言宇宙将随时间膨胀或收缩，但爱因斯坦为了保证宇宙是静态的，而人为地加入一个什么“宇宙项”，则是一个十足的错误。

弗里德曼将自己的发现写信告诉爱因斯坦，爱因斯坦没有回信。后来弗里德曼又托人向爱因斯坦转告他的意见，爱因斯坦才勉强同意了弗里德曼的意见。

1922 年，弗里德曼在德国《物理杂志》上发表了他的论文，在论文中他

证明爱因斯坦原来的引力场公式，允许存在一个膨胀着的宇宙。弗里德曼的预言，可以说是科学史上最伟大的预言之一，它开创了一个崭新宇宙学的纪元。一方面是因为它预言的范围涉及整个宇宙空间，另一方面是因为它第一次打破了自古以来的传统观点——宇宙从整体上说是静态的。如果我们想到，连爱因斯坦这样勇于冲破传统观点的人，都在这一传统观点面前犯了错误，我们不能不向弗里德曼致敬！

苏联数学家弗里德曼。

爱因斯坦直到 1931 年才真正心甘情愿地承认：这是他一生中干的最大的蠢事。

在弗里德曼之前，荷兰天文学家德西特（1872 ~ 1934）也曾提出一个正在膨胀的宇宙模型，但在当时没有引起人们的注意。

1927 年，比利时天文学家勒梅特（1894 ~ 1966）在广义相对论的基础上，再次提出了膨胀的宇宙模型，这一模型被称为“勒梅特模型”。勒梅特模型最令人吃惊的是：他认为如果我们把时间反推回去，就可以想象各个星系越来越靠近，最后整个宇宙被挤进一个“宇宙蛋”或“超原子”当中。一场“大爆炸”把它炸开了以后，几十亿年过去就留下现在我们所观测到的宇宙，它还在继续膨胀。这种几乎是十足疯狂的想象，当时根本没有任何人相信，但由于爱丁顿的支持以及下面就要讲到的哈勃的观测，这个疯狂的想象竟然被大多数天文学家接受了。这真是“千钧霹雳开新宇”！

（3）宇宙在膨胀——第三次飞跃

美国天文学家哈勃在刚读大学时，对法律很感兴趣，并获得了这方面的学位，也许他想通过当律师跻身政界。但不久他的兴趣却突然转向了天文学，1914—1917 年他在耶基斯天文台工作。第一次世界大战期间，他曾去法国服军役。战后，他转到威尔逊天文台工作，在那儿，他可以用当时世界上最大的直径 1.5 米和 2.5 米的反射望远镜观测旋涡星云。

1924 年，哈勃利用有利的观测设备作了大量观测之后，并根据理论推算，他宣称仙女座星云距离地球约 80 万光年（现在测定的是 220 万光年），因而肯定在我们所处的银河系之外。这在当时是一件了不起的发现，因为当时人们尚不清楚，在银河系之外是否还有什么东西。后来，人们将银河外的星云称为“星系”，我们自己所在的银河星系只不过是无数星系中的一个。

哈勃正通过大型望远镜观测天体。

哈勃最重大的研究成果还不是这个，而是 1929 年对星系的演化提出了一种新的理论。

1914 年，美国天文学家斯里弗（1875 ~ 1969）在对星云光谱作了多年研究之后，宣称他发现恒星的光谱线有一种“红移现象”（red shift），但斯里弗对这一现象既没有做定量研究，也没有作出理论分析。哈勃却独具慧眼，集中精力研究了这一现象。

1929 年，哈勃确定了：河外星系的光谱红移，与星系离开我们的距离大致上成正比关系，这被称为“哈勃定律”。根据多普勒定律，如果这种红移量代表行星离开（称为“退行”）我们的速度，那么哈勃定律就清楚地告诉我们，在宇宙整体的尺度（也称“大尺度”）上，星际是在向后退行，距离越远，退行越快。

红移现象的发现和哈勃定律的提出，是 20 世纪天文学上最重大的发现，在天文史上有人称之为第三次飞跃。因为，哈勃定律第一次揭示了天体体系在大尺度上所显示的物理特征。星系远离我们而去，这可以解释为宇宙正在膨胀。最先这样解释哈勃定律的是爱丁顿，他认为，由爱因斯坦广义相对论预言的宇宙膨胀理论，得到了哈勃观测的证明，这使得广义相对论又一次得到证实。从此，膨胀的宇宙成了天文学家和理论物理学家最热门的研究课题，其研究的兴旺之势，至今不衰。

最令人惊叹的是，勒梅特和美国物理学家伽莫夫（1909 ~ 1968）根据膨胀的宇宙提出了“大爆炸”宇宙理论。这种理论认为，宇宙最开始是一个“原始火球”，它最初温度达到几十亿摄氏度。在原始火球里，物质以基本粒子形态出现；在基本粒子的相互作用下，原始火球发生了爆炸，向四面八方均匀地膨胀。在膨胀过程中，辐射温度和物质密度迅速下降。在这期间产生的各种元素，就形成了今天我们宇宙间的各种物质。在膨胀降温时，辐射物质慢慢凝聚成星云，并进一步演化成今天我们所能见到的各种天体。

（4）大爆炸产生宇宙

德国哲学家康德曾经在《宇宙发展史概论》中，说过一段颇具文学色彩的话，他说：

大自然这个火凤凰之所以自焚，就是因为它要从它的灰烬中恢复青春，得到重生。

据古代神话传说，凤凰在年老以后（活到 500 岁，1561 岁或 7006 岁），就自

英国著名天文学家爱丁顿。

俄罗斯裔的美国物理学家伽莫夫。

己跳入火中自焚。自焚后，又从灰烬中恢复青春。如果大爆炸宇宙是真的，那我们的宇宙可真应验了古代神话的想象，真是在灰烬中再生啊！

但是，大爆炸宇宙理论能被实验证实吗？嗨，它不仅被证实了，而且还有两个人为此获得了诺贝尔物理奖。这儿有一段有趣的故事。

伽莫夫在提出大爆炸理论时，曾经预言：150 亿年前温度高达 100 亿摄氏度的原始火球爆炸以后，到今天，这次爆炸还残留着 10k 的余热，成为宇宙背景的一种辐射。不过，当时伽莫夫认为这种“背景辐射”由于各种射线的掩盖而无法测出来。但美国普林斯顿大学的物理学家迪克（1916 ~　）却不同意伽莫夫的悲观结论，他在把伽莫夫的大爆炸理论作了进一步设想后，认为来自宇宙的背景辐射有可能在实验中发现。但是他与同事们作了许多努力，却仍然找不到被称作宇宙背景的辐射，这使他大为失望。正在失望之时，从美国贝尔电话实验室的彭齐亚斯和威尔逊那儿得到了惊人的好消息。

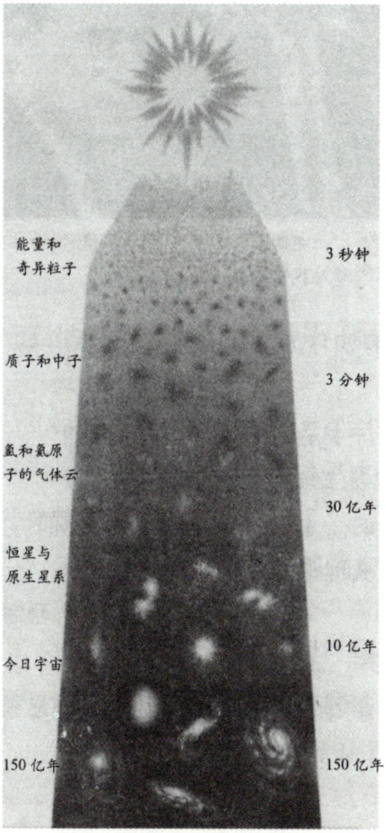

大爆炸和宇宙演化示意图。

彭齐亚斯（1933 ~　）是犹太人，出生于德国的慕尼黑。希特勒执政以后，他的家人像所有德国的犹太人一样，受尽了折磨，但最终万幸地逃离了德国，于 1940 年移居美国。彭齐亚斯于 1958 年获得了哥伦比亚大学的博士学位。1961 年，他到著名的贝尔电话实验室供职。两年后，刚从加州理工学院获得博士学位的威尔逊（1936 ~　）也来到贝尔电话实验室工作。他们利用一架 6 米喇叭形反射天线进行射电天文学研究。这架高灵敏反射天线原来是为了从“回声号”卫星接收反射回来的信号而制造的。1963 年，卫星已不再使用这架天线，于是他们对它进行了一番改造，使它非常适合于把微弱而均匀的辐射同强辐射电源区别开来。1964 年 5 月，当他们把天线指向远离银河系中心的广阔空间时，他们发现总有某种原因不明的“噪声”干扰。他们经过反复测定，消除一切可能的干扰之后，发觉这是一种消除不掉的噪声，其波长 7.35 厘米，相当于 3.5K 温度的黑体辐射，其各向同性的程度极高，而且与季节变化无关。显然，这种辐射不可能来自任何特定的辐射源，只能是一种来自广垠宇宙的辐射。但这是一种什么辐射呢，彭齐亚斯和威尔逊百思不得其解。

美国物理学家彭齐亚斯（左）和威尔逊在他们的喇叭形天线前。

1965 年春天，一次偶然的机会，彭齐亚斯听说普林斯顿大学的迪克等人正在做这方面的理论工作，但是在实验上一筹莫展，彭齐亚斯听到后惊喜万分。这正是“踏破铁鞋无觅处，得来全不费功夫”呀！

不久，两个小组会师新泽西州共同研究，于是谜团迅速解开。他们得出了共识：这个相当于 3.5K（后修正为 3K）的黑体辐射，就是伽莫夫爆炸理论中“原始火球”在大爆炸后约 150 亿年留下的残余辐射。这两个小组同时在美国《天体物理学杂志》发表了文章，分别从理论和实验两个方面阐述了这一激动人心的伟大发现。

1978 年，瑞典皇家科学院认为“彭齐亚斯与威尔逊的发现是一项带有根本意义的发现，它使我们能够获取很久以前在创生时期的宇宙过程的信息”，于是将该年度诺贝尔物理学奖授予他们两人。可惜的是，伽莫夫 1968 年就因病去世，否则这项桂冠也一定会有他一份。

科学的进步，真是令人惊讶。19 世纪，科学家因为能找到“太阳上的元素”氧而激动万分，到了20世纪，在一代一代科学家顽强的探索下，人类的认识境界从太阳系扩大到上百亿光年的遥渺之处；在时间上，竟然能获取至少是150亿年前的信息！科学家是多么伟大的一群人啊！写到这儿，想起了杜甫的两句诗：

此曲只应天上有，人间能得几回闻？

彭齐亚斯和威尔逊却把这“天上”乐曲，毫不吝啬地带给了人间。

当然，我们这样高度评价大爆炸理论，并不是说它已经完备无缺了。实际上，这个理论中的许多问题还有待澄清，许多不完备之处有待改进。所有这一切，还需要时间进行修正、丰富和发展，甚至扬弃，代之以更新的、更正确的和更全面的理论。霍金就是在这个时期进入宇宙学研究的。

（5）恒星演化和黑洞

这儿还要对“恒星演化”和“黑洞”做一点简单的解释。

大爆炸以后，星云、恒星、银河系和星系逐渐生成。但是，“恒星”实际上并不是永远不变的星，我们平常说它“恒定不变”有两方面的原因：一、历史上曾经错误地认为恒星是恒定不变的；二、虽然后来正确地认识到恒星也有演变过程，从老到死亡，但由于这种演变很慢，以几百亿年计算，从人的一生和人类社会的变化来看，恒星在几千年、几万年的时间里几乎没有任何变化，因此近似地看成是“恒定不变”的，没有多大问题。

但是，如果研究宇宙的历史，我们就绝不能把恒星看成是恒定不变的星球了。恒星在它生成之后（它如何生成是宇宙起源的问题，这儿不详谈），要经历一个青年期、衰老期和死亡的进化过程。我们知道，星球自身的万有引力会使星球向内收缩而变小，但是在青年时期，由于星球内部原子核的反应十分强烈，它产生的向外的推力可以对抗星球自身的万有引力。随着时间的推移，星球内部的核反应会逐渐减弱，最后这种向外的推力比万有引力小了，于是恒星开始向中心收缩，这种收缩就叫“坍缩”（collapse）。在坍缩过程中，恒星越来越小，于是恒星物质的密度越来越大。其间，根据恒星的自身大小，要经历白矮星、中子星……还可以形成最奇怪的致密星体——黑洞（black hole）。这儿我们不能不做一点较详细的介绍。

根据牛顿的万有引力公式，在恒星表面任何一个物质所受到的恒星的引

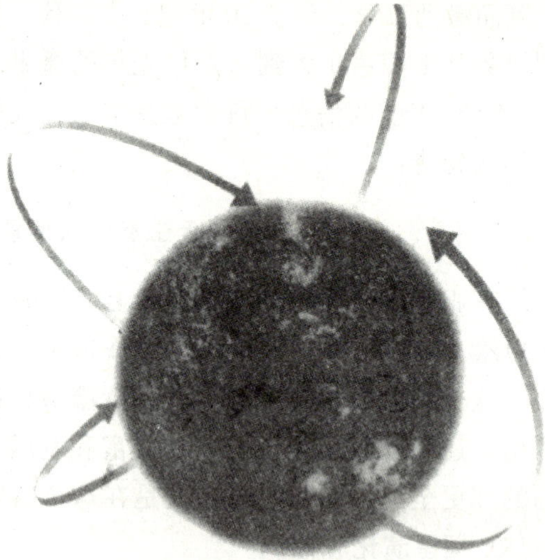

黑洞示意图。黑洞本身并不是一个洞，只是这种星球上的光线（带箭头的线），不能飞离这个星球，因此在这个星球之外，就看不到它。

力，与这个物质到恒星中心的距离成反比。由此可知，恒星越是坍缩，恒星表面物体受到的引力就越大；受到的引力越大，这个物体想逃离这颗恒星就越困难。当恒星收缩到一定的程度时，这个恒星表面连光辐射都被恒星紧紧吸住，无法逃离这个恒星的控制。这时，这个恒星就变成了一个黑洞。为什么叫“黑洞”呢？其实它并不是一个洞，它也是一个星球，只不过因为它上面的任何光线都飞不出去，想飞出去的都被它抓了回来，因此在这颗星球以外所有的地方，都看不见这颗“坍缩”了的星球，这不就像一个黑洞了吗？它把自己裹起来，和外界分开。

5. 霍金：“我算过了。”

现在可以回到霍金的学习上来。一旦霍金认真起来，广义相对论对他似乎不像以往那么困难了。正好在这期间，发生了一件很有趣的事情，使霍金这个默默无闻的博士生引起了人们的重视。

在一次学术讨论会上，英国著名的天文学家霍伊尔宣读并解释了他的关于“稳恒态理论”（Steady State Theory）的一些主要观点和论据。这种宇宙论认为：宇宙是膨胀的；在膨胀过程中，宇宙中星系间的距离就越来越远；而宇宙中的物质“从无到有”地创生出来，然后充满宇宙空间。后来，这些创生出来的物质凝聚起来形成了新的恒星和星系，并取代了老死的星系，因此宇宙在任何时刻都和以前任何其他的时刻极其相似；于是，宇宙处于一种“稳定的状态”。

霍伊尔是一位很会与报纸等媒体打交道的科学家，很会在公众中亮相、推销自己和自己的理论，因而公众都知道这位潇洒、举止得体的教授，也普遍相信他的稳恒态宇宙理论。

剑桥大学天文学教授霍伊尔。

但是，当时还有一种与稳恒态理论不同的宇宙论，那就是“大爆炸理论”（Big Bang Theory）。这个理论反对霍伊尔的物质从“无中生有”的观点，认为由于宇宙在膨胀，因此在很久以前，宇宙中的物质一定彼此靠得很近，挤在一起，那时宇宙的密度比现在大得多。赞成大爆炸理论的科学家还推测说，在很久很久以前的某个时刻，宇宙间所有的物质一定曾经聚集在一起，构成一个密度为无穷大的点，大爆炸就开始于这一点。在霍金刚出生的时候，大爆炸理论被大家认为是无稽之谈，十分荒谬，但到了1965年霍金成为博士的时候，大爆炸理论已经开始得到一些观测的证实，接受这个理论的人逐渐增加。

但霍伊尔仍然支持稳恒态宇宙论，“大爆炸”还是他在一次广播节目中发明的一个词，原来他想用这个“可笑”的词来嘲笑这种宇宙理论，但他没有料到他发明的这个带有贬意的词，还真成了一个成功的理论的名称，而且这个“大爆炸理论”最终还击败了他的理论。不过，这是后事，现在还是回到1964年这次学术讨论会吧。

霍伊尔发言结束后，像往日一样，等待人家发表赞成和表示敬意的话。但他万万没有料到的是，一个默默无闻的博士生居然站起来批评他的论文。这个博士生就是霍金。

霍金对霍伊尔的理论有过一些研究，这其中有一些缘由。霍金与霍伊尔

的博士生纳利卡很熟，因为他们的办公室紧挨着。纳利卡当时的任务是对霍伊尔的宇宙理论进行数学分析。当时剑桥大学有一种很好的风气，就是博士生之间经常交流研究心得，从来没有人秘密地研究或者不公开自己的观点。就是在这种自由交流的时候，霍金终于找到了他的第一个研究题目。当他和纳利卡交谈时，霍金发觉纳利卡的数学分析很有吸引力，不知不觉间在这上面花了不少时间，也得到了一些结果。所以，霍伊尔的报告结束以后，霍金决定提出自己的研究心得。他一直等待发言的机会。会议主席终于注意到了霍金在举手。也许主席心中会纳闷：这个地位很低的研究生想说什么呀？

霍金挣扎着站起来，对霍伊尔以及其他听众说：

“您在计算中讨论的那个量是发散的，您弄错了。”

这个十分鲁莽的举动使听众们大吃一惊，也一下子激怒了霍伊尔。霍伊尔问：

“你怎么知道是错误的？”

霍伊尔确信他可以轻易让这个鲁莽的小伙子认输，他甚至没有指望这小伙子敢回答他的质问，但霍金却回答说：

“我算过了。”

一阵笑声在室内响起，这使得霍伊尔十分尴尬，因此他对这个不知天高地厚的年轻人怒不可遏。但霍金很快就结束了他们之间的争论，因为他的数学计算简单明确地证明：霍伊尔的没有经过证明的结论，的确是错了，霍金是绝对正确的。从此，霍金有了点小名气，不少人认为他将是一个极优秀的物理学家，一个很有前途的年轻的研究人员。

正好在这个时候，西阿马带着他的一帮年轻学生参加伦敦大学国王学院的学术讲座，他想，通过学术会议的讨论也许会让他的学生得到启发，找到好的研究题目。国王学院应用数学系有一位鼎鼎大名的数学家赫尔曼·邦迪，他和霍伊尔都是稳恒态宇宙理论的创始人。参加会议的人来自不同的大学，其中伦敦的伯克贝克学院的彭罗斯也参加国王学院举办的学术会议。

霍金这时走路困难比较大，必须拄着拐杖才能走路，即使这样，他也挣扎着行走。他执拗地拒绝别人的帮助，他要努力证明自己可以独立地克服困难；他担心一旦接受了别人的帮助，自己将永远离不开别人的帮助。大家知道霍金的想法，所以在乘火车到伦敦开会时，忘记霍金落在后面。等车快开了的时候，他们才发觉霍金还没上车。向车窗外一看，天哪！那可怜的身躯还在站台上艰难地扭动。他的两个同学发觉再不帮助他，他就去不了伦敦，于是他们帮助霍金上了火车。

这一次学术会议上是罗杰·彭罗斯作报告。如果霍金因为没有赶上火车而未能出席这次会议，那霍金的命运也许会有很大的改变。在这次学术会议上，彭罗斯报告了他近来关于“奇点”（singularity）的研究。奇点是宇宙中某些密度为无限大的点。根据爱因斯坦的广义相对论，宇宙空间应该存在着奇点。但因为奇点处的密度无限大，这使得物理学家们不相信有这样的点。但是，彭罗斯却运用新的数学方法证明，恒星坍缩到一定的程度后，在黑洞的中央将会成为一个奇点。

罗杰·彭罗斯，20世纪50年代，曾经是西阿马的研究生，后来是宇宙学领域里最出色的数学大师之一。

关于“坍缩”和“黑洞”，暂时就介绍这么多。也许你还不太明白其中的一些含意，这没有关系，我们要学会“渗透式”的学习方法，一次知道一点，以后随着你接触多了，就自然而然地更了解它们了。

听完彭罗斯的演讲后，在回剑桥的火车上，霍金仍然在想彭罗斯的演讲，在彭罗斯的演讲中似乎有什么东西触到了霍金思想深处的某一个地方，但他一时却理不出头绪来。同伴们都在热烈地讨论着什么，霍金却没有像往常那样兴致勃勃地参加讨论，他想理清思绪，弄清楚到底是什么东西让自己处于一种潜在的激动中。突然，他似乎明白了他在想什么，于是他激动地对坐在对面的西阿马说：

“如果把彭罗斯讲的‘奇点理论’用到整个宇宙上，而不仅仅用在黑洞里，不知道会发生什么事情！”

正是这一突然闪现出来的念头，使霍金有了一个绝对重要的博士论文题目，并使他从此逐渐走上了超级科学明星之路。

西阿马意识到霍金的想法很了不起，十分赞同将这个问题作为他的博士论文题目。但真要将奇点理论推广到整个宇宙中去，那肯定不是一个简单的问题。但非同寻常的困难却大大刺激了霍金的兴趣和智慧，鼓起了他无比的勇气。霍金后来说：

> 我一生中第一次开始努力工作。出乎意料的是，我发现我喜欢这项工作。

努力了几个月之后，霍金终于完成了他的博士论文。这篇论文的精髓是得出了一个重要的结论：“宇宙的过去曾经有过一个奇点。”评审论文的教授们认为，霍金的论文虽然有些粗糙，但论文最后一章实在很出色，博士论文因此获得通过。

23岁的霍金，现在成了霍金博士。接着，他申请成为凯斯学院研究员，也得到了批准。这样，霍金就有了薪水，条件是他必须继续从事研究。霍金和简计划，一旦得到研究员的职位，他们就立即结婚。但是在申请过程中，出现了险情，差一点葬送了他们的计划。

事情的起因是申请研究员必须有两个推荐人，他的导师西阿马是他的第一推荐人，这当然不会有问题；西阿马还建议邦迪教授为另一个推荐人。霍金在国王学院举办的学术报告会上见过邦迪，邦迪也知道这个鲁莽的小伙子很有见地，在一次会议上公开批驳霍伊尔看法，他甚至还将自己写的一篇论文与霍金讨论过。由于有过这样的交往，霍金同意了西阿马的建议。

赫尔曼·邦迪，伦敦大学国王学院著名的数学教授，稳恒态宇宙论的创始人之一。

决定请邦迪作为推荐人以后，霍金趁邦迪在剑桥大学讲课的机会，把他的愿望告诉了邦迪本人。邦迪听了，毫无表情地看了看霍金，说：“我会写的。”本来，为了必要的尊重，霍金应该写一封正式的信函给邦迪，但他显然初入社会，做事不免马虎。他的姨妈就住在邦迪的隔壁，他请姨妈有机会提醒一下她的邻居。因此，霍金觉得不必再写正式函件给邦迪。哪知正是这一点疏忽，几乎酿成大祸。

申请书交上去几个星期之后，凯斯学院告诉霍金，说学院按霍金的建议写了一封信给邦迪，请他作为推荐人为霍金写一封推荐信。但邦迪回信给学院说，他对申请人霍金一无所知。这一下可让霍金尴尬透了！如果这事发生在现在，霍金的申请肯定会惨遭否决，由另一个急需得到这个职位的申请人取代了。好在那时这种职位竞争不那么激烈，霍金还有机会补救。

霍金接到学院那封令人尴尬的信以后，立即打电话给邦迪教授，西阿马也立即和邦迪取得了联系，提醒他曾经答应为一位很有前途的年轻研究人员写推荐信的事。邦迪很可能是真的忘了霍金的事情，因此他立即为霍金写了一封热情赞扬的推荐信；也许是为了弥补自己的过失，这封推荐信写得很令人感动。此后，在霍金的研究生涯中，邦迪教授和他的夫人总是热情地支持霍金的事业。

霍金的申请得到了批准，成为凯斯学院的一位年轻研究员，在应用数学和理论物理系从事研究工作。

应用数学和理论物理系，位于剑桥的银街。

凯斯学院的全称是“冈维尔-凯斯学院”（Gonville and Caius College），它位于三一学院的东边，南邻市政厅。凯斯学院有几件事值得一提。

一是这个学院有一个从中世纪就保留下来的有趣传统：新生入学时要从一个叫“卑谦门”的门进入学院，毕业时从“荣誉门”走出去，平时从“贞洁门”进出。这其中的含意是学生入校时还什

凯斯学院的荣誉门。

么都不太懂，因此要抱着对科学崇敬、卑谦的心情进入大学；平时一举一动则应注意和保持身心纯洁，切勿让世俗恶习染身；到了毕业时，学业有成，因而从荣誉门离开，愿每一个学子的未来成为学校的光荣，给学院带来荣誉。从照片上可以看出，荣誉门并不高，显得朴实、深沉。

二是这个学院有一位著名的生物化学和科学技术史学家李约瑟，他不仅对中国十分友好，还编写出巨著《中国的科学和文明》，这套巨著译成中文时书名是《中国科学技术史》。李约瑟1918年进入凯斯学院学习生物化学，1924年夏天获得该学院哲学博士学位。1966年，也就是霍金获得凯斯学院博士学位的那一年，李约瑟出任这所学院院长，成了霍金的顶头上司。李约瑟到1976年才退休，退休后的第二年，即1977年，霍金升任为教授。

第三件事是这个学院出了一位当今世界最有名气的科学家，那就是1965年才进这所学院的斯蒂芬·霍金。

后来，霍金在回忆这一段难忘的生活时，写道：

“虽然我的未来总是笼罩在阴云之下，但我惊讶地发现，我现在比过去更加享受生活。我在研究上取得了进展。”

李约瑟博士和他的妻子鲁桂珍博士。

1965 年还有一件令人高兴的事情，是霍金申请“万有引力奖”，这个奖项是一位美国绅士捐助的。这位美国绅士认为，只要发现了反引力，就能治好他的痛风症。可是没有一篇论文能够减轻他的痛苦，但是他慷慨捐助的奖金却为许多正在拼搏的年轻物理学家提供了切实的经济帮助。斯蒂芬提交了一篇参赛论文，希望得到奖金缓解他们的经济困难。但是，他们认为错过了邮寄时间，担心因此不会获奖。

几个星期后，他们几乎忘记了论文参赛的事。忽然有一天，邻居邓纳姆太太叫简下楼接电话。霍金花了 4 便士从剑桥打来电话告诉简说：

“我的参赛论文在万有引力奖竞赛中得了鼓励奖，奖金是 100 镑。”

简欣喜若狂地在厨房里跳了一圈，邓纳姆太太看了觉得十分好笑，她不知道这个年轻女人在高兴什么。原来简心里在打一个如意算盘，她想：“我父亲在国民储蓄金里为我存了 250 镑，答应在我 21 岁生日时交给我。我们有了这笔钱，再加上斯蒂芬的奖金，就能够偿还斯蒂芬的透支，还能买一辆汽车！”

那年夏天，他们经过多次选择，最终看上了一辆红色的小汽车：价格便宜，和他们的钱包里的钱相称，也适合他们的需要。但是，没有想到的是简经过几次尝试，都没能获得驾驶执照。最后好不容易才得到一个“临时驾驶执照”！

几次考试，都碰上那个脾气暴躁、缺乏幽默感的主考人，他对简似乎有某种成见。在一次考试后，简本来以为这一次主考官应该感到满意，但是他却冷淡地评论说：“您开起车来无所顾忌，令人惊恐，非常接近速度限制；不像一个初学者，而像是一个心不在焉的驾驶员。”当然，他没有让简通过。

简后来非常幽默地说：“具有讽刺意味的是，鉴于斯蒂芬已有的驾驶技术，虽然他不能够再开车了，但仍然持有有效的驾驶执照，因此有他坐在我身边，我凭临时驾驶证开车，是法律允许的。1965 年秋天，我终于通过了可怕的驾驶考试，据说可能是因为我的主考人患了胃溃疡，住进了医院。”

有了汽车，简的负担大大减轻了。

四、初露头角，新星升起

有了有薪金的研究员职位，霍金和简决定结婚。1965 年 7 月 14 日，他们登记结婚，伊莎贝尔——简的婆婆，笑眯眯地对简说：

“欢迎你，霍金太太，从现在起这就是你的称呼了。”

7 月 15 日，星期四，是“圣斯威逊节”[①]，他们在三一学院的一个教堂里举行了宗教婚礼仪式。

1965 年 7 月 15 日，简·怀尔德和斯蒂芬·霍金的婚礼照。霍金的父母在他的右边，简的父母在左边。

简的父亲当众感谢霍金把他的女儿从他手中接过去。

新的生活由此开始。

从霍金订婚到结婚，他的研究不断取得成就和突破，在国际物理学界的名声越来越大。就在他们结婚后的一周，即 1965 年 7 月下旬，霍金接到邀请，出席美国康奈尔大学举办的一次学术会议。

①圣斯威逊节是欧洲民间的节日之一。圣斯威逊是一位主教，公元 862 年去世。当公元 971 年 7 月 15 日将他的遗体移到大教堂时，突然出现一次大的风暴。于是人们将每年 7 月 15 日定为圣斯威逊节。人们相信，如果这一天下雨，就会接着下 40 天的雨；如果天晴，就会连续晴 40 天。

1. 第一次出访康奈尔大学

简很快就有机会知道物理学家的生活方式，也进一步了解了霍金的欢乐和执著。

他们在剑桥还没有找到住房，只好预租了正在建造的一组新公寓中的一间，然后他们就乘飞机去了纽约。到了纽约以后，遇上了一件他们大为恼火的事情。在纽约肯尼迪机场排队等候检查护照的时候，一位身材高大的空中小姐向他们走去，认真看了看他们的护照，然后问：

“你们叫什么名字？我们的名单上没有你们的名字。”

“我是简，他是斯蒂芬。”

“你们多大了？”

简十分吃惊，说：“我 21 岁，他 23 岁。”

“啊，对不起，我还以为你们是没有人陪伴的未成年人呢！”

过了海关，他们又乘一架直升飞机经过纽约城市的上空到拉瓜迪亚机场，然后换乘另一架飞机去纽约北边的伊萨卡市。简对纽约的第一印象实在不怎么好，因为当飞机穿过浓重的烟雾在一群摩天大楼上方飞过的时候，那些大楼在烟雾中仿佛巨大的钢刺时隐时现地向飞机刺来。简惊恐地想：“人们就在这个地狱般的环境里居住和工作，简直令人难以置信。我怀疑我们降落在一个现代的‘大人国’里。”

从空中看纽约市，给人一种难以置信的感觉。

伊萨卡市坐落在纽约州中部的手指湖区，距它的西北部约 210 公里，就是闻名世界的尼亚加拉大瀑布。这是一座风景极为美丽

美国康奈尔大学美丽的校园风光。

的小城市，既充满田野风光，又不缺乏都市气息，康奈尔大学置身在如此美丽的自然环境之中，可说是得天独厚，占尽风光。

康奈尔大学是一所私立大学，从 1865 年建校以来，已经成为美国的名校之一，它的农学院在世界上是最优秀的，化学系和数学系也相当出色。

美国的辽阔，让第一次到美国的简感到惊讶，与欧洲各国相比，美国真像是一个“大人国”。但美国人的自大和无知，也让简着实感到可笑。当会议秘书帮助简报到时，简出于礼貌客气地问道：

“您去过欧洲吗？”

那位女士回答说：“没有。您知道，我不喜欢到没有洗澡间的地方去。”

简吃惊地看了一眼那位会议秘书，她明白再说下去将毫无意义。

让简十分高兴的是，罗杰·彭罗斯和妻子琼带着两个小孩来了，琼的母亲也来了，帮助琼照料小孩子。这样，简就有人说话唠家常了。简发现，做物理学家的妻子实在是不容易。物理学家们的世界是高度理性的，而且由于 20 世纪物理学迅猛的发展，所以他们之间的竞争十分激烈。在这个圈子里，他们的妻子在大多数情形下受到了忽视，简因为初次介入这个圈子，而且她不是安于做一个贤妻良母和相夫教子型的女性，她还在读大学，此后几十年的艰难无比的生涯里，她还拿到了博士学位，因此她的感触最深。当时她的感觉是：“物理学似乎以这种或那种方式使物理学家的妻子都做出了牺牲……她们实质上都已经成了寡妇——物理学的寡妇。”

物理学家，或者说霍金，到底要简做出多大的牺牲，在 1965 年时她并不十分清楚。当时她感到的只是康奈尔大学的后勤服务，给他们两人带来很大的不方便。例如，住宿的公寓距阶梯教室有将近一公里远，而他们又没有适当的交通工具。这对于身体正常的人来说，不会成为任何困难，但是对于行走日渐不便的霍金来说，每一次如果他想赶上开会，简直无疑是一场艰难的拼搏。他当时还能够独自行走，但是速度很慢。如果他靠在简的胳膊上走，就可以走得更快些。于是简愉快地担当起这个新的角色：扶着他到各处去。

饮食成为另一个问题。他们还是靠奖学金生活，负担不起整天在食堂里吃饭的费用，可是三楼的小厨房里没有一件烹饪器具，甚至连一杯茶都没有办法沏。一位会议秘书知道她的困境以后，提出用汽车带简去伊萨卡，到最近的一家伍尔沃斯廉价物品商店买些烹饪必需的用具。于是她生平第一次买了平锅、刀叉、杯子和盘子等等，就在公寓的三楼临时安了个家。

简还遇到了许多意料之外的困难，她在回忆中写道："那是我们婚后生活中第一次临时安家，但决非唯一的一次。由于那里和西班牙不同，天气闷热潮湿，我还买了一个电风扇，以便降低高温暑气。布兰登·卡特和斯蒂芬是一起在剑桥学习的研究生，曾参加了我们的婚礼。他给了我们非常宝贵的帮助：他凭借童年时在澳大利亚丛林中生活的经历，教我用铁罐煮水在平锅里煮茶的方法。那个锅也用来做炒蛋、面食、烘豆以及那几个星期里我们所需要的其他各种食物。以这种方式初次品尝家庭生活的欢乐，多才多艺是不可缺少的。"

彭罗斯。霍金和彭罗斯在一篇合作的论文中证明：如果广义相对论是正确的，就一定存在大爆炸的奇点。

但霍金非常兴奋，他喜欢这种具有挑战性的学术活动，在这激烈的较量中，智力最重要，行走不便、手脚不灵活是无关紧要的事情。国

际科学界开始知道剑桥大学有一个叫霍金的年轻人，不少人还私下认为这个年轻人将来前途无量。在学术会议期间，霍金与彭罗斯有充分的时间讨论他们各自的观点，并开始了在引力作用下恒星坍塌理论的合作研究。他们得出的数学方程表明，任何星体在引力作用下最后必然形成一个奇点，这个奇点隐藏在黑洞之中；霍金相信，这些方程在时间上也可以倒过来，从而证明宇宙的任何膨胀模型都必然从一个奇点开始，这就为大爆炸提供了一个理论的基础。

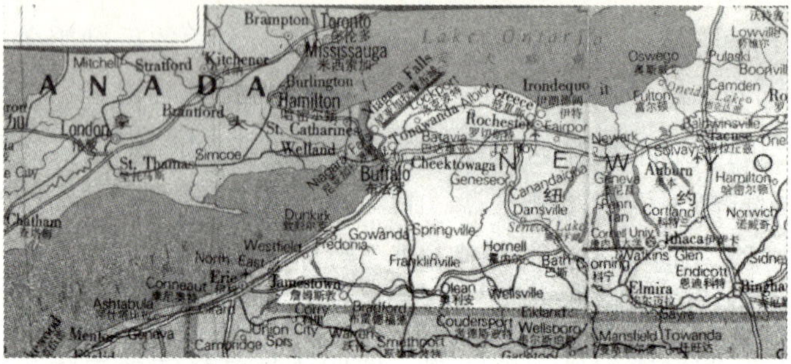

显示伊萨卡、康奈尔大学和尼亚加拉瀑布城的地图(用线标示)。上方为安大略湖，左下方是伊利湖；伊萨卡市上方是(五个)“手指湖区”。

当霍金沉浸于争辩的兴奋之中时，简感到十分无聊，每次有朋友到他们的宿舍来拜访时，她就十分高兴，希望在轻松的交谈中了解美国、澳大利亚……但让她沮丧的是，每次谈话的结果多半变成客人和霍金关于宇宙的持续的辩论，他也从没有注意到简如何失望。

幸亏在枯燥无味和千篇一律的生活中，一对澳大利亚夫妇请他们在周末搭他们的汽车，去观看不远处的尼亚加拉大瀑布。

在美国和加拿大接壤的东部地区是著名的五大湖区，其中伊利湖和安大略湖之间由 55 公里长的尼亚加拉河连接。伊利湖的水平面比安大略湖高出 100 米左右，更让人惊讶的是在边陲小镇尼亚加拉镇附近，尼亚加拉河突然有一个高达50多米落差的断裂，在这个裂口处汹涌的河水飞泻直下50米，形成了闻名世界的大瀑布。

霍金一行人将车开到公园停车场时，就听到了百米之外瀑布的轰鸣之声。他们走到最适宜观看瀑布的山羊岛上，这时，眼前鬼斧神工般的景色，使他们惊讶得说不出话来。尼亚加拉河汹涌澎湃，迅猛地冲下悬崖，浪花飞溅，卷起千堆雪；山谷中响声如雷，震耳欲聋。每一个人面临这种场景时，自然而然地升腾起一股近乎朝圣般的激动心情。正如唐朝诗人所描绘的那样：

尼亚加拉大瀑布：雷神之水。任何人看到它，心中就会升腾起一股近乎朝圣的激动。

云间瀑布三千尺，
天外回峰十二重。
满耳怒雷飞雨多，
转头红日在青松。

他们的衣襟很快便被水花溅湿。沿着在伊利湖上架起的彩虹桥，他们摇摇晃晃地走到一河之隔的加拿大，从那个角度可以更全面地观看大瀑布。简回忆说：

“我们都被那壮观的景色迷住了，凝神观望，流连忘返，一直到短程飞机要起飞回伊萨卡的时刻。”

下一个周末，又有一些物理学家邀他们到安大略湖上航行。简和霍金非常高兴地加入了航行队伍。说起来也有趣，这次航行还出了一点事故。

在和煦的微风中，小船起航了。当小船到了一望无垠的湖面上，时空好像模糊了。

简和几个同伴，跳进了清澈的湖里游泳，霍金则舒适地靠在座位上欣赏着碧波万顷、水天一色的风光，倾听着湖水轻拍船身的音乐。这正是：

日落沙明天倒开，波摇石动水萦回。
轻舟泛月寻溪转，疑是山阴雪后来。

时间就这样在悄然无声中不知不觉地过去了。到了傍晚，他们忽然惊恐地发现，暮色正从四面八方向他们聚拢，四顾却仍然烟波浩淼、云水苍茫，没有一点陆地的影子。他们不免有些惊慌，有人提出发射信号弹求援，有人认为在湖面上总可以依靠风力吹到岸边。过了不久，当落日沉入昏暗的地平线时，他们终于疲倦地回到了家中。

在会议最后一天晚上，霍金突如其来的疾病发作，使简因恐惧而惊慌失措。

那天晚上，陶布教授夫妇邀请霍金夫妇一起到外面呼吸一点新鲜空气，还可以顺便欣赏一下北美晴朗的夜空。简和霍金高兴地接受了邀请，走出了宿舍。简和霍金坐在宿舍楼的台阶上，抬头望着悬挂在夜空中的月亮，它永远以那神秘的阴影吸引着地球上的芸芸众生。与此同时，他们还津津有味地听着陶布夫妇介绍加利福尼亚、旧金山和伯克利大学的校园……陶布的话中透出他的想法，他想邀请霍金在方便时到伯克利大学去一趟，共同做学术上的探讨。陶布教授是那所著名大学相对论研究小组的负责人。霍金表示，只要有机会他愿意去。

夜深了，有了凉意，他们慢步往房里走。这时霍金大约是受了一点凉，突然剧烈地咳嗽起来，那种剧烈的程度和憋得无法喘气的可怕场面，简和陶布夫妇都是第一次见到，大家都惊恐得不知所措。简后来仍然带着后怕的心情回忆她第一次惊恐的遭遇，她说：

这种情况我还是第一次见到。他的疾病似乎被长期地压制着，现在突然可怕地爆发出来。潜伏的幽灵从阴影里走出来，扼住他的喉咙，把他抛来抛去，像甩布娃娃一样摇动他，把他踩在脚下，满屋子回响着他刺耳的咳嗽声，直到窗户啪嗒啪嗒作响，冷风回应着惊慌失措的叫声。斯蒂芬在对手的折磨下狂暴而又孤立无助，我却不知所措。我站在那里，惊恐万分，又无能为力，对突然遭遇运动神经细胞疾病——在我们婚姻生活中未曾露过面的同伴——的可怕力量，毫无思想准备。

后来，在喘息稍微平息的瞬间，霍金向简示意，要她捶打他的后背。简这才如梦初醒，急忙走到霍金的背后，用力捶打他的后背，好像要尽快赶走那无形而又可怕的怪物。令人惊奇的是，那个怪物居然在拍打之下迅速地逃逸了，留下霍金精疲力竭地静静坐在那儿。简和陶布夫妇在这场突然爆发的危险中，都惊恐得目瞪口呆，静静地站在霍金身边，好久不知说什么才好。

对于简来说，此后因为霍金不断加重的疾病，还会遇到更可怕的考验，她并没有作好思想准备。这次突然的袭击，只不过是对未来凶兆的一次警示。访问伯克利大学的想法，被这场突如其来的袭击，抛得无影无踪了。

第二天，他们到纽约乘飞机，迫不及待地返回虽然狭小，但似乎可以应对自如而又熟悉的环境中去。

2. 终于有了一个家！

美国给他们的印象有好有坏。她的辽阔、美丽、好客和富裕，给他们留下很深的印象，但他们厌恶纽约崇尚的功利主义，它们太粗俗；他们对贫富的巨大差距感到愤慨，对黑人低劣的境遇表示同情。也许他们会想起英国作家弗朗西丝·特洛罗普在她的《美国人的风俗习惯》(1832)一书中的嘲讽：

美国人一手高举自由帽，一手鞭打黑奴；一边对暴民鼓噪人权，一边将世世代代生活在美洲、本应受条约保护的印第安人逐出家园。

弗朗西丝曾经说："我不喜欢他们，我不喜欢他们的原则，我不喜欢他们的举止，我不喜欢他们的观点。"

回到剑桥以后，简和霍金为找一间栖息之地，费了好大的劲，在这过程中，凯斯学院财务主管表现出来的冷漠、吝啬，简直让他们惊愕和愤怒。他们在去美国之前，已在一栋正建造的公寓楼里预订了一套房间，但回来后他们发现公寓虽然竣工了，但房子却已经全都租出去了，没有他们的份儿！

他们只好又去找财务主管。这时霍金只有拄着拐杖才能走路，因此只能在他上班地点附近找到住房。据简的回忆，在他们去美国期间换了一个财务主管，因此当他们两人"深入魔窟"造访原来那个"魔王"——财务主管时，高兴地发现："魔王"换了！新主管的态度比较和气，不像原来那位总是厉声打断霍金的话。虽然他满脸阴郁，但新的主管总算吝啬地挤出一丝同情的脸色，倾听了他们的要求。沉思了一下之后，主管阴郁的脸上居然露出了一丝笑容，说：

"你们知道，学院的规定是不为研究员提供住房的，但鉴于你们的处境，我想我也许可以帮助你们……"

简高兴得心花怒放，等待主管给他们真诚的关怀和帮助。主管接着说：

"……哈维路招待所有一个空着的房间，这个房间一个晚上正常的收费是12先令6便士，但是由于你们两人住这个房间，我们可以再加一张床，每天收费25先令，少收……"

他们两人听了，立即明白这位主管是另一种类型的魔鬼；他的苛刻和吝啬，也许会让他们两人愤怒

剑桥的街景。

剑桥大学小圣玛丽胡同，古色古香，安静美丽。霍金夫妇在这儿住了10年。

地想起莎士比亚《威尼斯商人》一剧中的夏洛克。他们的收入，根本住不起这样的房间，但他们又没有其他地方可去，只好压下心中的怒气，接受了这个“夏洛克”的“帮助”，并发誓尽快找到合适的租房，以减少住在招待所的时间。

后来在各种交往中，简逐渐发现：虽然学院当局冷酷无情，刻薄吝啬，但是其他学院服务人员，不管是清洁工、修理工、园林工、杂务工还是餐厅服务员，都非常和善友好；特别是招待所管理人布莱克伍德太太，真是和蔼可亲极了。奇怪的是，这种和善友好的美德在较高层官员中却不多见。布莱克伍德太太的热情和乐于助人让简感动，她不仅为他们加热房间，清理床铺，晚上送来茶和饼干，早上又送早饭，她甚至还提出帮助简洗衣服。可是简没有机会得到布莱克伍德太太更多的热情帮助，因为他们没有在招待所住多久。

事实上他们只在那里住了3个晚上，就在西阿马的帮助下，在离应用数学和理论物理系大约只有90多米的地方找到一处住房。那房子是另一个学院的，这所学院比较体贴员工，规定要帮助研究员解决住宿的困难。租了这间房子的研究员在郊区买了一幢房子，就把这间还有三个月租期的房子转租给了霍金。于是霍金夫妇终于有了属于他们自己的房子——小圣玛丽胡同11号。

刚住进去的时候，由于房子里没有一件家具，他们只好咬紧牙关从存折里取出一笔钱，买了一张床和其他必需的家具、食品。第一个晚上，简兴奋地在家里做出了她结婚后的第一顿晚饭，用箱子当桌子，放上了她做的美味佳肴，还用雪利酒庆贺了他们的“好运气”：至少在以后的三个月里，他们不必担心没有遮风避雨的房顶了。在举杯时，霍金坐在借来的就餐椅上，简则跪在白瓷砖地面上。

家安顿好了以后，简不得不回到伦敦威斯特菲尔德学院完成最后一年的课程。每个礼拜一简必须与斯蒂芬告别，这让简感到痛苦，在结婚前已经向她的父亲作了保证：不得荒废学业。这时，霍金还有能力照顾自己，再加上邻居撒切尔夫人的热心肠，当简上学时她可以顺便照料霍金。霍金每天回家后，就打电话给简，讲述当天的情况。

为了节省开支，简只要回到家，就尽量帮助霍金打关于宇宙学的论文。幸好科学论文都不长，打起来费时不多；而且当她想到经过她的手把宇宙起源的思想打成文字，揭开了浩瀚宇宙的奥秘，不由得使她产生一种敬畏和满足之情。当然，她也必须小心，否则任何一点小小的错误，都会打乱整个宇宙的秩序，使宇宙起源的奥秘陷入可怕的混乱之中。

除了打字那种纯粹的机械活动之外，简后来发现她还能为霍金做一些其他的事，或者说是贡献吧。因此，她也感到颇为自豪。原来斯蒂芬对英语文字的掌握实在不怎么样，他的文字里有不少“你知道”、“我的意思是”等啰里啰嗦的词语，字里行间也不大注重英语的语法。而简的父亲是一个具有献身精神的文官，他的女儿从小就受到精确运用语言的教育，因此她非常重视语言的明快和词语的丰富。在这方面，简绝对胜过斯蒂芬，可以给他很大的帮助；这样，简就有机会给予他智力上而不仅仅是体力上的帮助。

英国作家斯诺。《两种文化》一书，使他闻名全球。

简不无得意地说：“就我个人来说，我也把这方面的工作看作追求自己事业的机会，要架起人文科学和自然科学之间的桥梁。”

10月初一个星期六的晚上，霍金在凯斯学院小礼堂参加新研究员的就职仪式。霍金就职后，有资格参加学院的管理机构会议，这时他才发现学院上层领导勾心斗角的丑恶面目，他本人由于完全没有人际交往的经验，所以稀里糊涂地差一点就卷入可怕的人事纠葛中去。

事情是这样的：霍金就职后不久，第一次参加了学院的管理机构会议。那个星期五的下午，他还没来得及弄明白所发生事情的原委，没有任何心理准备就莫名其妙地卷入了学院的权力斗争。他困惑不解的是，他似乎已经进入了斗争的漩涡。这简直就像英国作家斯诺（C. P. Snow）的小说《院长们》里，关于院长职位的争论在现实生活中的再现。小说与现实唯一的差别是，小说里的事情发生在斯诺的学院，即基督学院里，而霍金目睹的事件是发生在凯斯学院里。生活中的事情难以置信地与小说如此相像，简直让斯蒂芬惊诧莫名！当时霍金几乎不能断定正在发生什么事情，只见管理机构一片混乱，人们大发脾气，粗暴地相互猛烈指责和攻击。事后才明白原来是有一些人指责现任院长内维尔·莫特爵士，说他利用职位偏袒自己的门徒。新研究员的选票可能起决定性的作用，霍金的选票实际上也可能是决定性的一票，可是他几乎不知道为什么投票，因此他们的投票在很大程度上是随意性的。这使得霍金产生了一种不安的感觉。

李约瑟。1966 年开始担任凯斯学院院长，直到 1976 年才退休卸任。

幸好不久就换了院长，由李约瑟当院长，学院权力斗争的活动也就戏剧性地结束了。李约瑟极不情愿担当这一职务，而且他还有编著中国科技史的重任在身。不过当他最终决定接受这一职位以后，他就成了大家敬仰的领导，而且也成了霍金研究事业最坚定的支持者之一。在他担任院长期间，正好是霍金研究事业迅猛飚升的时期。

1965 年，是霍金开始获得成功的一年，这年冬天他以数学论文《奇点和时空几何学》（The Singularity and the Space-time Geometry）和彭罗斯共同分享了亚当斯奖（Adams Prize），这是许多人梦寐以求的一个奖项，一个科学地位很高的奖项。霍金能在 23 岁的时候就获得这个奖，实在让他的同事羡慕和赞叹不已。西阿马不愧为一个对事业忠心耿耿的导师，他喜悦地告诉简说，霍金的前程将有如牛顿当年的辉煌。简听了真是又惊又喜，而且对西阿马如此坦率和诚挚的赞扬十分感激。西阿马不仅认识到霍金的才智，而且极力帮助霍金，为实现这一宏伟愿望而无私地努力。他尽力让霍金参加世界各地的重要学术会议。

1965 年 12 月，霍金和简一起到美国佛罗里达州参加在迈阿密举行的天体物理学会的学术会议。这一次霍金用的是天体物理学家的头衔，而夏天到康奈尔大学开会时，霍金是相对论专家。以后简还发现，霍金有时还成了应用数学家、宇宙学家、理论物理学家……她始终不能清楚地区分这些头衔之间的差别，只知道他的头衔与会议的名称有关。

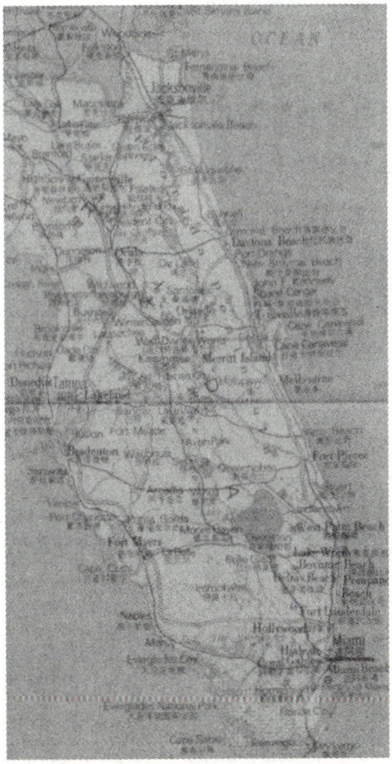

佛罗里达州和在半岛尖端的迈阿密（用线标示）。迈阿密上面不远处为著名的洛杉矶。上方是佐治亚洲。

这年冬天，霍金常常发生剧烈的咳嗽，每当发作时他就会痛苦地摆动身体，无法喘息。看来，医生两年前可怕的预言正在一步步地逼近霍金。在这种情形下，离开湿冷的英国去迈阿密，对霍金不断发作的咳嗽肯定大有好处。伸向大海的迈阿密在北纬 26°，虽是 12 月，却气候温暖，阳光明媚。

在迈阿密，每当霍金开会时，简就站在旅馆的阳台上，看不远处在阳光下闪烁的欢乐沙滩，这时她觉得自己如在梦中；有时她也到海水里游上一阵子。简还惊讶地发现，他们住的枫丹白露旅馆（Fountainbleau Hotel）竟然是拍摄邦德（James Bond）（007）惊险片《金手指》（Goldfinger）的那个旅馆！

在这儿，他们两人还有一场有惊无险的经历。

一天，在开完会之后，乔治·埃利

迈阿密附近不远处大海落日的景象。

斯和新婚妻子与斯蒂芬和简一起在海滩上度过了一个下午。天边大圆盘似的红色夕阳非常壮观，这在城市的人，是无论如何也欣赏不到的。他们怀着极兴奋的心情，看着它缓缓西沉。这也许使他们想起瑞典作家本·古纳尔咏叹落日的名篇：

我四周的夜充满了幻景，天空在燃烧。我愿在这里久留，遥望那些我曾漫游过的一色的森林，从而忘记自己是谁。

我转向大海，看着太阳把我抛弃给暮色，如同藏在紫金色沙漠中的一颗金黄的谷粒，太阳在狭长、金黄的云堆中微微闪烁。我似乎听见一阵无边的音乐缓缓飘过……

此刻，即使每一块石子都有着一种意义……当我准备忘掉一切并获得新生的时候，将有另一种不安变成我的不安——另一种安宁变成我的安宁……在森林边，大海在梦中朦胧地运动，如同人们用灯去照沉睡者的脸……

是星星一颗颗地点燃……

直到傍晚 6 时左右，他们才依依不舍地离开海滩。可是大门已经锁上。他们很快发现要想返回饭店的唯一途径，是通过位于饭店一侧的一间开着窗户的厨房。但是困难在于他们怎样才能使斯蒂芬通过这扇窗户，因为斯蒂芬没有手杖连路都无法走。

他们中的一个先爬进窗口，然后用手拉斯蒂芬。当他正在向上爬近窗口时，他们发现有几个清洁工在一边警惕地盯着他们，这些清洁工看到有几个行动可疑的人正在设法把一个看上去几乎没有生命的躯体往窗口里拉，他们很可能在想：这些人莫非在干什么伤天害理的事？幸亏简学的是西班牙语，当她看出这些清洁工是西班牙裔时，立即用流利的西班牙语对他们说明了他们的困境。清洁工们明白了怎么回事，就非常友好地帮着把斯蒂芬弄进饭店的厨房里，甚至还带领这4个人回到他们的房间。

会议结束后，埃利斯夫妇热情地邀请霍金夫妇到得克萨斯度假。他们接受了埃利斯夫妇的邀请，在得克萨斯呆了一个星期。大家在经过一段紧张的工作后，放松一下实在非常舒适。他们4人还坐着埃利斯家的汽车做了一次长途旅行，得克萨斯那山峦起伏的风光很吸引人，他们在偏僻的沙漠酒吧喝冰啤酒。

奥斯汀是一个规模不大的大学城，在20世纪60年代被称为世界最聪明、最优秀的宇宙学家的大本营。霍金对这儿的研究水平和成果十分欣赏，甚至想加入到这个大本营中，但又一次不幸事故让他明白了他的危险处境。

一个星期天的下午，霍金和简去看望一个朋友，在路上他突然重重地跌倒在地，还咳出一些血。霍金被这一跤吓坏了，他最担心的倒不是他的生命还有多长，而是他的大脑是不是受到了损伤，这会直接影响他当前正在进行的大有起色的研究；至于以后的命运，那不是他理性的大脑应该考虑的。一个人如果不想方设法用新的、充满活力的东西充实自己的生活，那么灼人的痛苦就会伴随你度过生命的每一分钟。只要大脑不受损伤，他就会让自己的生命发出光辉。

虽然是星期天，但还是很快就请来了医生，当然费了好多口舌。检查的结果是没有出现严重的问题，霍金和简总算舒了一口气。通过这次经历，简深有感触地说：

得克萨斯州的牧场。这儿的景色别有一种风味。

对于健康的人和成功的人来说，美国是个好地方，但是对于挣扎求生而又体弱多病的人，对于并非由于个人过失却因出身、肤色而不能自助的人，美国是一个无情的社会，在这里，残酷地证明了达尔文的

3. 争论和失败中的伟大发现

正当霍金的事业和家庭不断有好消息传来的时候，他的身体却不可逆转地越来越糟。到 1969 年，霍金行走越来越慢，迈出的步子越来越小，也越来越摇摆不定。这给简带来了很大的困难，因为罗伯特与他的爸爸恰好相反，跑得越来越快。于是一个在前面跑，一会儿不见了踪影，让她不安；一个却必须由她扶着慢慢地摇晃着前进。后来，霍金因为学术上又得了一个奖，买了一辆汽车，于是简可以开车将霍金送到办公室或讲课处附近停车场地。每次停车后，罗伯特就冲出汽车，穿过弯弯曲曲的道路跑进课堂，坐到最后一排。于是出现了一个有趣的场景：每次罗伯特一露面，课堂里的学生就知道霍金再过 5 分钟必然走进课堂。

与霍金的研究成果越来越引起科学界重视的同时，人们沮丧地发现，由于肌肉萎缩症的不断发展，霍金的身体越来越严重地受到病症的制约。但他决不向疾病屈服，这就是他对待生活的态度。简说：

> 斯蒂芬对自己的疾病不作任何让步……而我则绝不退出他的生活。

这就是为什么多年来尽管霍金遭受着常人难以想象的痛苦和困难，却能顽强生活下去的原因；也是简为什么能克服一切外人无法想象的艰难，努力让全家过上一种比较正常的生活的因素。

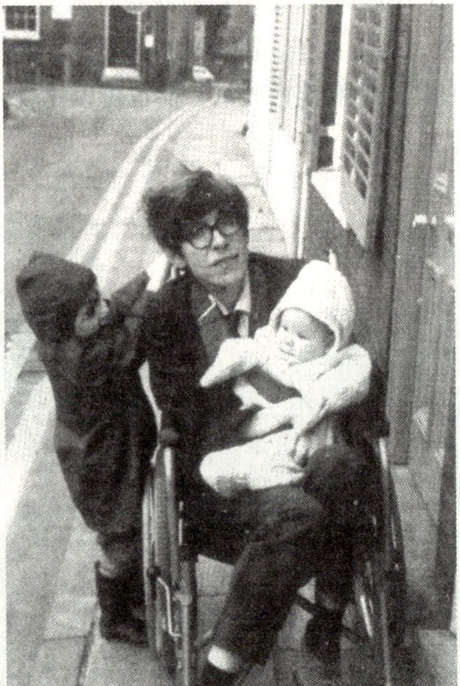

霍金和罗伯特、露西。罗伯特似乎希望爸爸与他一起玩耍，可霍金一脸无可奈何的样子（1971 年）。

到了 20 世纪 60 年代末，霍金最后的抵抗失败了，不得不作出让步：同意用轮椅代步。坐轮椅对霍金和简都是一个重大的变化。对霍金来说，坐上轮椅，表明他终于现实地承认了身体给他带来的不幸；不过，他也并没有因为自己的某种放弃而消沉和沮丧，反而十分快乐，觉得他可以更方便地到各处走动。对简来说，她照料霍金的担子总算减轻了。对后来疾病的发展，霍金曾在回忆中写道：

> 直到1974年我还能自己吃饭并且上下床。简设法帮助我，并在没有外来帮助的情形下带大两个孩子。然而此后情形变得更困难，这样我们开始让我的一名研究生和我们同住。作为报酬是免费住宿和我对他研究的高度重视，他帮助我起床和上床……这样一直持续到1985年我得了肺炎为止。我必须采取穿气管手术，从此我便需要全天候护理。

正是在两个小孩诞生并长大的期间，也正是在霍金的疾病日益蚕食他的肌肉，使他能够运动的部位越来越少的时候，霍金关于黑洞的研究，却奇迹般地取得了令人惊愕的进展，而他本人也被誉为“宇宙的主宰者”。这与霍金先天的记忆力和患病后的锻炼有很大关系。当霍金的研究涉及的数学问题日益难以对付，那些阐明黑洞物理学的方程式极其复杂，而他的病情又使得他既不能用纸笔，也不能用打字机，于是，就迫使他把一切都记在大脑里。后来，他不用心算就可以巧妙地在大脑里处理这些方程式。久而久之，关于霍金的记忆力就有了许许多多的传言。他的一个朋友说：

“在最近的一次研讨会上，人们看到霍金在黑板上写满像五线谱一样复杂的数学式子时，就一定会想到霍金似乎就像莫扎特在他的头脑中创作和演奏一部完整的交响乐一样。我想，任何参加会议的人都会同意我这个比喻。”

的确，具有超常的记忆力无可置疑地是霍金的一大优势。约翰·博斯劳在他的《超越黑洞：斯蒂芬·霍金的宇宙》（Beyond the Black Hole: Stephen Hawking）一书中详细记叙了一件事，充分展示了霍金把一切都详尽地记在脑中的本事：

“霍金的一个学生告诉我，有一次他开车送霍金去伦敦参加一个物理学会议，车上霍金提起多年前他在读过的一本书上发现了一个小小的错误，他还记得错误出现的页码。”

一位为霍金工作的秘书说起过另一件轶事：“有一次霍金凭记忆口述了满

满 40 页纸的方程式，24 小时以后他还记得口述时的一个小小错误。”

就在罗伯特出生后不久，霍金雄心勃勃地要与他的同学伊利斯合写一本宇宙学方面的书，主要是写经典的宇宙学，不准备涉及他们最新的研究成果。他们两人分配了各自的写作任务，前后总共花了六年的时间才写完。在开始写这本书的时候，霍金的手已经僵硬得不能写字，他只好将他要写的东西口授给伊利斯。

到 1973 年前后，他们的书《时空的大尺度结构》（The Large Structure of Spacetime）终于写完。恰好这时剑桥大学出版社准备出版一套学术著作，于是这本书就顺利地在 1973 年出版了。这一著作不仅仅由此奠定了霍金在学术上的重要地位，而且它很受欢迎，直到今天它仍然被看作是宇宙学专业中的经典之作。这年霍金 31 岁。

这本书写得非常深奥，如果不是宇宙学方面的专家，是绝对看不懂的；某些专业研究者如果偏重于实验，也看不懂这本书。这儿有一件趣事值得一提。有一天，霍金到伦敦皇家天文学会作报告，在回家的路上遇见射电天文学家约翰，约翰告诉霍金：

“我买了一本您的书。”

“是吗？您看了以后有什么意见？”

约翰耸了一下肩膀说：“我原以为可以看到第十页，但是读到第四页就读不下去了，太难，太深奥，看来我只得放弃了！”

坐在轮椅上的霍金。

在写这本书的同时，霍金还与彭罗斯继续研究黑洞。霍金晚上睡觉时动作相当缓慢，这不仅仅是由于他的肌肉僵硬，而且也是由于他的注意力常常不由自主地转移到正在研究的问题上。

在女儿出生后不久的一天晚上，他上床的时间比往日长得多，直到第二天简才知道其中的原因。原来他大脑中突然浮现出的黑洞几何图形，使他把宇宙学和一门古老的物理学理论——热力学联系起来了，黑洞有时会相互碰撞，就像两个星球有时会相互碰撞一样。他和彭罗斯已经证明，两个黑洞相撞时，两个黑洞并成一个，而且合并后表面积不可能变小，几乎总是大于原先两个黑洞表面积的总和。这个结果老是在霍金大脑里游来荡去；它们化成了几何图形，忽而重叠，忽而分离，让霍金感到心荡神移，无法自抑。突然，他想到了热力学中的第二定律。

热力学是研究热的传递和蒸汽机效率的一门物理学分支。热力学中有一个第二定律，说的是一个封闭的系统，它里面气体的“没有秩序的运动”只会越来越严重。例如，把一滴红墨水滴进一碗清水中，这一滴红墨水很快散布到整个清水里，使水变成淡红色。如果想使淡红色的水再自动地变成一碗清水和一滴红墨水，那几乎是绝对不可能的！这说明，系统的无序运动（即红墨水散布到清水里）只能自动增加，绝不会自动减小。物理学家喜欢为自然现象取一些奇怪的学术名称，这使外行觉得十分讨厌，觉得很容易懂的自然现象反被物理学家弄得艰难深奥和不好懂了。但是，物理学家也有自己的苦衷，他们为了精密简练地表述自然规律，不得不为一些自然现象取一些专有术语。物理学家将水里红墨水的“无秩序运动的程度”称为“熵”（entropy），熵越大，越是没有秩序。这样，上面发生在箱子里的自然现象就被物理学家说成是：

“一个封闭系统里的熵，只会增大。”

这就是热力学第二定律。

霍金在慢慢上床的时候想到的，就是黑洞的“表面积只会增大”，与封闭系统的“熵只会增大”忽然联系到了一起。这是一个了不起的飞跃，在他之前恐怕从来没有人想到热力学和黑洞会有什么关联。霍金曾经说：“我对自己的发现如此激动，以至于当天几乎彻夜未眠。”

第二天早上，霍金立即把这个想法在电话中告诉了彭罗斯。后来，霍金发现的这一个规律被称为“面积定律”（Law of Areas）。

有一位同事开玩笑地说：“这好像打开现今最时髦的小轿车的车盖，却突然发现里面有一台老古董蒸汽机在运转！”

1973年初，霍金和彭罗斯开始用热力学作为一种模拟的方法，希望找到一个模型来研究黑洞的性质。因为黑洞的行为太奇怪，不借用一种现成的模型来研究，人们几乎不知所措。在思维方法中，这叫做“类比法”（analogy）。但是，无论是霍金还是彭罗斯，他们只不过是借用热力学的一些方法作一个类比而已，根本没有认识到热力学定律真的能够用到黑洞理论中，霍金更没有想到因此他会与一位美国年轻物理学家发生激烈的争论，而争论的原因正是热力学定律到底能不能真的用来研究黑洞。这次争论霍金尝到了失败的滋味。但是，因为能迅速认识错误，亡羊补牢，反而使得他对黑洞理论有了巨大的，带有原创性的突破。有道是：失败为成功之母，此之谓也！

这场十分有趣的争论，是由一个叫贝肯斯坦的美国年轻人引起的。贝肯斯坦当时在著名物理学家惠勒手下做研究。

用“黑洞”来称呼一种特殊的天体，据说是惠勒在 1969 年发明的。在此之前，科学家为这个奇异的、看不见的天体取名的问题争论不休，有的建议取名“冻星”，有的建议取名“坍缩星”，甚至还有人把它称为“史瓦西奇点”。正在大家争论不休时，有一天，当惠勒躺在浴缸里的时候，他突然想到了一个绝妙的名字：“黑洞”。于是，在一次会议上他以快刀斩乱麻的作风宣布：

“我为这个东西找到了一个伟大的新名字，让我们叫它‘黑洞’吧！”

但是这个广为传播的传言其实并不确切。惠勒在他的《自传》中曾经专门澄清这件事。我想录在下面，以正视听。

1967 年秋天，美国太空总署（NSNA）的戈达德太空研究院的行政主管卡努多邀请惠勒参加一次研讨会，讨论在英国发现的令人振奋的脉冲星的新证据。他们发现的脉冲星究竟是什么星体？是振动的白矮星，或是自转的中子星？究竟是什么？惠勒在发言中主张，物理学界应该考虑脉冲星的中心，可能正是一个“引力坍缩的物体”。他还指出，我们不能老是一再说什么“完全引力坍缩的物体”。我们需要一个简短的易记的词汇。

听众中有一个人这样问道：“就称为黑洞如何？”在此之前，惠勒也经过几个月的思索，希望能想出一个好的名称。他甚至在床上、在澡盆里、在车上，只要有片刻时间，就会左思右想。现在，突然冒出这样一个好的名称，实在正中他的下怀。几星期之后，惠勒于 1967 年 12 月 29 日，在纽约希尔顿饭店的西舞厅（West Ballmom）举行的一次会议上，正式用了这个名称，并在 1968 年春天发表的演讲中，正式肯定了它。

普林斯顿大学美丽的校园。贝肯斯坦在1973年还是这所大学的年轻研究人员。

有意思的是，美国著名物理学家费曼知道这个名词之后，把惠勒嘲弄了一番，他认为这个名词含有其他意思，说惠勒不正经云云。费曼是一个无时无地不开玩笑的人，所以当不得真。

事实上，在后来的几个月里，全世界的物理学家都愉快而热情地采纳了这个名称，只有法国抵制了好几年，因为“黑洞”在法语中有淫秽的含意（费曼的嘲弄与此可能有关）。

贝肯斯坦在研究黑洞的时候，决定将热力学的一些定律直接用到黑洞的研究中去。在他的博士论文中，利用精妙的数学方法证明：黑洞的“表面积”可以直接作为黑洞的“熵”的量度。由此他还在论文中宣称：热力学概念对于黑洞的确是适用的。

这件事也许会使我们想起一件发生在1900年前后的故事。19世纪和20世纪之交的时候，经典物理学出现了巨大的危机，许多新的发现（如x射线）似乎推翻了所有已经建立起来的物理定律和理论，这时德国物理学家普朗克斩钉截铁地说了一句话：

“除了热力学定律绝不能违背以外，其他的理论和定律都可以重新审查！”

后来，现代物理学在艰难奋斗中逐步建立以后，人们果然发现，现代物理学在任何时候任何地方都绝不能够违背热力学的定律。贝肯斯坦大约根据这一原则，在博士论文中大胆地提出：可以用热力学来研究黑洞。

美国著名物理学家惠勒。

这儿还有一个有趣的故事，与贝肯斯坦的导师惠勒有关。

有一天，贝肯斯坦走进惠勒的办公室。惠勒说：“雅各布，当我把一个热茶杯放在一个冷茶杯旁边时，总是感到很不安。我让热从一个杯子移到另一个杯子，增加了宇宙的无序度，我犯的罪过在时间的长廊中将不断地回响。可是，雅各布，如果有一个黑洞在附近漂流经过，而我只要把这两个茶杯都扔进去，这样一来会将我的犯罪证据完全销毁干净，是吗？”

雅各布看起来有些困惑，当时没有答复；过了几天他才告诉惠勒：“不，你并没有销毁犯罪的证据。黑洞把您所有发生的事都记录了下来，所以黑洞的熵，也就是无序度增加了；因此你的罪证永远会显现出来，而决不会销毁。”

几个月后，贝肯斯坦带着他的论文出现在惠勒的门前。他对惠勒说：

> 黑洞视野的面积不只与黑洞的熵相似——实际上它就是黑洞的熵（其数值位于一个比例常数范围之内）。

在惠勒的研究生涯里，他经常看到表现出乎人们意料之外的奇怪现象。于是他告诉贝肯斯坦：

“你的想法相当疯狂，因此有可能是对的，那么你就去发表吧。”

结果贝肯斯坦的结论果真是正确的，这个结果给他的导师惠勒带来了极大的快乐。尤其是贝肯斯坦的正确观点经过证明，乃是建立于自然界的量子特征之上。

但是，贝肯斯坦的这一结论，却激怒了霍金。

霍金为什么被激怒了呢？原来，在相对论物理学看来，黑洞的温度是绝对 0℃，这是为什么呢？因为没有任何东西，包括光和热都不可能从黑洞里逃逸出来，既然如此，黑洞的温度只能是绝对 0℃了；否则的话，热作为一种能量就要从黑洞里逃逸出来了。

霍金和布兰登·卡特合写了一篇文章，指出了贝肯斯坦的“致命缺陷”：既然黑洞的温度是绝对 0℃，那么黑洞就不会有熵；相反，如果黑洞本身就有熵，那么黑洞的绝对温度就不可能是 0℃了。

霍金认为贝肯斯坦的结论是极其荒谬的。虽然他利用热力学的方法模拟黑洞到底发生了什么事情，但却错误地认为：进一步将热力学定律真刀实枪地用在黑洞研究上，是非常荒唐的。霍金说：

> 我对贝肯斯坦非常恼火。我写文章批评贝肯斯坦，部分动机是不高兴贝肯斯坦滥用了我的“面积定律”。

大部分物理学家都赞成霍金的意见，纷纷发表论文反对贝肯斯坦的意见。

1974 年霍金夫妇在美国加州的住宅：南威尔逊街 535 号。

贝肯斯坦当时只是一个小人物，而霍金已经很有名气，但他却没有因为霍金的名气和众多科学家的反对而退缩。他认为将热力学应用于黑洞研究，将会产生巨大的力量，1973 年他发表了《黑洞热力学》（Black Hole Thermodynamics）的论文，霍金和他的朋友们立即回应了一篇题为《黑洞力学中的四个定律》（The

Four Laws of Black Hole Mechanics）的论文，反驳贝肯斯坦。

霍金的导师西阿马对此回忆说：

> 对于黑洞和热力学之间的这些相似，霍金起初只觉得好奇，而贝肯斯坦断言，它们具有真正的热力学性质。因为斯蒂芬·霍金和詹姆斯·巴丁以及布兰登·卡特在1973年写了一篇非常重要的文章，他们把这篇文章直截了当叫做《黑洞力学的四个定律》，而不叫做《黑洞热力学的四个定律》，所以你可以跟随他的思想演化。他们探讨这些相似性，但是强调这不是真正的热力学，而且他们有很充分的理由这么说。因为那个时候人们普遍认为，一个热的黑洞仍然不能辐射；而一个热体不能辐射，热力学就失效，所以这些类比并无深意。

剑桥和普林斯顿的这场争论僵持了一段时间。贝肯斯坦后来回忆说：

> 在1973年那些日子里，经常有人告诉我走错了路，我只能从惠勒那儿得到安慰，他说，“黑洞热力学是疯狂的，但也许疯狂到了一定程度之后就会行得通”。

后来的事实证明，霍金错了，热力学中的熵的确可以用在黑洞研究上，而且霍金自己还把黑洞看成是一个纯粹的熵，像一条饥饿的鲨鱼一样四处游荡。不过，贝肯斯坦用的研究方法也有问题。

在这场激烈的争论和思考后，霍金决定另辟新路，他想深入研究一下20世纪另一个伟大的理论——量子力学，从这方面思考也许会找到更合适的突破口。他让他的朋友里斯为他找来一本量子力学方面的教科书。里斯把书拿到霍金面前，翻到霍金需要的那一页，然后霍金就几个小时地坐在那里一动不动地盯着书看，谁也不知道他的大脑在何方翱翔。里斯觉得霍金的身体越来越差，当他看到霍金一动不动地坐在那儿，有时不免担心，还不时去看一看。

霍金对人们过多关心他的疾病，过分强调他身体的残疾颇为不满。他可不愿意时时去想死亡的事情。他甚至说：“残疾对我来说，不过是给了我一个绝好的机会，让我坐着思考自己喜欢的事情。”

1973年9月，霍金有机会去莫斯科。莫斯科的泽利多维奇的身边有一群了不起的相对论专家正在探讨黑洞的量子力学问题，霍金想从他们那儿得到一些教益。泽利多维奇小组有一个瘦瘦的、严肃而有些口吃的年轻人叫斯塔罗宾斯基，他提出了一个惊人的想法，他认为黑洞如果像恒星那样旋转的话，就会喷出基本粒子。不过，霍金这时已经不认为这种想法是疯狂的了，因为他和彭罗斯已经讨论过类似的情形。但霍金不喜欢斯塔罗宾斯基的方法，他决心自己重新进行计算。

事实上，这一次拜访和讨论对霍金起了非常关键的作用。美国宇宙学家基普·索恩曾经在回忆中谈到一些事情。

泽利多维奇在1969年左右就意识到旋转的黑洞应该发出辐射，而这种辐射应该是广义相对论和量子理论的结合或半结合的产物。泽利多维奇还相信，辐射基本上是由黑洞的旋转能量产生，因此旋转黑洞所发出的辐射会使黑洞旋转变慢，然后辐射会停止。

莫斯科的克里姆林宫。

1969年泽利多维奇告诉索恩，他相信这种辐射肯定会发生，但是他的广义相对论的基础不足，证明不了它。索恩认为泽利多维奇发疯了，所以他们打了一个赌，泽利多维奇说经过仔细计算黑洞辐射将肯定是事实，而索恩则赌这不会发生。

1973年当索恩和斯蒂芬离开莫斯科的时候，已经很清楚旋转黑洞必须发射这种辐射，所以索恩输了一瓶白马牌苏格兰酒给泽利多维奇。以后，索恩和霍金打过好几次赌，他都赢了；但是，这一次打赌他输了。

霍金在到莫斯科以前并不知道泽利多维奇的想法，当他知道了以后，泽利多维奇的解释并不能让他完全信服，他决定用自己的方式来思考。回到英国以后，霍金埋头计算了两个多月，结果发现，黑洞不只是“蒸发”（evaporate），而是像发了疯的火山一样，向外喷射（eject）着物质和辐射；而且，在这种

"黑洞辐射"（blackhole radiation）的过程中，黑洞将丢失能量和物质，越变越小。黑洞越小，就越热，它的辐射活动就越剧烈，缩小得越快，最后黑洞就会像节日放的礼花一样，爆炸开来，放出大量射线和粒子。结论只能是：黑洞或迟或早总是会爆炸的。

霍金开始还有些怀疑自己过于"疯狂"的结论，因此一时还没有胆量告诉别人；但是到了 1973 年底，反复计算的结果，他认为他的"黑洞辐射"理论没有错，于是在 1974 年 1 月前后告诉了里斯；里斯知道后，正好碰到西阿马，他脸色发白，浑身颤抖地对西阿马说：

您听说了吗？一切都不同了，霍金改变了一切。

"你说什么？"西阿马问道。里斯向他解释了霍金的发现：由于量子力学的效应，黑洞像热体一样辐射，所以黑洞不再是黑的了！这样就使得热力学、广义相对论和量子力学有了新的统一，"这将改变我们对物理学的理解！"

西阿马听了里斯的介绍以后，虽然也觉得简直难以让人相信，但他却满怀兴奋地说服霍金，让他在 2 月份牛津附近卢瑟福—阿普顿实

俄罗斯物理学家泽利多维奇。

基普·索恩，美国加州理工学院的理论物理学教授。

验室（Rutherford- Appleton Laboratory）的一次会议上，把这一研究结果公布于众。在会议前，霍金没有忘记告诉彭罗斯。后来，正在霍金吃生日大餐时，彭罗斯给霍金打来了热情的电话。他显然非常兴奋，讲了又讲，以至于霍金的大餐完全冷了！霍金后来遗憾地说："那是我非常喜爱的鹅肉，所以很可惜。"

霍金听从了西阿马的建议，参加了会议。轮到霍金发言时，他摇着轮椅上了讲台，一架投影仪把他含混不清的话语打在屏幕上面，讲述他如何用量子力学得出了他几个月来研究的结果：黑洞不黑，黑洞也要向外辐射能量和物质。这就是说，以前认为黑洞只吞噬它四周的物质，而绝不向外释放任何物质，哪怕连质量几乎为零的光都不肯放走，现在看来是不对的，原来"黑洞并不黑"（black holes are not black）。

霍金回忆说："就在会期一天天接近时，整个问题变得越来越清楚了。所以，到2月份我发表演讲时，我已经完全相信我的这个结果了。但许多人并不相信。"

英国理论物理学家泰勒，1974年是伦敦大学国王学院数学教授。

的确，很多人"并不相信"。据说，当霍金讲演结束以后，出席会议的人都惊呆了，大家都聚精会神地思考着霍金的惊人发现，整个会场一片寂静，真是静得连一根针落到地上都能听见。过了一会儿，会议主席约翰·泰勒（John Taylor）教授忽然从座位上站起来，大发雷霆，说霍金所说纯粹是一派胡言：

> 太荒谬了！我从来没有听过这么荒谬的话。我只能宣布立即散会，我别无选择！

说完之后，他竟真的拉

起坐在他身边的一个同事愤怒地走出会场。霍金没有想到会有这样可怕的反应，他惊呆了，坐在轮椅上一声不响。后来在餐厅吃饭时，简还听见泰勒在对他的学生气势汹汹地嘟噜着。简心里觉得这位教授实在不怎么样，为学术上的问题，至于生这样大的气吗？正想着，忽然又听见他气急败坏地说：“我们必须把那个论文弄来！”简愤愤不平地把她听见的告诉霍金，霍金只宽容地耸耸肩，什么也没有说。

泰勒很快就“弄到了”霍金的论文，是霍金自动送上门的。原来牛津会议结束后，霍金立即把他在会议上宣读的论文寄给《自然》杂志，而这篇论文恰好是泰勒审稿，因此不能刊登是必然的了。霍金只好请另一位与争论没有干系的教授审稿，这样论文才在1974年3月1日《自然》杂志上刊登出来。在这篇论文里，他进一步严密地表述了黑洞辐射的新发现。原来论文用的是一个肯定性的题目：“黑洞不黑”，而在《自然》杂志上发表时却含糊地以“黑洞爆炸？”（Black Holes Explode?）为题，这一题目没能表达出霍金的特有性格。即使如此，这篇文章还是引起了一场激烈的争论。持对立观点者认为这次霍金真是在说胡话、废话。约翰·泰勒和保罗·戴维斯联合起来在1974年7月5日的《自然》杂志上做了反驳，文章题为“黑洞真的会爆炸吗？”（Is Black Holes Can Explode Really?）并毫不含糊地回答“不”！但是不久，泰勒和戴维斯也被说服了，并承认他们错了而霍金是对的。在此后的几个星期里，全世界的物理学家都在讨论霍金的新发现。不少人认为霍金的新发现，是近几年来理论物理的最重要的进展，西阿马则兴奋地说：

霍金的论文是物理学史上最漂亮的论文之一。

后来，泰勒对自己过火的行为辩解说：“我曾经说过，我并不满意霍金的说法，但是我觉得这是科学争论的一部分。你必须妥协。我为自己能够参与其中而感到高兴。这才是其中的乐趣。你知道，如果所有的人都坐下来说：‘啊，真不错’（Oh, lovely），而大家头脑中仍然有悬疑的问题，那不是对科学负责的态度。但是除了那一次向他质疑以外，我并非反对派。”

泰勒的话当然很有道理，不过，总让人觉得有一种文过饰非的味道。

从此，霍金发现的由某些黑洞发出的辐射，就被称为“霍金辐射”（Hawking radiation）。

4. 最年轻的皇家学会会员

霍金的论文具有非同一般的重要价值，它标志着物理学的统一理论取得了重要的进展。20世纪初期，物理学出现了两个重要的理论，一个是研究宇宙宏观结构的相对论，它是爱因斯坦提出来的；还有一个是研究原子微观结构的量子力学，它是普朗克、爱因斯坦、玻尔和狄拉克、薛定谔、海森伯及泡利两代人才努力铸就的。在霍金以前，许许多多物理学家，包括爱因斯坦，都试图将这两个理论统一起来，却失败了。但是，霍金在他32岁的时候，通过黑洞这个媒介，把宇宙宏观结构和原子微观结构协调起来了，为相对论和量子力学的统一，迈出了极重要的一步。虽然还有许多艰难的工作要做，但这一步却是关键的一步。难怪他的导师西阿马说霍金的论文，是“物理学史上最漂亮的论文之一”。

从此，人们就开始称霍金为“当今的爱因斯坦”，是“宇宙的主宰者”等等，成了当今科学界最耀眼的明星之一。1974年3月中旬，霍金和简得到消息说，霍金将要被选为英国皇家学会会员。皇家学会的会员资格，是英国科学家科学生涯中至高无上的荣耀，在声望上仅次于诺贝尔奖。霍金在32岁就能获得这一殊荣，实在是非常罕见的事情。

3月22日晚上，霍金的学生隆重地把他和简以及两个孩子，一起请到凯斯学院，庆贺他即将成为皇家学会的会员。西阿马在学生们的欢呼声中发表了热情的讲话，他在历数了霍金的所有成就之后说：

“即使没有皇家学会会员这样一个顶级的荣誉，霍金的成就已经充分说明：我对他的信任是正确的。我提议：为我们的斯蒂芬干杯！”

轮到斯蒂芬答谢了。那时他已完全适应了在公共场合发表演讲，但是宴会太突然了，他没有时间很好地准备讲话内容。他缓慢、清晰，虽然声音有点小地谈到了自己的研究进程，谈了他来剑桥后的十多年里走过的不寻常的道路。他感谢丹尼斯·西阿马教授的支持和鼓励，感谢朋友们出席宴会。在整个讲话中，他使用了他惯用的“我”，而不是“我们”。

他的讲话受到大家热烈欢迎，掌声不断响起。但是霍金犯了一个不可原谅的错误。他在通篇讲话中，只提到他个人的奋斗，而忘记提到简的不可缺少的帮助和激励，完全没有提到简为他做的一切牺牲。当然，这也许是霍金在当时的热烈气氛和兴奋中一时的疏忽，但是简极度失望，在热烈的掌声中，她轻轻拭去眼角的泪水。没有人注意到简的泪水，即使注意到了，也只会认为那是激动的眼泪。

简在回忆中痛苦地说：

> 我双手搂着两个孩子，在房间的一边等待他转过身来朝我们微笑一下，点一点头，说句简单的话，以肯定我们9年婚姻生活所取得的家庭成就。在当时的热烈气氛和兴奋中，可能仅仅是由于疏忽，他根本没有提到我们。他在一片掌声中结束了讲话，我赶紧揩去失望的眼泪。如果斯蒂芬忘记了我们，忘了我为他所做的一切，忘了他的思绪在宇宙外层空间漫游时我的事业则萎缩在窄小房屋的四壁内，忘了他感到自豪的两个漂亮孩子，那么他是认为这一切都与这个场合的科学意义无关吗？……既然他的酒杯里盛满了成功，那些成功甚至是身体健全的科学家都不敢梦想的，难道他不能从中匀出一小滴让我品尝吗？

事实上，简为了维持这个家正常生活下去，付出了别人难以想象的代价。她要带两个小孩子，还要照顾霍金的起居，没有任何人能够帮助她。在其他正常的家庭里，妻子总是可以得到丈夫的帮助；但在她的家庭里，她不仅得不到帮助，反而随时要帮助霍金，但简都承受了下来。她多么希望有人帮助她度过越来越困难的每一天啊，她多么希望霍金能接受别人给予的帮助啊！

霍金在办公室与人讨论问题。

但在1974年以前，霍金多半会坚决拒绝别人的帮助。他的这种态度简也十分理解，她明白霍金拒绝提到疾病，这是支撑他的一个支柱，也是他的“防御工事”的一个重要组成部分；如果一旦承认了健康状况的压力，他的勇气也许就会消失了。她更清楚，如果霍金每天都想到起床时艰难的挣扎，以及他常常遇到一些常人难以想到的困难，那真会使他精神崩溃，但她同时也多么希望霍金能现实地承认自己的实际状况，承认病情正在恶化的事实。接受别人给予的帮助，可以减轻她承受的沉重负担。

在晚上和周末，霍金往往像罗丹的“思想者”那样用右手托着头，连续几个小时低头沉思，进入了另一个世界，对简和在他身边玩耍的孩子充耳不闻，视而不见。这时，简往往会感到惶惑。有时实在忍不住了就轻声地问他：你在想什么？但是这样的问题常常得不到霍金的回答，于是简就会焦虑不安，担心他出了什么麻烦。或许在轮椅上难受？也许身体不舒服？是不是因为有事不能和他一起去参加下次会议而心里不愉快？也许是他对日益恶化的身体状况感到沮丧，造成了无法忍受的压抑？

他的每一件个人琐事，包括穿衣和洗澡，以及一些大的动作，都需要简的帮助，简要把他从轮椅上、汽车上、洗澡间、床上抱来抱去。食物必须切成小碎块，让他能用小勺吃下去，否则会呛住而引起剧烈的咳嗽，因此吃饭常常延续很长时间。家里的楼梯现在也成了一个主要障碍。他还能挺直站立——但要依靠别人在后面扶住他。由于霍金有了名气，常常到各国开会或参加各种活动，但是出门的困难只有简才知道，所以她常常希望他少出门到国外去。因此在简的心底深处，有一种愧疚感。更让人揪心的是，霍金的言语开始变得不清楚，这样两人的交流更加困难，简为此感到十分茫然。

这一切都使简陷入焦虑不安和沮丧绝望。她说：“与所有不幸落入黑洞的过客一样，我像一块面筋被自己无法控制的各种情感力量拉长、拖曳、撕扯。”

简曾向医生诉说过有关情况，他只能同情地摇摇头，因为他对不愿接受帮助的人没有办法。不过，他和霍金商讨过，建议找男护士轮流上门服务，这样至少可以帮助霍金一星期洗几次澡。有一个和蔼可亲、年龄较大的男护士愿意上门服务，但是只能在下午五点钟来。霍金认为这样会严重妨碍他的工作。因此这个计划很快夭折了。

简无可奈何地悲叹道：“只有发生奇迹才能解决我们面对的问题。我当然不能指望从大弥撒的浓浓香气中得到一个奇迹。”

后来，简想到了一个了不起的建议：请霍金的研究生和他们住在一起，他们帮助霍金上下汽车、穿衣、洗澡，而报酬是提供免费住宿以及霍金对他们学业的关注。简把这个想法告诉了霍金，霍金第一个本能的反应是：反对！但经过认真讨论后，霍金不得不承认如果没人帮助，他就去不了美国。最后，霍金同意了简的建议。简立即把这一想法告诉了卡尔和德阿斯，他们经过认真考虑后也同意了，认为这样做对大家都有利。美国加州理工学院的基普·索恩，邀请他到加州理工学院作为访问学者工作一学年。加州理工学院提供的经费相当优越，远远超出美国的一般生活水准，连电动轮椅、理疗等都做了最妥善的安排。同时，索恩连霍金的学生卡尔和德阿斯都邀请了。

这件事确定了以后，简的心情好多了，从此将有人帮助她来照料霍金。

5月2日，星期四，在伦敦卡尔顿大厦皇家学会大讲堂里，举行了隆重的祝贺皇家学会新会员入会仪式。新会员被一个一个地介绍后，走上讲台，在入会簿上签名。轮到霍金的时候，会场突然静了下来，有人把簿子从讲台上递下来，霍金坐在轮椅上慢慢地签上了自己的名字。交出签名簿以后，霍金挥了挥手。人群突然爆发出一阵热烈的掌声。霍金脸上浮现出欢欣的微笑，简也不由得热泪盈眶。

英国皇家学会的第一个永久性会所“丹鹤厅”。

五、轮椅上的“黑洞的主宰者”

霍金成了英国皇家学会会员以后，他在科学界的威望大为提高，邀请他到国外讲学的研究机构也日益多起来。而这时的简，还没有从霍金在皇家学会演讲时带给她的伤害中解脱出来。

其实霍金并不是有意伤害简，而多半是由于两人在性格上明显的不同所致。霍金，乃至霍金家族，认为表达情感（诸如感谢、愤怒……）和表达对他人的欣赏，是一种软弱的表现，是失去感情控制的表现，是否定自身价值的表现；这些简也许可以接受，因为简也是一个十分坚强的人，否则她不会和霍金结婚。让简接受不了的是，霍金家族的人很少用慷慨表示亲切，他们对这种表示感到难为情，也许还觉得太庸俗！简没有霍金家族人那种超乎一般人的坚强的品格，她虽可以理解，但感情上却无法接受。

简在这次事件之后曾说：

我知道这是一场美好的聚会，被忽视只是小事一桩。我戴着一副坚强的假面具，因为我知道我没有哭的权利，高雅的行为举止禁止任何情感的迸发。

正好在这时，加利福尼亚理工学院寄来邀请函，请霍金下一个学年作为访问学者去美国。这对于简来说，简直是一场及时雨，可以由此调整情绪和感情。

1. 加州理工学院和它的英才门

加州理工学院位于加利福尼亚州。在这个州的洛杉矶东南方 60 多公里处，有一个小镇叫帕萨迪纳（Pasadena），这个学院就在这个小镇上。有一位作家这样形容帕萨迪纳：

“甚至帕萨迪纳的空气也截然不同，温馨柔和，弥漫着鲜花的芳香。风景

加州理工学院的校园。

如同用蜡笔画出的一幅色彩绚丽的图画：天空呈银灰色，大地上遍布橙黄、淡紫、乳白和浅棕的色泽。小镇坐落在紫红色的圣加布里埃尔山脚下，富足、精致、宁静，是洛杉矶阔佬们在市郊的一处休闲胜地；它被称为‘百万富翁村’，看起来名不虚传：蜿蜒的街道两旁点缀着棕榈树，带阳台的平房随处可见，西班牙式的别墅掩映在林阴深处，园丁剪子的喀嚓声和喷淋器的咝咝声，使周围更显得安详静谧。与波特兰崎岖的道路、阴暗的杉林和刺骨的冬雨比较起来，帕萨迪纳简直像是天堂。”

在加州理工学院，教授们每天都会就最激动人心的想法、最新的发现进行热烈的辩论。正因为这种激动人心的气氛，许多科学家的思想在这儿开出了鲜艳的花朵。爱因斯坦在 20 世纪 30 年代，几次到这儿来发展他那奇妙的思想；“科学奇才”费曼也是在这儿一次又一次震惊了世界科学界；记忆力可与霍金媲美的盖尔曼在这儿提出过夸克理论；两次获诺贝尔奖的“怪杰”鲍林，也是在这儿建立了他在科学与和平事业上的功勋。

这所著名学院的优秀传统一直流传下来。所以索恩很想让霍金到阳光明媚的帕萨迪纳来，这样他们可以就宇宙学的最新发展进行讨论和争辩。索恩

美国“怪杰”鲍林——获得过诺贝尔化学奖(1954)和和平奖(1962)。图为鲍林在白宫门前的抗议核试验的队伍中;他举的标语牌上写着:“肯尼迪先生,麦克米兰先生:我们没有权利实验!”后面一个妇女的标语牌上写着:“停止!”

美国物理学家盖尔曼,1969年获诺贝尔物理学奖。

提出了极优惠的条件,霍金当然不会拒绝。首先,付给霍金的报酬远远超出了美国一般的生活标准;其次,有一套免费住房,非常宽敞,而且家具齐全;第三,给霍金一家配一辆汽车和一辆电动轮椅,这可以使霍金获得最大程度的独立性,不必依赖别人就可以到处行走,甚至连霍金需要的理疗以及医疗都已安排妥当,小孩子就读的学校也安排就绪。考虑到简一个人招呼霍金有困难,索恩还邀请霍金的学生卡尔和德阿斯一起到加州理工学院来。

霍金十分满意这种安排,答应到加州理工学院访问。简也十分高兴,因为她与霍金在情感上有了裂痕,现在正需要一种变化,这种变化也许会弥补他们之间的裂痕,带给他们一个新的视野,一种新的动力。

1974年8月27日,霍金一家人及两个学生一起乘飞机到达洛杉矶。加州的一切都让简和两个孩子惊讶:高高的棕榈树,巨大而锃亮的轿车,城里城外四通八达的公路,高耸入云的摩天大楼。最让简高兴的是他们住的房屋,不仅漂亮、高雅,而且舒服自在。大沙发足以让露西陷进去出不来;能

美国物理学家费曼，1965 年获诺贝尔物理学奖。

充分满足需要的浴室，色调又那么和谐适人，他们在英国还从来没有享受过这种奢华。

他们住的房子正对着校园，因此霍金到他的办公室很近；而且他得到电动轮椅，霍金高兴得像小男孩得到一件奇妙的玩具一样，立即兴奋地操纵着它。从外面看与以前的轮椅差不多，但电动轮椅跑起来更快，这使他可以独立地去任何他想去的地方。当然也有许多不便的地方，遇到台阶和路边上的坎子，就只有请人抬过去，由于电驱动需要两个很沉的固体凝胶电池，加上轮椅本身和霍金，每次得两个棒小伙子才抬得动。不过有两个学生陪伴，简就可以从这些沉重的事务中解脱出来，带上两个孩子到海滩上去玩，可以从图书馆借阅《理查德三世》和《斯格特王后》等感兴趣的书。

简认识了一位新朋友——休斯太太。简认为休斯太太“是一位很有洞察力的人”，而且一直非常关心她和两个孩子。当所有人都不停地称赞霍金的勇气和才华的时候，只有她对简说：

“在霍金的背后，一定有一个同样勇敢的人在支持着他，否则他不可能获得如此大的成就。”

简听了这句话以后，感动得无言以对。当然，霍金肯定也明白这一点；但他被坚强的外壳罩住，觉得挑明这一点实在庸俗和没有必要。简没有霍金的这种品格，她恰恰需要霍金向她表示这一点。

霍金在加州理工学院十分高兴和满意，因为他的宇宙学研究必须涉及微观世界，所以他经常听有关量子力学和基本粒子的学术讲座，尤其是费曼和盖尔曼的讲座，他更是十分重视。费曼在 1965 年获诺贝尔物理学奖，盖尔曼因为提出“夸克理论”于 1969 年获诺贝尔物理学奖。使霍金感到奇怪的是这两位诺贝尔奖获得者不知为什么面和心不和，似乎有难以调和的矛盾。

有一天，霍金去听盖尔曼的系列讲座，内容是基本粒子物理学的最新研究成果。当盖尔曼发觉费曼也在听众之中时，他竟然用单调无味的语气念起讲稿来，让听众觉得惊讶，因为盖尔曼平时讲课十分生动，而且颇有激情。费曼听了大约十分钟后，起身走了。这时，让霍金大吃一惊的是，盖尔曼叹了一口气，然后说：

“唉，现在我们开始进入正题。”

接着，盖尔曼生动活泼地讲起了最新研究成果。霍金觉得实在不可思议，回到家后还把这件事讲给简听。

契诃夫的小说《打赌集》，里面有一篇就是《打赌》。

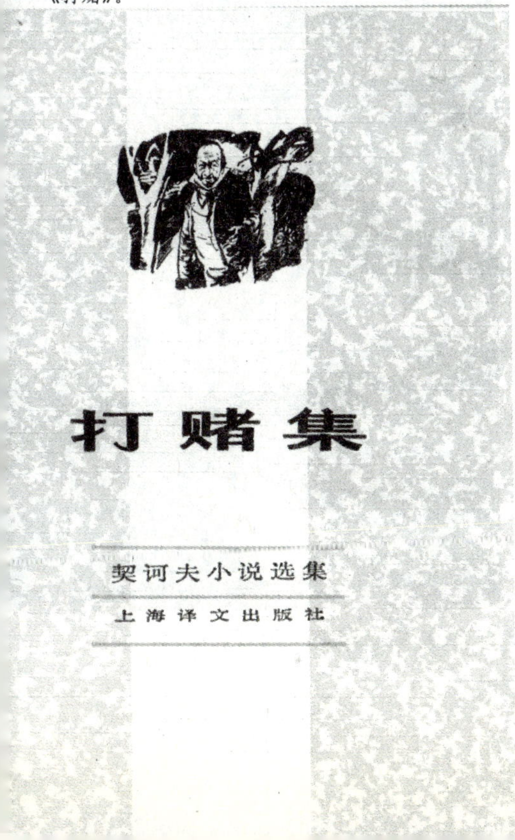

2. 霍金豪赌，每次皆输

在生活中，我们常常会遇到打赌的事情，这多半出现在为什么事情发生争论的时候。最有名的打赌，也许是俄罗斯的作家契诃夫的小说《打赌》里的打赌。在这篇小说里，一位 25 岁的年轻律师和一位银行家打赌，赌注是一笔巨款 200 万卢布。如果年轻的律师能够牺牲自己的自由，在一间小屋子里关上 15 年，200 万卢布就是律师的了。在这 15 年中，律师不能走出房门一步，不能与任何人说话，他的生活由银行家请一个佣人专门负责，有什么要求写在纸上交给佣人。（不能说话！）

结果律师真的在小屋里关了15年！那么他得到了这笔巨款吗？没有！银行家不给？是，也不是。律师在关满了15年的前一天晚上，银行家的确不想给这笔钱，于是起了杀人之心。当银行家在期满的前一天半夜想去谋杀律师时，惊讶地发现，15年前精力充沛的年轻人已经变成一个可怕的骷髅架子！皮包骨头、头发比女人的还长、蓬松的胡子……简直像一个可怕的鬼魂！律师坐在桌子前，似乎睡着了。银行家偷偷溜进屋里，律师似乎一点知觉也没有，根本不知道银行家进来。银行家从律师的背后发现，桌子上有一封信，他好奇地拿起来看。信上写道："我不要那两百万卢布，当初我向往它如同向往天堂一样，现在我却藐视它。为了解除我接受这笔钱的权利，我要在规定期间的五个小时之前走出这个地方，因而破坏了合约……"

银行家看了这封信以后，泪流满面地走出了房间，他虽然保住了他的财产，但是他却非常厌恶自己，"从来没有像现在这样深刻地轻视自己"。

这个结局有一些让人感到意外，但是也让人惊心动魄！

下面要讲的是科学家与打赌。科学家也时常喜欢打赌，这些打赌的故事也非常有趣。

霍金虽然每天只能坐在轮椅里，连头也只能斜靠在肩上；不能说话，只能靠计算机和语音合成器与他人交流。但是，他却有非同一般的活力，不仅在轮椅上使自己成为一位世界最著名的科学家，而且还出奇地喜欢开玩笑，尤其爱打赌。恰好在加州理工学院他碰上了一个

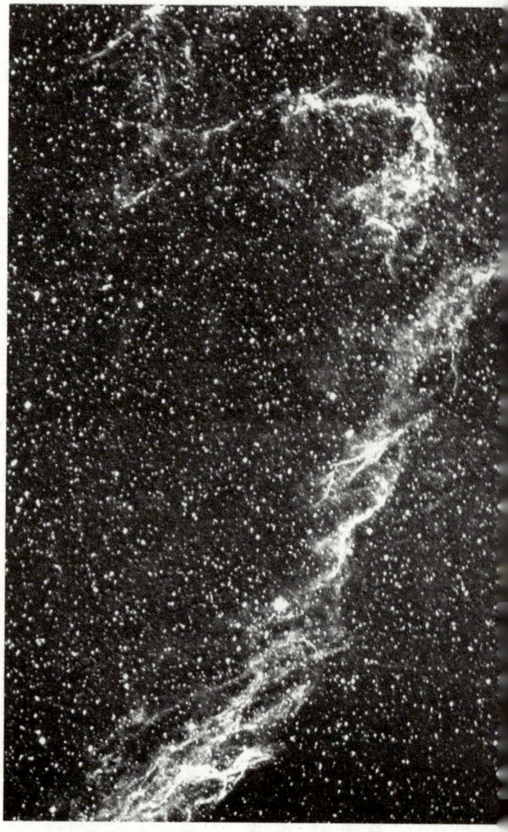

天鹅座的网状星云。

也喜欢凑热闹的物理学家索恩，于是霍金与索恩前后做了三次“豪赌”。

第一次打赌是在 1974 年 12 月，打赌的原因是：在天鹅星座 X-1 双星（Cygnus X-1；X 指的是 X 射线源，1 代表天鹅星座中最亮的星）中是否包含一个黑洞。索恩说有，霍金说没有。他们为此还写了一个赌状：如果真有黑洞，那索恩就赢了，霍金就给他订一年的《阁楼》(Penthouse) 杂志；如果没有，霍金就赢了，那索恩就要为霍金订 4 年的《私家侦探》(Drivate Eye) 杂志。

后来，霍金曾解释他为什么要打这个赌，他说这是一种“保险策略”。其实，他们两人都相信在天鹅座 X-1 中，肯定有一个黑洞，霍金只不过由于喜欢热闹，热衷于恶作剧，才打这个赌以缓和紧张的气氛。他还得意地说：“如果索恩输了，那我的关于黑洞的研究整个就是浪费时间，毫无价值，但却可以得到 4 年的《私家侦探》杂志，聊以自慰；如果索恩赢了，那我的研究就获得了成功，并且是一件激动人心的成就，这时我也乐于给索恩一些安慰。”

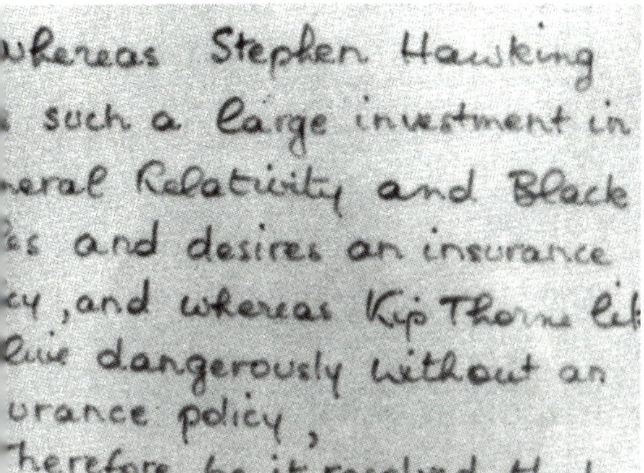
hereas Stephen Hawking
s such a large investment in
neral Relativity and Black
es and desires an insurance
cy, and whereas Kip Thorne lik
live dangerously without an
urance policy,
herefore be it resolved that
phen Hawking bets 1 year's
scription to "Penthouse" as agai
Thorne's wager of a 4-year
scription to "Private Eye", that
gnus X1 does not contain a
ck hole of mass above the
andrasekhar limit Conceded
Stephen Hawking
Kip S. Thorne

1974 年 12 月，霍金和索恩第一次打赌时立下的赌状。

这次打赌，索恩赢了，以后一年中他按时收到《阁楼》杂志。其实，这次打赌是双赢：霍金的黑洞理论取得了胜利，索恩可以不花钱地看一年《阁楼》。据说这一次打赌还引来索恩夫人的不满，大约是因为赌注不公平：一年的杂志对四年的，霍金太狡猾！

有趣的是，以后他们又打过两次赌。1991 年 12 月 24 日，索恩和霍金打赌：这次打赌的原因是宇宙中是否有“裸奇点”（naked singularity）存在。所谓“奇点”一般被看成是一个点，因此我们熟知的物理学定律在奇点失效；而“裸奇点”顾名思义是裸体的奇点，没有任何东西包围着它。霍金认为“奇点”只能够存在于黑洞之中，不能够“裸”；而索恩则不然。这次索恩把普雷斯基尔也拉进来了。这次赌注是：霍金如果输了，就给索恩和普雷斯基尔 100 英镑；如果赢了，索恩他们给霍金 50 英镑。而且，输方还要给赢方（每人）一件“遮蔽裸体”的衣裳（The loser will reward the winner with clothing to cover the winner’s nakedness）。结果，又是索恩赢了。不过，这次霍金输了以后还不服气，拒不付 100 英镑；但他还是老老实实给索恩和普雷斯基尔每人一件“遮蔽裸体”的 T 恤衫，上面写着“自然界憎恨裸奇点”。可见霍金并没有真正认输。1997 年 2 月 5 日，在“半”认输的当天，霍金承认在“特殊情况”下，裸奇点可以形成，但是他又同时向索恩和普雷斯基尔发起了新的挑战：“在一般情况下”裸奇点还是被禁止的。这个赌局目前还没有最后结果。不过香港大学李启明博士（普雷斯基尔的学生）说，索恩这次并没有把握赢，他曾经公开承认，这次他和普雷斯基尔可能要输。李启明博士也说：“我也觉得他们要输。”

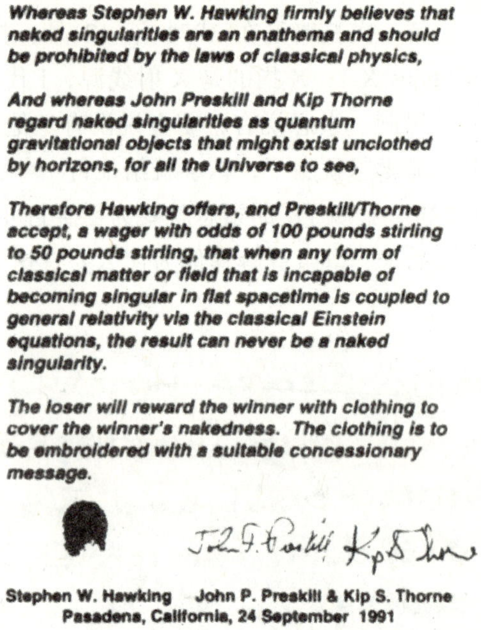

Whereas Stephen W. Hawking firmly believes that naked singularities are an anathema and should be prohibited by the laws of classical physics,

And whereas John Preskill and Kip Thorne regard naked singularities as quantum gravitational objects that might exist unclothed by horizons, for all the Universe to see,

Therefore Hawking offers, and Preskill/Thorne accept, a wager with odds of 100 pounds stirling to 50 pounds stirling, that when any form of classical matter or field that is incapable of becoming singular in flat spacetime is coupled to general relativity via the classical Einstein equations, the result can never be a naked singularity.

The loser will reward the winner with clothing to cover the winner's nakedness. The clothing is to be embroidered with a suitable concessionary message.

Stephen W. Hawking　John P. Preskill & Kip S. Thorne
Pasadena, California, 24 September 1991

1991 年 12 月 24 日，霍金与索恩和普雷斯基尔的赌状。这时霍金已经不能用手写字，只能在赌状上按手印。

就在“半”认输的第二天，即 1997 年 2 月 5 日，他们三人又迫不及待地第三次打赌。霍金认为黑洞不能向黑洞外释放任何信息；如果一个天体最后

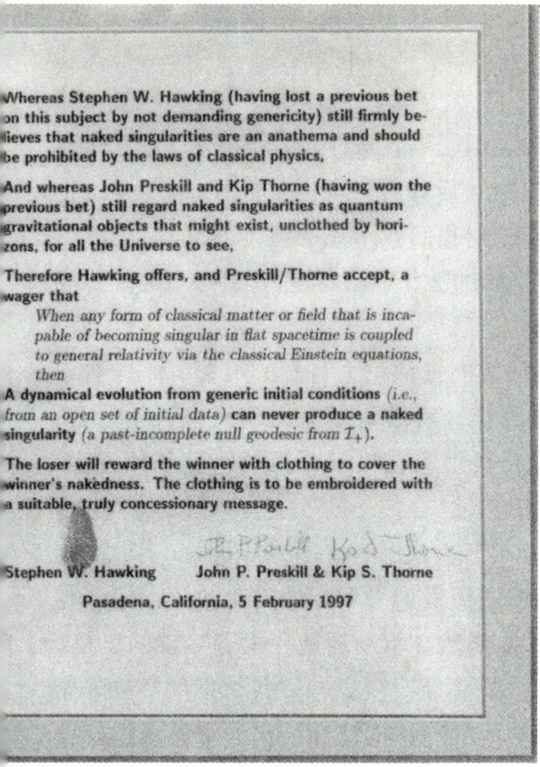

Whereas Stephen W. Hawking (having lost a previous bet on this subject by not demanding genericity) still firmly believes that naked singularities are an anathema and should be prohibited by the laws of classical physics,

And whereas John Preskill and Kip Thorne (having won the previous bet) still regard naked singularities as quantum gravitational objects that might exist, unclothed by horizons, for all the Universe to see,

Therefore Hawking offers, and Preskill/Thorne accept, a wager that

When any form of classical matter or field that is incapable of becoming singular in flat spacetime is coupled to general relativity via the classical Einstein equations, then

A dynamical evolution from generic initial conditions *(i.e., from an open set of initial data)* **can never produce a naked singularity** *(a past-incomplete null geodesic from $\mathcal{I}_+$).*

The loser will reward the winner with clothing to cover the winner's nakedness. The clothing is to be embroidered with a suitable, truly concessionary message.

Stephen W. Hawking　　John P. Preskill & Kip S. Thorne

Pasadena, California, 5 February 1997

1997年2月5日，霍金与索恩的第三次赌状。

坍塌成为一个黑洞，那么这个星体的大量信息就从此完全丢失。这就是有名的“黑洞信息佯谬”。如果霍金对了，那么大自然就有了更大的不确定性。正因为这一点，所以科学界有这样的故事：

爱因斯坦：“我不相信上帝会玩掷骰子的游戏！”

玻尔：“你怎么知道上帝不掷骰子？”

霍金：“上帝不仅掷骰子，有时他还把骰子扔到了找不到它们的地方（God not only play dice, he sometimes throws them where they can't beseen）。”

但是，索恩和普雷斯基尔提出了相反的观点，他们认为黑洞可以隐藏它内部的信息。为此，他们三人打赌：黑洞到底能不能释放它的信息。赌注

霍金在2004年7月21日认输了。左边是霍金的影子和屏幕上的赌状；右边是普雷斯基尔双手举起赢得的《板球百科全书》。

是一本《棒球百科全书》。

霍金又输了。

2004 年 7 月 21 日，霍金正式认输，但是赌注改了。霍金说：“我在英国很难找到一本《棒球百科全书》，只能用《板球百科全书》代替了。”

现在霍金承认：“上帝没有把骰子掷到我们看不见的地方。”

我们还可以讲出许许多多科学家打赌的故事。读者也许要问：“为什么科学家喜欢打赌？”

科学家打赌是一种忘我的渴望驱动他们去认识大自然的奥秘，是一种形而上学的焦虑；而设下赌局，可以激励年轻科学家更有兴趣从事科学研究，还可以引发公众对科学的关注。再说，科学家在极其紧张的研究和焦虑中，也需要为自己找点乐子——自得其乐嘛！

在加州理工学院期间，霍金的病情在缓慢地发展，他的手也逐渐不听使唤。在这种一般人难以忍受的情形下，他仍然毫不动摇地探索着宇宙的奥秘。为了能够继续自由地支配自己的大脑，他必须改变思考方式，发展一种非常强有力的几何论证的能力，用图形构造他的理论框架和结构。索恩说得好：

所以，在某种意义上，当你失去一种能力时，你可以发展其他能力；而新的能力比旧的能力对某些不同的问题，更为适用。

当然，只有那些在巨大打击和困难面前从不低头的人才能做到这一点；这种人甚至可以把自己的缺陷，化为一种别人无法得到的优势。霍金母亲深有体会地说：

“如果他没有得这种可怕的病，就不会达到目前的成就。他如果不生病，可能不会如此专心研究，因

霍金上楼梯的办法；而且边上楼梯边思考宇宙学问题。
（摘自鸨巢直树：《漫画霍金》）

为他总是对生活中许多事有极大兴趣。我不知道如果他能到处走动的话，他是否会以同样的精神献身研究。”

霍金除了全心全意思考宇宙之谜以外，他也总是在力所能及的情形下抵抗疾病的发展，有时这种抵抗给人以一种悲壮的感受。对此，索恩有亲身的感受。有一次索恩到剑桥霍金家做客。晚饭后，霍金要睡觉的时候，他自己一个人上楼。这时他已经不能走路。他上楼的办法是抓住栏杆上的铁柱子，用手臂的力量把自己拉上去。他通过这场艰苦的奋斗，花将近20分钟的时间把自己拖到楼上。当索恩问简为什么不帮助他上楼时，简说：

“他拒绝帮助，这是他恢复健康的重要一环，目的是尽可能长久地保持他的肌肉运动的协调和力量。”

索恩听了简的解释后说：

> 看到他受到这样痛苦的煎熬，真是令人心碎。当你第一次见到这种情景时，一定会大吃一惊，会用非常感动的眼光看他。这只是日常生活的一部分——用这种办法把自己拖到楼上。

3. 霍金的宗教观和为伽利略平反

坚强的霍金就是这样，以别人无法想象的坚强，克服他遇到的种种困难。当别人希望他用上帝的爱怜来鼓舞自己时，他也毫不通融地拒绝了。他根本不相信上帝，他就是自己的上帝，而那个《圣经》中的上帝救不了他，简却是虔诚的教徒，她说：

> 如果没有对上帝的信仰，我将不可能在这种境况中生活，首先我不可能嫁给斯蒂芬，因为没有信仰我将缺乏乐观的精神来帮助我度过困难，也不可能继续生活下去。

她当然希望霍金也能成为虔诚的教徒，但每次简只要一提到宗教信仰的时候，霍金就会笑一笑，那意思分明是说：“我不会信仰宗教的，你也不必劝诫我。”

至于霍金的观点，与爱因斯坦相似，他说过：

美国宇宙学家佩奇，他是一位热心、虔诚的教徒。

我们只是一颗小行星上的一些微不足道的生物，我们这颗小行星围绕着一颗普通的恒星转动，这颗恒星处于一个星系的边缘地带。而宇宙中又有1000亿个这样的星系，所以难以相信上帝会关心我们，或来注意我们的存在。

简认为霍金之所以有这样的宗教观，部分是因为他的身体状况：“一个人随着年龄的增长他的视野就会更开阔，我想他心中的观念与其他任何人的观念有着不同，这是由于他的状况和环境——他是一个差不多完全瘫痪的天才——没有人能了解他的上帝观或他与上帝的关系会是怎样的。”

但许多哲学家和科学家也发表过与霍金非常相似的言论，最为人所知的就是爱因斯坦，但他们没有像霍金那样瘫痪。有一些人声称霍金简直没有资格对宗教发表意见，因为他对宗教一无所知。连简也说过：“他把任何东西都归结为理性的、数学公式，认为那才是真理……谈论宗教他并不够格。”

但一个人要具有什么样的资格才能够谈论宗教呢？难道那些火烧布鲁诺、审判伽利略的人就有资格谈论宗教吗？

从霍金的一些谈话中，人们似乎可以认为他并不全然否认上帝的存在，只是认为上帝的能力有限，因而限制了人们对于上帝的依赖性。他曾经说过：“爱因斯坦曾经问了这样一个问题，‘在构建宇宙方面上帝有多少选择（How much choice did God have in constructing the Universe）？’如果无边界模型是正确的，那么上帝在选择初始状态方面没有一点自由，当然他依旧有权力选择宇宙遵守的规律，但在这点上也许确实没有多少选择……”

在加州理工学院，霍金遇到了索恩的一个博士生佩奇，佩奇是一个虔诚的教徒。他相信理解宇宙的奥秘可以揭示上帝的伟大，但上帝比宇宙学更伟大。佩奇说：“从犹太教—基督教的观念出发，与其说上帝只是宇宙的初始，还不如说上帝创造和支撑着整个宇宙。宇宙是否有起始的问题与它是否被创造这一问题无关，正如一位画家画的一条线是否有起点和终点，或者是个圆而没有终点这一问题，与这条线是画出来的这一问题无关一样。”

佩奇还是一位助人为乐的好人，从 1976 年到 1979 年他在剑桥大学霍金手下从事博士后研究。他有一段时间帮助霍金起床、吃饭等等。他试图用自己的宗教信仰影响霍金，但总是受到霍金善意的嘲讽。佩奇在回忆时写道：

“我通常在 7 点 15 分或 7 点半左右起床，冲一下澡，接着读《圣经》、祷告，然后在 8 点 15 分，我帮霍金起床。我经常在吃早饭时告诉他在《圣经》里读到的内容，希望对他多少有一些影响。”

但佩奇失败了。有一次他给霍金讲一个《圣经》上的故事。这个故事说耶稣遇到了一个疯子，这个疯子被一群魔鬼附身。这群魔鬼见到耶稣以

佩奇抱着他的小儿子与霍金在霍金的书房里。

后，要求耶稣把他们从人身上转附到一群猪身上，这样，可以挽救这个疯子。耶稣答应了，于是将这群魔鬼转而附身到一群猪身上，最后这群猪疯了，跑到悬崖边跳到海中。这个故事的意思是：宣扬耶稣挽救了这个疯子。但霍金听了这个故事以后，立即提高嗓门对佩奇说：

“啊，保护动物学会的人，肯定不喜欢这个故事！”

还有一次，佩奇向霍金讲另一个故事。耶稣谈到世界情形时，他说末日来临的时候，有两个人正在田里干活，上帝会让一个上天，而另一个留下与世界一起毁灭；还有两个人在床上，耶稣也让这两个人一个人上天，另一个留下。

到了吃早饭的时候，霍金正儿八经地对佩奇说：

“两个人在吃早餐，一个人上天，而另一个人留下。”

佩奇对霍金的“顽冥不化”和善意的嘲讽，只能耸一耸肩膀，无可奈何。

这样一位坚决不信教的人，在加州理工学院访问期间，于 1975 年 4 月，竟然到梵蒂冈接受教皇授给他奖章，而且授奖时还出现了惊人的一幕。

那时教皇是保罗六世。保罗六世是一位思想开放、政治上很活跃的人，而且心肠好。他曾经呼吁：“永远不要有战争了。”“酷刑像流行性的传染病一样。残忍、不人道的酷刑，用以作逼供的手段，我们应该坚决制止这种行为！”

1975 年，保罗六世决定将庇护十二世教皇金质科学奖章授给霍金。也许梵蒂冈觉得宇宙大爆炸的学说，与《圣经》的创世说一样，很有吸引力。在授奖的那一天，当霍金准备上台领奖时，出现了惊人和感人的一幕。霍金坐着轮椅不能走上领奖台，只好让几个人把霍金连人带椅一起抬上去。正当人们准备抬霍金时，保罗六世说出了让在场所有人都大吃一惊的话：

“慢！应该是我下去。”

教皇向来是人间的至尊，信徒如果能够吻到教皇的鞋子、衣摆，就会幸福得如醉如痴，哪见过教皇屈尊下驾走到一个不信教的人身边呢？这真是闻所未闻、见所未见的事情啊！

在大家的惊愕中，教皇走下领奖台，将奖章亲自挂在霍金的脖子上。霍金也没料到教皇会如此礼贤下士，所以十分感动地说：

“我实在不敢当。”

保罗六世说出了感人肺腑的话：

教皇保罗六世走下领奖台，将奖章挂在霍金的脖子上。
（摘自鸨巢直树《漫画霍金》）

“我从台上下来，和你所做出的努力相比，实在微不足道。”

霍金在授奖会上受到的礼遇，是一个有历史意义的事件。教会与天文学、宇宙学一直存在着严重的冲突，这可以回溯到哥白尼、布鲁诺和伽利略时代，他们仅仅因为提出和证明地球绕着太阳转，就触怒了教会，结果布鲁诺在罗马被活活烧死，伽利略被宣判有罪，虽然因为有人说情而没有被处死，但却一直软禁在家，直到孤苦伶仃地死去。后来的事实证明，伽利略是正确的，教会犯下了令人遗憾的错误。霍金非常渴望教会能给伽利略平反，他甚至因为伽利略受到不公正的对待，不想来梵蒂冈领奖。他说：

“由于伽利略的事，我拿不定主意是否接受这个奖章。我抵达罗马领奖的时刻，坚持要看梵蒂冈图书馆保存的审判伽利略的记录。”

霍金向教会表示，伽利略受到了错误的惩罚，应该为这位过世了 333 年的科学家平反。

简虽然是一个虔诚的教徒，但却十分高兴霍金的正义行为，她高兴地对朋友们说：

“伽利略死后 333 年，终于出现了一个拥护者。斯蒂芬需要对与会者发表讲话，并打算利用这个机会提出一个特别的请求——恢复伽利略的名誉。我相信，宗教法庭庭长统治的日子一去不复返了！”

虽说霍金最后决定领取了这个奖，也为教皇保罗六世的高尚行动所感动，

保罗二世跪在霍金面前，这样可以避免俯视霍金而与霍金面对面地交谈。（摘自鸭巢直树《漫画霍金》）

注：保罗二世在那年遭到过暗杀，所以霍金问到教皇受伤的事情。

但霍金听了保罗六世宣布他受奖的原因时，心中一定感到滑稽和可笑。教皇这样说：

“我们年轻的朋友斯蒂芬·霍金博士，在 1970 年证明了大爆炸。这在科学上已经接近证明了上帝的存在。所以，教皇科学院理所当然地愿意把教皇庇护十二世奖章颁发给杰出的霍金。”

保罗六世于 1978 年 8 月去世，约翰·保罗二世即位。

又过了 3 年，1981 年梵蒂冈教皇科学院召开宇宙论会议，霍金被邀请出席这次会议。霍金在会议上首次发表了关于“无边界宇宙”的思想。会议之后，教皇在冈多弗堡接见了与会的学者们。按照西方的传统，教徒在这种隆重的场合应该在教皇面前行跪礼以示敬爱。但是，当霍金驱动轮椅到教皇面前的时候，历史上最令人惊异的一幕出现了：教皇保罗二世离开他的座位，在霍金的轮椅前跪下来，使他便于脸对脸地和霍金交谈。四周的教徒们无不目瞪口呆。要知道，霍金自己所钟爱的“无边界宇宙理论”正是无神论的彻底体现，保罗二世问：

“您现在正研究什么呢？”

“我正在研究宇宙的边界条件是不是能成立。”

“我希望您的研究成果能使人类更加进步和幸福。”

保罗二世顿了一会儿，又说：“我对于研究宇宙学的人有一个希望……”

霍金尽力扬起他那斜靠在肩上的头，等待教皇的话。

“像‘世界形成的一瞬间’这样的研究，最好还是不要研究的好。”

霍金不知如何回答，迟疑了一会儿，他回答说：“我尽力而为吧。”

后来霍金的理论证明，宇宙完全是自足的，由于没有边界，所以没有起点，也没有尽头，因此根本不需要创世主了。不知保罗二世知道这一结论后，还是否能再次在霍金面前跪下交谈了。但霍金却是十分感激教皇的宽厚、仁慈，他曾说：“天主教会已经比伽利略时代对宇宙论宽容多了。”

时代在进步，教会也在改进自己使之适应科学的进步。事实上，在1980年10月，保罗二世在梵蒂冈举行的世界主教会议上，正式提出要重新审理伽利略案件。

1992年11月31日，教皇保罗二世正式为伽利略的冤案平反，不再认为他是“罪犯”，宣称伽利略并没有反对罗马教皇，也不再把他的名著《关于两大世界体系的对话》视为异端邪说。

4. 轮椅的故事

霍金的生命力极其顽强，像他这样由手脚都不能动，发展到后来连话都不能说的残疾人，居然利用他坐的轮椅，玩出了许多花样，表现出他高度的幽默。在世界上，恐怕很难找出第二个这样有生命力的人。

在霍金手脚不便很久以后，他一直不肯用轮椅代替行走，宁愿让简扶着他慢慢地走到办公室。他有一个恐惧的想法，认为一旦使用了轮椅，那就意味着他承认了身体的残疾，他觉得这是在情感上和精神上都不能容忍的。但随着疾病的加重，最终不得不妥协，坐上了轮椅。

有了轮椅代替行走，他才发觉轮椅可以给他带来很大的好处，他可以更容易、更自主地到处走动。后来有了电动轮椅之后，他感到更加自由了，而且减少了因疾病带给他的痛苦感受。

不久，霍金成了技艺出众的轮椅驾驶员。一位新闻记者看到霍金在街上驾着电动轮椅横冲直撞之后，在一篇报道中写道：

“他飞驰地冲到街上。开足马力时，轮椅可以保持很高的速度，霍金喜欢以最高速行驶。他不知道什么叫害怕，简直像箭一样地冲到马路中央，他认

霍金驾驶着电动轮椅在街上横冲直撞。

为任何过往的车辆都会停下来让他。他的助手们非常紧张地冲到他前面，试图减少危险。”

有一次，在比利时布鲁塞尔开会，散会后准备乘飞机回英国。但送他去机场的汽车司机迷了路，当最后到达飞机场时，飞机在停机坪上已准备起飞，稍一迟缓就会赶不上飞机。说时迟那时快，只见霍金驾驶着轮椅，呼呼地全速飞驰，最后终于赶上了飞机，在飞机起飞前几分钟登上了飞机。霍金对此曾洋洋得意地吹嘘自己是了不起的驾驶员。

奇怪的是，当他高速行驶时没有付出过什么代价，却在没有行驶时反而出了几次危险。

有一次，他驾驶着电动轮椅碰见一个熟人，就停下来与熟人说话，这时一辆大卡车开过来，驾驶员没有看到轮椅，也没有看见驾驶轮椅的霍金，结果汽车撞倒了轮椅。这位世界上最出名的科学家一下就被抛到了马路上。在大多数情形下，这将是一场灾难性的事故，但万幸的是，身体孱弱的霍金居然只受了一点轻伤，脸被划破了一点，肩膀有些疼。医生劝他休息几天，但他不听，过了 48 小时又回到了他的办公室，让助手把论文和书籍架在他面前放好，继续工作。这就是霍金的个性。

还有一次，霍金参加一个授奖仪式，在台上霍金安详地坐在轮椅上。这

时，主持授奖的霍奇金爵士，穿着一身黑礼服，戴着金色徽章，满脸散发出亲切、谦逊的笑容，他走到霍金身边，紧紧按住霍金的手，欢迎他的到来。他的客气话还没说完，霍金的轮椅迅即旋转起来，使他们两个人和轮椅一起旋转，而且向主席台边上旋去。大祸即将出现！在危险即将出现的一刹那，霍金的一个助手迅速冲到轮椅旁边，把轮椅的操纵杆拉下，这才避免了一场可怕的灾难。事故的起因，是霍奇金爵士不知道那只手是用来控制轮椅的，由于霍奇金非常热情地一按，轮椅突然开动起来，接着，快速旋转。

有一次，轮椅卡在电梯门中间，几乎动弹不得。这件事与霍金高速行驶有一定关系。

1989年6月，霍金到牛津大学主持很有名气的哈雷讲座。霍金由一位物理学教授陪同，打算乘坐电梯到一楼的一个大讲堂去，那里，牛津大学副校长、牛津市里

霍金那著名的咧着嘴的笑。

的名人和600位学生正等着霍金的到来。

霍金看见电梯门开着，便加足马力向电梯门冲去，他大约想让陪同见识一下他冲过狭窄电梯门的高超技巧。那位陪同教授正考虑电梯门恐怕太窄，轮椅通不过，哪知霍金呼地一声冲到了前面，他惊恐地想阻止霍金，已经来不及了。但陪同却惊奇地发现霍金居然不偏不斜地通过了电梯门。

正当陪同的教授松了一口气的时候，麻烦出现了：霍金的轮椅的一个角还是被撞歪了，卡在狭小的电梯里不能动，这时电梯门又在后面自动合拢，两个轮子就被门卡住了。

陪同的教授可急坏了，楼下600多人正等霍金呢！霍金临危不乱，他急忙给控制轮椅的电脑下指令，想把轮椅转一个方向。但卡得太紧，没能奏效。幸亏陪同教授的手还算长，他把手从电梯门缝中伸进去，够到了开关，将门打开。门一开，霍金就使轮椅急速转身。危机解除了，霍金没有受伤，还咧着嘴向陪同的教授顽皮地笑起来。

除了以上一些有关轮椅的惊险故事以外，还有许多很有趣的故事。

霍金手脚都不能动，后来连说话功能也丧失了，那他理所当然地会把轮椅当做他的一个附属器官来使用，作为表示他的个性和情感的一种手段。他没有办法在发火时向别人挥手或喊叫，即使想靠电脑发出的声音来表明自己的想法，但那声音永远是同一种声调和节律，根本不能表示自己的喜怒哀乐。于是，他就学着使用轮椅来表示。

如果他发觉有人与他谈话时言不及义或十分愚蠢，他就会觉得这是在浪费他的时间，于是他急速旋转他的轮椅，气愤地迅速离开。

有一次，一位叫博斯劳的人忘记了霍金的残疾，向他谈起了一次网球比赛，正谈得上劲儿时，他看见霍金一言不发地驾着轮椅出了房间，在走廊里等着博斯劳把话转到物理学上来。博斯劳后来说："和一个瘫痪了的人谈打网球的事的确考虑不周，但这也说明一个众所周知的事：霍金不是一个好打交道的人。"

这还算客气的呢！如果他被惹恼了，他还会驾着轮椅碾别人的脚趾。据说这是他特别喜欢做的一件事。为了防止脚趾被碾，他的研究生都得练就灵敏反应的能力，迅速转移脚的位置，否则碾上去是很不好受的。他的一个学生说：

“霍金最大的遗憾是还没有碾过撒切尔夫人[①]！”

霍金对于核武器忧心忡忡，1981 年他曾经在美国富兰克林学院接受富兰克林奖时说：

> 哺乳动物的进化用了 40 亿年的时间，人类的进化用了 400 万年的时间，科学技术和文明的发展用了 400 年的时间；而在刚过去的 40 年里……人类真正有可能发现一种完全统一的理论来描述宇宙中所有的事物。然而，所有这一切都可能在 40 分钟内由于一场核灾难而毁灭。而且，无论是偶然的还是有意的，那种灾难发生的可能性都是很大的。

后来，在牛津大学举行的一次宴会上，霍金和简遇见了参加宴会的欧洲联军最高司令罗杰斯将军。霍金想让简向罗杰斯将军表示自己的忧虑，但怎样才能接近这位将军呢？霍金又发挥了他使用轮椅的高招：当罗杰斯将军结束晚餐站起来准备离开餐桌时，斯蒂芬抓住良机，驾驶着轮椅迅速冲到将军身边，拦住他的去路。罗杰斯将军想必大吃一惊，惊愕地盯着坐在轮椅上的霍金，而霍金想必又咧开他的嘴向罗杰斯将军微笑。简连忙走过来，先表示抱歉之后，再把霍金的想法（当然也是简的想法）告诉了将军。将军开始显得有点尴尬，但还是体谅地认真倾听了简的陈述，然后以英国绅士那种彬彬有礼的风度，说他本人也同样非常关心这件事情，并开始与苏联讨论核武器数量的问题。

霍金除了用轮椅表示他的愤怒和不满情绪以外，还非常善于用轮椅表现他的欢乐。

1988 年春季，霍金写的《时间简史》在美国各大书店很受欢迎。于是，在纽约的洛克菲勒学院举行了一次发行聚会。为了促销和向霍金表示敬意，还举行了一次宴会，并且把霍金从英国请来，在宴会上发表简单的演说。霍金那天别提有多高兴了，因为《时间简史》的畅销使他的收入大增，这样他的孩子们上名牌大学的学费就有了保障。那天的宴会上，他不仅精力充沛地会见各界人士，甚至因为高兴多喝了一些酒而显得有一点醉意。在回旅馆的路上，简和霍金的护士一直很紧张，唯恐霍金在兴奋中把轮椅开到河里去。

①撒切尔夫人在 20 世纪 80—90 年代，连任两届英国政府的首相。——本书作者注

到旅馆以后，当他们一行四人穿过大堂时，霍金发觉附近的舞厅正在举行舞会，于是他坚持说上床睡觉的时间还早，就驾驶着轮椅循着音乐的声音直闯舞会，并且随着乐队的节拍，驾着轮椅跳起舞来，一直跳到很晚才回房间睡觉。

还有一次参加皇家学会的聚会，会议主要内容是接纳查尔斯王子为名誉会员。在会议中，新任皇家学会主席恭维查尔斯王子对学会真诚的贡献，还专门提到与王子同名的查尔斯二世创建了皇家学会。这都说得顺理成章，也没有什么问题，但他接着却说："查尔斯二世的儿子詹姆斯二世，继续为皇家学会做出了贡献。"

听到这儿，霍金笑起来了，那时他还能说话，只不过声音不能很大，这时他用他所能够发出的最大声音对简"耳语"道：

"他弄错了！詹姆斯二世是查尔斯二世的兄弟，不是他的儿子！"

正式会议结束后，霍金玩得很开心，还为查尔斯王子表演轮椅转圈，用轮子跃过王子那锃亮的皮鞋尖。后来在剑桥大学的一次晚宴上，他还在坎特伯雷大主教面前表演过这种技巧。

霍金坐着轮椅在沙滩上，可惜他不能与孩子们在水中嬉戏。

在80年代早期，霍金的疾病不是太严重的时候，他在闲暇之时最高兴的事，莫过于运用他驾驶轮椅的技巧，和孩子们一起玩，他可以与孩子们一起玩捉迷藏的游戏，但令他遗憾的是，他不能和孩子们玩其他的游戏，如打板球和棒球。有时一家人到海边沙滩上，他也不能与孩子们在水里嬉戏、奔跑。

有一次，一位《星期日泰晤士报》的记者问霍金：“您是否因为残疾而消沉过？”

霍金回答说：“通常没有，我不去多想我的残疾，仍然设法按我想做的去做，这使我有一种成就感。”

“疾病给您带来的最大遗憾是什么？”记者又问。

“不能和孩子们玩体育游戏。”霍金说。

5.“黑洞的主宰者”和卢卡西教授

在霍金和简离开剑桥去加州理工学院的时候，他们就知道，等他们回到剑桥时，他们就会离开小圣玛丽胡同6号。这个房子太小，已经容不下人员不断增多的家庭，而且上楼梯对霍金来说越来越危险并成为不可能。再加上帮助霍金越来越困难，他们决定让学生住到他们家，学生的任务是帮助简招呼霍金，霍金上下班由学生负责；而学生得到的好处是免去食宿费用，还可以更多地接受霍金在学习上的帮助。所以他们在离开剑桥之前，已经物色好了一处新屋，在他们离开期间，新屋将进行一些改造和装修。

这次解决住房问题容易多了，因为霍金已经是世界知名的科学家，到处都有人请他访问，甚至希望他长期留在美国，并保证为他提供极优越的条件。剑桥大学和凯斯学院唯恐霍金被别的大学抢走，所以当简到学院交涉搬房子的问题时，没有受到任何刁难。简在回忆中写道：

“这一次与冈维尔—凯斯学院打交道时不必惴惴不安了，因为霍金连连获奖，学院正急于讨好他，不可能再粗暴和冷淡地对待我们。而在60年代，我们还年轻，没有名气，不得不为生存而挣扎，那时经常受到粗暴或冷淡的对待。”

1975年夏秋之交他们从美国回来以后，很快就在9月份搬进了新居。

新居在剑桥西路5号，他们住一楼。这样，霍金的轮椅进出方便，而且不必再为上楼发愁。二楼从另一个门进，住的是学生。这儿有足够多和宽敞

剑桥西路5号的新家。

明亮的房间，供全家人和一位学生居住，有厨房、浴室，还有一个很大的客厅，可以供聚会之用。新居的后面还有一个花园，可以让罗伯特练习打网球。而且，地理位置很好，露西上学很方便；距离霍金上班的应用数学和理论物理系也不远，驾驶轮椅大约10分钟就可以到了。

简对这个新房十分满意，他们后来在这儿住了16年。简说："能住在那个房子里是我们的运气好。"

伯纳德·卡尔是最先住进剑桥西路5号的研究生。

所有的房间都那么宽敞明亮，高大的玻璃窗外是英格兰式的草坪，草坪上栽着精选的紫杉、柳树，还有一棵巨大的红杉，一棵加利福尼亚的红木和一棵弯曲的老苹果树。夏天，简在苹果树枝上挂上吊床、秋千和爬绳，她和孩子可以在树下尽情地玩耍、休息，倾听树上鸟窝里羽毛未丰的画眉鸟欢叫。即使在最寒冷的冬天，花园依然那么美丽，令人着迷。简常常一人站在窗边，恋恋不舍，久久不愿离去。

最先住进霍金家的学生是卡尔，后来则是佩奇。学生的责任很重，他们要像保姆一样照料霍金，还要做秘书的工作，帮助安排旅行，拟订讲座日程；有时还得临时照看孩子和做一般家庭的事务工作。

当佩奇从加州理工学院来到霍金的家以后，很难习惯霍金的工作方式。这不奇怪，因为霍金由于疾病给他带来的不利条件，已经养成一般人没有的习惯：在头脑里解决他的复杂的数学问题。但由于两人接触时间很多，相互间交流机会也就很多，所以佩奇觉得收获很大。佩奇说：

“我发现这是一种很好的锻炼。在3年时间里，我是一个博士后，我和霍金住在一起，许多时间和他一起上下班。当然，走在路上的时候，我不可能记下什么，有时他问一些问题，我就得努力在脑子里考虑出结果。当你不得不在头脑里解决问题时，你必须抓住问题的实质，努力省去无关紧要的细节。”

不过，也有令人十分尴尬的时候。这些学生必须把霍金从轮椅抱上床，或从床上抱到轮椅上去，帮他脱衣和穿衣。这也许不算什么，让人难堪的是，有时他们得把一丝不挂的老师抱到浴盆里，甚至还要帮助简给老师洗澡。

研究生卡尔回忆这件尴尬事情的时候曾经说：

“当学生把他的教授抱到浴盆后，那么他就很难对自己的教授有什么敬畏之感了！”

卡尔的感受恐怕也是真心话。好在霍金本人已经习惯由别人帮助自己，对自己的隐私也只好不去关注。否则，又能如何呢？

由于霍金在黑洞研究上取得的惊人成就，这使得他获得了“黑洞的主宰者”、“黑洞之王”等等美誉。非常令人惊讶的是，像黑洞这么难懂的宇宙学专门课题，到了70年代以后，居然成为了普通人的话题。这又得归功于霍金本人了。许多伟大的科学家如爱因斯坦、玻尔……他们都有伟大的发现，但他们往往过分专注于自己的研究，而忽略了向公众通俗地介绍自己的研究。当爱因斯坦研究出相对论时，当时居然有传言说：“世界上只有三个人懂得

（广义）相对论。”结果呢，别说普通人不敢接触相对论，就是物理学家也敬畏三分，这显然妨碍了相对论的普及和发展。因此有一位诺贝尔物理奖获得者说，这种过分离奇的传言，延缓了人们更早地去认识和发展相对论。当然，这些传言并不是爱因斯坦传出去的，但如果他能像霍金这样在公众和媒体面前通俗地宣传相对论，恐怕人们接受相对论至少要早20年。当然，那时的传媒没有现在这样发达，也是相对论难以普及的原因之一。

到了70年代中期，霍金逐渐成了媒体的热点人物，他的名字经常出现在报纸上，他的形象也开始出现在关于黑洞纪实的电视片中。1997年，英国广播公司（BBC）播出了一个纪实节目《宇宙的主人》（Master of the Universe），其中不仅反映了霍金为研究黑洞所付出的努力，而且还报道了他的个人生活和他的残疾。

开始，简十分担心电台会用生硬的科学方法，把霍金拍摄成一个邪恶的人，一个像弗兰肯斯坦那样的人①。但后来简发觉自己是多虑了。看了这部纪实片以后，她觉得这是科学家纪录片中最好的一部，即便是科学的内容，也像抒情诗一般流畅和优美。关于霍金个人的生活分两部分，一部分是他在学院工作的情景，那是在系里拍摄的，是他与学生们研究、讨论，以及解释他最近的新发现；另一部分是在家里拍的，背景是两个孩子在夏天鲜花盛开的花园里玩耍。

那年冬天，这部纪实片开始在世界各地上映。影片中展现出霍金那种坚强不屈，在严重残疾面前不气馁，不向困难妥协的顽强精神。这个自强自立的形象，立即感动了世界各地的观众。

霍金不仅成了“黑洞的主宰者”，他还成了媒体上的明星！不过我们也应该看到，在他的巨大成就中，他的家人为此付出了巨大的代价；简自不必说，她要独自一人哺育孩子，还要精心照料连上床下床、吃饭洗澡都要她帮助的丈夫；这种日复一日、永远不能消解的负担，是任何人都难于忍受的。后来，连他们的大儿子罗伯特，在他9岁的时候也过早地结束了他的童年时代，承担起家庭生活的负担。当简由于过度劳累，或忙于其他事情而离不开的时候，

①弗兰肯斯坦是英国作家玛丽·雪莱写的一部科幻作品中的主人公，是一个邪恶的令人厌恶的怪人。

罗伯特的帮忙就是必要的了。他又取又搬，又抬又举，又喂又洗，有时甚至要推着他爸爸去浴室为他洗澡。

一个取得很大成功的人，往往需要家庭成员付出代价。当简努力地为霍金创造正常人的生活条件时，罗伯特和露西就会陷入不正常的生活环境中。中国古语曰：“虽有尧之智而无众人之助，大功不立。”

1974 年 3 月，霍金成为英国皇家学会会员之后，奖赏和荣誉接踵而来。除了我们上面提到的梵蒂冈授给他庇护十二世奖章以外，他接二连三地又获得皇家天文学会授予他的爱丁顿奖章，皇家学会授给他的休斯奖章等五个奖章或奖金，都是表彰他在黑洞领域里做出的巨大贡献。1978 年，为了表扬他在大统一理论上的贡献，他获得了爱因斯坦奖，这是物理学界最有名的奖项之一，也是霍金到那时为止所得到的最高学术荣誉奖。

有人开始谈论，这位 36 岁的物理学家下一步可能将会获得科学最高荣誉奖——诺贝尔奖。但过去了 25 年（到 2003 年），霍金还是没有得到诺贝尔奖，尽管他已经是“黑洞的主宰者”，是世界最有名的科学家之一。那么，为什么霍金还没有得到诺贝尔奖呢？原来，诺贝尔奖的颁发有一个原则，只有当一个发现被实验证实，这样的发现才能获得诺贝尔奖。当年，爱因斯坦 1905 提出相对论以后，尽管他已经是当时世界最有威望的科学家，却一直到 1921 年才获得诺贝尔物理学奖，而且获奖的原因不是因为发现了相对论，诺贝尔奖评审委员会认为当时相对论还没有得到可靠的证实，爱因斯坦是因另一个被证实了的理论（光电效应理论），获得 1921 年的物理学奖的。而中国的杨振宁和李政道却幸运得多，1956 年他们提出了一个非凡的理论，1957 年初就被另一个中国女物理学家吴健雄用实验证实，因此杨、李二人在 1957 年就获得了诺贝尔物理学奖。

霍金研究的黑洞和宇宙大爆炸，很难用实验证实，所以他至今也没有获得这个奖项；今后能不能获得，也不一定。不过，除了诺贝尔奖以外，他获得了越来越多、越来越重要的奖励。

1975 年，霍金得到了第一个正式职位——高级讲师，这样他就有资格配备一名秘书。新来的秘书是费娜小姐。她以不倦的和高效率的工作，为霍金服务了许多年。而且，她来到了阴沉、单调的应用数学和理论物理系以后，还给系里带来了清新的活力和营造出愉快的氛围。

过了两年，正如许多人所预言的那样，他被提升为引力物理学教授。剑桥大学和凯斯学院已经充分认识到了霍金在学术上的重要地位。

霍金坐在牛顿的画像前。1979年，霍金被任命为牛顿曾经担任过的卢卡西数学教授。

这里还有一段故事。本来，自1977年以后，全国乃至全世界科学界都开始关注霍金和他的成就。这位著名的科学家、皇家学会的会员、黑洞研究的明星已经在电视上频频出现，他的照片也越来越经常地被刊登在报纸的显要位置。但是，剑桥大学当局似乎并没有注意到这些明显的事实，居然还没有给霍金一个剑桥大学教授的职位。

有些稍微温和些的说法认为，并非当局没有认识到霍金的成就，也许他们考虑到霍金是一个有严重残疾的科学家，活不了多久，所以不太愿意给他一个教授职位。

到了1977年3月，剑桥大学终于决定给他一个特别为他设置的“引力物理学教授”的职位，只要他呆在剑桥，这个职位就是他的；同年，凯斯学院特别授予他教授级研究员的职位。

霍金在牛津读大学时的指导老师罗伯特·伯曼推荐他为牛津大学的荣誉研究员，伯曼在给评审委员会的信中说道：

“近期的《名人录》记录了他的一些成就，但《名人录》跟不上他获奖的速度，他得到的荣誉远不止这些。

“我想不出我们的学院还曾培养过哪些比霍金更为优秀的科学家，如果能更多地显示我们与他所取得的成就密切关联，这将给我们带来荣誉（外界总是臆断他完全是剑桥大学培养造就的）。

“也许，请求考虑一个不到 35 岁的人担任荣誉研究员会使人感到吃惊。在此，我提出两点理由。首先，他的杰出才华应该作为例外来考虑，我们不必一定要等到人们普遍以为他是一个闻名于世的人物的时候才这样做。事实上有关黑洞的每一篇文章和每一次讲演都提到了霍金，他的著作——《大规模的时空结构》，是每一位宇宙学家所期待的‘圣经’。

“其次，霍金患有严重的疾病，并且被束缚在轮椅上；逐渐严重的瘫痪症通常会使患者的寿命变得很短，他的身体状况很可怕，但他的心智正常。我不希望我们要等到他得到了诺贝尔奖时才有所行动。”

伯曼原来认为，他必须进一步为他的推荐提出更充分的理由。然而，他没有料到的是：在委员会第一次会议上，他的推荐便在没有一个人反对的情况下通过了。

正像霍金的传记作者怀特和格里宾惊叹的那样：“一个 16 年前在牛津大学只知道在公共场所乱涂乱写，并且喝酒时间比学习时间更多的懒汉，已经取得了巨大的成就！”

又过了两年，到了 1999 年的秋天，霍金被任命为剑桥大学最令人羡慕的“卢卡西数学教授”。

为什么说这是一个最令人羡慕的教授职位呢？这儿得稍微讲一下它的历史。卢卡西数学教授的职位，是 1633 年由亨利·卢卡西捐赠 100 英镑而设立的；后来，在 1669 年，伟大的牛顿曾担任过这个教授职位。从此以后，这个教授职位成了剑桥大学声望最高的教授职位之一。

在剑桥大学，所有教授在接受任命时，都要在一本大册子上签上自己的名字。霍金在担任了卢卡西教授一年以后，大学的官员才发现霍金还没有在签名册上签名，于是他们把签名册送到霍金的办公室请他签名。霍金颤颤巍巍地写上了自己的名字，显得很激动。他当时大约没有想到，这是他最后的一次签名。隔了许多年以后，霍金在回忆中说：

“这是我最后一次签名。”

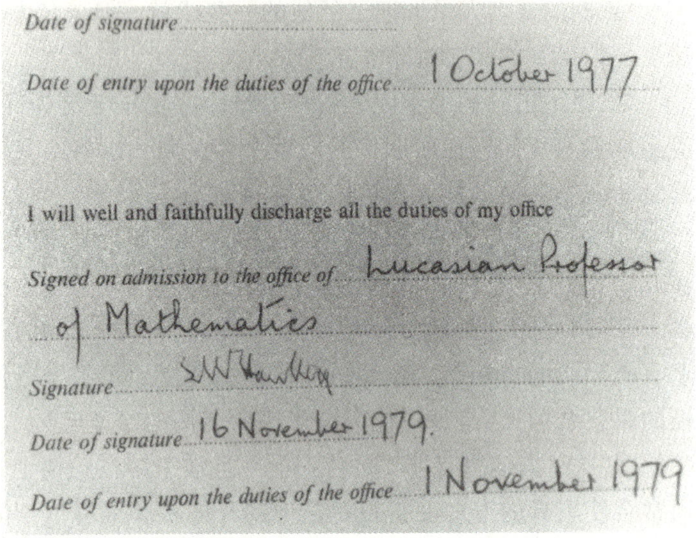

Date of signature

Date of entry upon the duties of the office 1 October 1977

I will well and faithfully discharge all the duties of my office

Signed on admission to the office of Lucasian Professor of Mathematics

Signature S W Hawking

Date of signature 16 November 1979.

Date of entry upon the duties of the office 1 November 1979

霍金说：“这是我最后一次签名。”倒数第三行签名(Signature)栏是霍金签的名，从字体上可以看出他签名时有多么困难。

在祝贺霍金就任卢卡西教授职位时，霍金发表了就职演说，题目是《理论物理已经接近尾声了吗》。这个预言式的演说到2003年已经过去了23年，现在回过头来审视一下霍金的这个讲话，倒是挺有意思的。

在霍金之前，科学家多次预言物理学已经全部完结，再没有什么事可以做了。例如19世纪末和20世纪初，当德国物理学者普朗克决定在大学读物理系时，他的一位老师十分惊诧。这位老师说：许多的物理学家认为，物理学的大厦已经建成，再去研究物理学已经没有价值，浪费了自己的才干。普朗克没有听从老师的建议，结果他对现代物理学的发展做出了极大的贡献，创建了量子论；而这个量子论从建立到今天已经一个多世纪，还有许多问题没有弄明白。这一个预言被证明错了。

到了20世纪20年代末，为量子论做出重要贡献，并获得诺贝尔物理学奖的德国物理学家玻恩，大约忘记了20多年前物理学家预言失败的教训，又一次预言物理学已经完结，他说：

“尽我所知，物理学将在6个月内完结。”

玻恩的胆子真够大的了，他竟然预言半年内就可以最终完结物理学的发展。可惜他的预言很快就被证明又错了。

又过了50多年，霍金成了世界上最著名的物理学家之一，他对他和朋友们在研究黑洞理论上取得的成就大喜过望，于是对物理学的终结有了过于乐观的态度。但是，霍金多少接受了前人的教训，所以在演说中说：“在做这类预言时必须十分谨慎。”但他仍然大胆地预言说：

“尽管如此，我们近年来取得了大量的进步，而且正如我描述的，根据谨慎乐观的估计，我相信某些读了这篇文章的读者，在他们的有生之年能看到一套完整的理论。”

霍金倒是不像玻恩那样，说什么半年之内就可以完结之类的蠢话，他把话说得很圆滑，没有说多少年可以完结，而是说读了他的文章的读者在他们的“有生之年”……如果读者是20岁的大学生，而这个大学生如果能活到80岁，那就是60年之后，即2040年，物理学大厦最终建成。这个预言的时间太长，人们还无法判断是否可能；可是到文章结尾时，他仍然没有抑制住自己的欢悦心情，又冒失地宣称：

“到20世纪末，也就是20年之后，由于速度更快、精度更高的计算机的出现，物理学领域里的许多重要问题都会得到解决，到那时，物理学家就没有事可干了。”

他还幽默地说，那时他会过得很好，因为到2009年他就退休了。听众都笑了起来，很欣赏他的幽默。在他不远处的简，也听见了这句话，但她并没有笑。后来她说：

“听众都喜欢这个玩笑，可是我不明白有什么好笑的。”

23年过去了，今天我们回头再看霍金的预言，发现他和那些喜欢预言的先辈一样，又一次失败了！

到1997年，他已经是媒体上的明星，经常在电视上出现；这年年底，已经快到预言兑现的日子，他这才发现实现23年前的预言遥遥无期，于是他在电视节目上承认，1980年的预言“是错误的，过于乐观了”；但他仍然不甘沉默，于是再次预言：20年后，一定可以把“主要的”问题全部解决。

看这本书的读者，再过20年，也就是2017年，到那时也许还会记得霍金的这一个预言。是耶？非耶？到时再评说吧！

通过这个故事，我们可以明白一个古今不变的真理：再聪明的天才，再伟大的人物，都会犯错误的。有时还是可笑的错误。英国学者保罗·戴维斯写过一本科普著作《关于时间——爱因斯坦未完成的革命》，这本书的第十章五节的标题是：“霍金最大的错误”，其中谈到霍金研究“时光倒流”，作者写道：

“然而……他并不是从星光的变化入手，而是从量子宇宙学的角度来研究时间逆转。在霍金式的宇宙模型中，宇宙起源于一次‘大爆炸’（Bigbang）奇点，膨胀到最大体积，然后再次对称地收缩，直到在最后的‘大挤压’（Bigcruch）奇点中湮没自己。当霍金……把量子力学应用于该宇宙模型时，初看起来，好像量子力学定律会自动强迫宇宙进行时间对称性的演化，不仅在它的总体运动上，而且在微观的细节上都如此。然而，霍金后来承认这个理论曾是他犯的‘最大错误’，1991年9月，在西班牙举行的一次有关时间之箭问题的研讨会上，霍金勇敢地向与会者解释他过去是怎样误入歧途的。

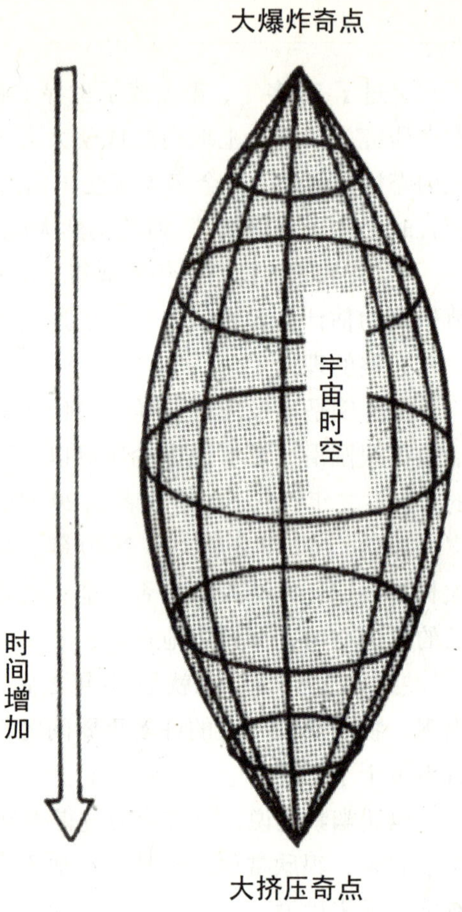

从大爆炸奇点到大挤压奇点示意模型图（时间完全对称的，即时间可以向增加的方向流，也可以向反方向倒流）。

“尽管霍金公开承认了这个错误，魔鬼还是从瓶子里跑出来了。詹姆斯·哈特尔和加州理工学院诺贝尔奖获得者默里·盖尔曼认识到：假如对量子力学的规则稍作修改，霍金的错误就能够被改正，并且时间完全对称的宇宙的确能够存在。盖尔曼和哈特尔并不认为宇宙必须如此，只是指出它或许是这样的。”

英国哲人塞缪尔·斯迈尔说得好：“从未犯过错误的人决不会有所发现。”

我们要想对人类做出贡献，就不要迷信前人，而要以自己的智慧和原创性，找出前人的错误或不足之处，提出自己的见解和理论。

科学永远不会终结，它会向人们提出永恒的挑战。

勇敢地迎接挑战吧！

六、霍金爵士与他的《时间简史》

中国的伟大诗人杜甫曾经在诗中唱道：

“安得广厦千万间，大庇天下寒士俱欢颜，风雨不动安如山！”

德国伟大的诗人歌德则说：

“最幸福的人就是能感到他人的功绩，视他人乐如自己之乐的人。”

杜甫和歌德的这些话，感动过很多人，也使许多人获得了幸福。

到 1961 年 1 月 20 日，美国总统肯尼迪在就职演说中，也曾经说过一句感动过无数美国人的话：

“我的同胞们，请不要问你们的国家能为你们做些什么，而应该问一下你们能为你们的国家做些什么。”

霍金深刻懂得上面的道理，所以他不仅仅是一位伟大的科学家，而且是一位非凡的社会活动家，并且为回报社会给他的荣誉，尽了自己的一份力量。

1. 为残疾人的权利而奋斗

霍金虽然极不愿意被别人称为“残疾人科学家”①，但是由于他亲身体会到残疾人的痛苦和处处受到的限制，及受到的忽视乃至蔑视，使他怀着强烈的愿望向社会呼吁：关注残疾人的权益。开始，由于他人微言轻，以及想转变社会上顽固的陈旧观念决非一朝一夕的事，所以他的呼吁和建议，没有受到重视。但霍金可不是一个容易妥协的人，他的顽强不仅仅表现在他的科学研究中，也表现在他向不关心残疾人权利的社会陋习和官僚主义政府的斗争中。

谈到霍金因残疾而带来的不便和痛苦，我们可以举几个例子，读者就会

①丛书《成就辉煌的残疾人》，其中有一本是写霍金的：《斯蒂芬·霍金：物理学的革命者》(Stephen Hawking: Revolutionary Physicist)，世界知识出版社，1998 年。

霍金本人更愿意人们把他看成是健全的科学家，“只是碰巧有了残疾”。

《成就辉煌的残疾人丛书》中的一本《斯蒂芬·霍金：物理学的革命者》。

有切实的了解。

最让霍金难忘的恐怕就是1967年7月在伦敦机场的那件极其尴尬的事情，前面我们已经详细描述过：当简到柜台上领取免费午餐时，简把罗伯特放到霍金的膝上；等她回来时，她看见罗伯特甜蜜地笑着，舒适地靠在爸爸身上，可是霍金满脸痛苦又无可奈何。原来罗伯特酣畅痛快地在霍金身上尿了一大泡尿，尿在霍金出门时才换上的新裤子上顺流而下，流到霍金的皮鞋里，而他因为无法动弹，只能痛苦地坐在那儿让儿子痛快地发泄！尽管后来这条弄脏了的裤子被洗得干干净净，还熨得平平整整，没有一丝令人不愉快的痕迹，但是霍金死活拒绝再穿它；想必是因为他看到了这条裤子，就会想到那天的委屈、无奈和愤慨。恐怕就在类似的事件中，引起了他强烈的欲望：为提高残疾人的权利而不懈奋斗。

下面的一个小故事看似极为平常，但也反映了因为残疾人权利受到忽视，而给残疾人带来种种的不便。不仅霍金对这种种不便感到无助和愤怒，连简也深受其苦。当后来霍金不得不坐轮椅上班时，简就把小露西放在网兜里挂在胸前，推着轮椅上的霍金，罗伯特则在一旁小跑。路两边坑坑坎坎，到处都有的台阶，给简造成极大的困难，而且一不小心就会陷入困境。每次碰到路坎或台阶（更不用说一长溜台阶了），简要越过那些障碍都显得力量不足；而这些他们眼中的畏途，对正常人来说，根本构不成障碍。每当简束手无策的时候，她就只好停下轮椅，等待附近有人经过，以便谦卑地恳求过路人给予帮助。谢天谢地，英国人看似冷漠，但是帮助残疾人却非常热诚；尤其是

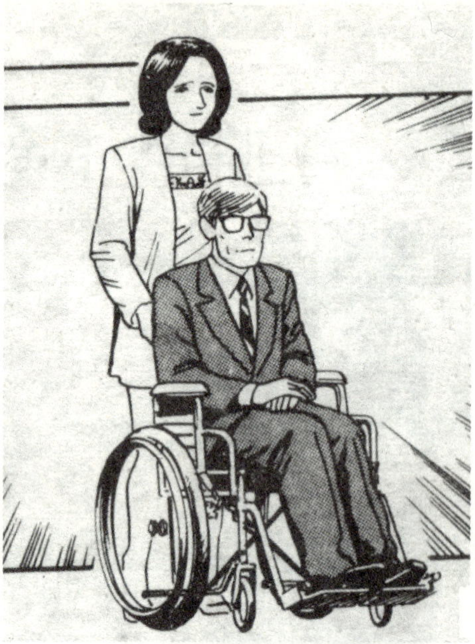

每一次出门，对于简来说都是勇气和耐心的一次考验。

（选自鸦巢直树著的《漫画霍金》）

简还带着两个可爱的小孩，更会引起路人的同情，伸出援助之手。这时，简还得把露西抱出网兜，请碰巧路过的任何一位女士抱一下，然后与帮助的人小心翼翼地把轮椅抬起来，越过障碍，然后千恩万谢地感谢路人的帮助。当帮助的人把霍金连同轮椅抬到合适的地方以后，他们总会惊讶地问简：“他身体这么单薄却有一吨重，你给他吃了什么东西——是花岗岩吗？”简只能耸耸肩说：“他的大脑装的东西太多。”

每一次出门，简都伤透了脑筋，但坐在轮椅上的霍金就心里好受吗？恐怕他内心的悲伤，更胜过简呢！

除了台阶和路边石以外，每天的生活中还有其他许多障碍。有一次，简推着霍金出去，让女儿露西坐在斯蒂芬的膝上，准备越过门口那块湿地。轮椅上的大厚垫子在地上的车辙里绊了一下，把他们三人都掀倒在泥地里。还有一次，露西稍大一点了，他们一起外出时，小心翼翼地避开车辙，却遇上了另一个障碍：一辆运冰淇淋的大货车正停在国王学院后门外。当时为了减少随身带的东西，出门时简只带了房门钥匙，连手提包也没带，也没想到带点钱出来。当他们走近国王学院的大铁门时，露西看到了那个货车，吵着要吃冰淇淋。简轻声细语地告诉她“不能吃”，她就从霍金的腿上滑下来，生气地坐在路上“示威”。简没有办法，就一手抱着露西，一手推着霍金。简和儿子罗伯特尽力哄她，可是没有用！国王学院的一群学生路过，停住脚步，围着露西，为这个小孩子居然发如此大的火而感到惊奇。其中有一个人是霍金那个系里的，认识他，这才给他们解了围。简推着霍金，他抱着露西。露西还在大声表达她的愤怒：“回家，不要冰淇淋了！”

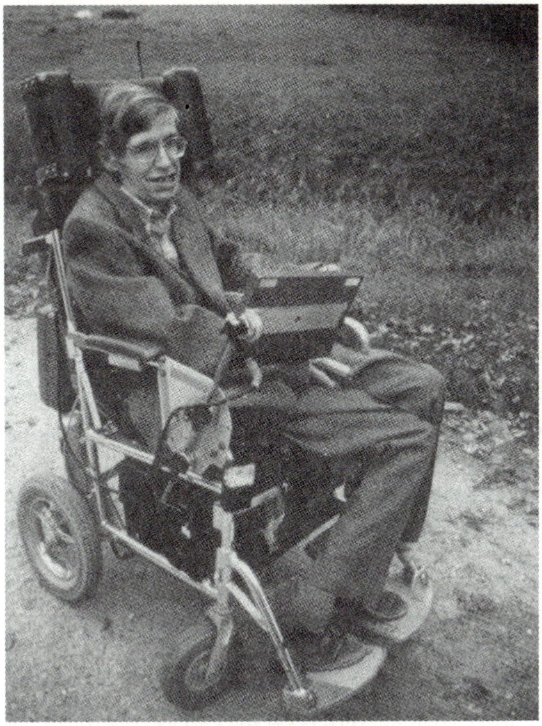

霍金使用残疾人电动车，行动方便多了。

有一次，斯旺医生建议霍金不妨申请一辆残疾人车。这在以前他们连想都没想过，所以斯旺医生的建议给他们展示了一幅令人兴奋的前景。如果霍金能操纵电动车的驾驶盘，他就有了新的机械化的活动自由，从而补偿自身无法活动的缺陷。他们期盼地递交了申请表，完成了所有必需的官方手续。这次倒是一切顺利，但是还有一件事：必须把车停放在安有电插座的车棚里，以便每天晚上充电。他们没有那种装备。他们遇到的问题引起了大学中心主任休·科比特的注意。他立即给斯蒂芬提供了一个有电插座的停车处。

虽然残疾人车辆因其不稳定性遭到过严厉指责，但是霍金非常高兴，他可以自己开车去办公室。傍晚，他自己开车回家，而且每一次总是高兴地在房子外面停车后，就大声鸣喇叭。这时罗伯特就会兴奋地冲出门，爬上车坐在爸爸身旁；有时霍金上班时，他还会跟着父亲把车开进大学中心，进行一次几百码的旅游。当然，百利而无一弊的事是没有的，残疾人车辆经常出毛病，而且在停车场里，常常被其他车辆围得严严实实，没有办法开出来。车子还翻过一次，把霍金惊吓一场，所幸他没有受伤。

霍金对自己承受的种种不便，使他深深感到剑桥大学以及整个社会普遍忽视了残疾人的权利。他开始为争取残疾人的权利，与剑桥大学当局进行一场旷日持久的斗争。

最开始的交锋是因为应用数学和理论物理系大门口的台阶问题，霍金建议增加坡道，以方便轮椅的进出。但是，大学当局为建上下坡道的费用归谁支付的问题，一直拖着不办。他们一会儿说缺乏经费，一会儿又说不能改造古建筑。但霍金坚持残疾人有权利让社会改善残疾人的处境，社会也应该重视残疾人应有的权利。

最后，霍金终于获得了胜利，大楼门口增设了供轮椅上下的坡道。霍金又说服当局，降低街上的路坎高度，这使得他从家里出门后到办公室的路途，变得更宜于轮椅和其他残疾人行走。

每当他和不同部门的当事人倡导残疾人的权利时，他就亮出无法反驳的理由：残疾人为什么不能像他的同胞那样去看电影？去服装店为自己选一件合适的衣服？难道他们在忍受残酷的命运造成的限制之外，还必须忍受社会强加在他们生活中的种种束缚？目光短浅的官僚们为什么还要使残疾人的生活更加艰难？

这些问题既尖锐又合情合理。随着霍金名望的不断提高，政府各级官员开始重视霍金的意见，而且付诸实施，在建筑物前设置了坡道，甚至连英国国家歌剧院都修建了可以让轮椅进出的通道。特别值得一提的，是为一处礼堂所进行的一场辩论。霍金认为，这处礼堂被用作投票站使得残疾人根本不可能进去投票，这是剥夺残疾人选举权的违法行为，应该修建坡道方便残疾人出入。但市政府却声明说，这个礼堂不是真正的公共建筑，所以不受1970年《残疾人法案》的制约。但是媒体却一致拥护霍金的意见，结果市政府不得不放弃自己的声明。

霍金个性倔强，具有反叛的性格，所以他最喜欢做的事就是精彩的辩论，无论是关于宇宙学的，还是关于残疾人权利的。

1979年年底，由于霍金为倡导和争取残疾人的权利而取得的成就，他被皇家残疾和康复联合会授予“本年度最杰出的人物”。

后来，在美国召开的一次科学家大会上，霍金还专门提请各国科学家关注残疾人的合法权益。他说：

帮助残疾儿童与同年龄其他儿童交往是非常重要的，这决定着他们的自我意识。如果一个人在早年就被隔离，他怎么能意识到他是人类的一员？这是种族隔离的又一种形式。轮椅和计算机这一类辅助物在弥补身体缺陷方面具有重

1979年年底，霍金获皇家残疾和康复联合会授予的年度最杰出人物奖。霍金是残疾人权利的积极倡导者。

要作用，但正确的态度更为重要。当然，光指责公众对残疾人的态度是不够的，要改变人们对残疾人的认识还取决于残疾人自己，残疾人应该像黑人和妇女一样，改变公众的观念。

在英国的布里斯托尔大学，霍金帮助残疾学生建造了一幢学生宿舍，当宿舍完工以后，人们把这幢楼称为“霍金楼”。

在争取残疾人权利取得成绩以后，霍金又将自己的关注点转到更广泛的社会问题上。例如：

噪音问题。现在人们已经比较关注这个问题了，但是在人们还没有注意这个问题的时候，他和简就为消除这个社会“公害”奋斗了。

70年代初，彼得学院把小圣玛丽胡同口变成了进入商业区的入口，接连不断的汽车从那里驶过，给霍金的出门带来很大的危险性。这种事情没有办法抗议。如果说这是白天的主要问题，那么晚上他们则不断受到彼得学院所谓“音乐厅”里流行音乐噪音的骚扰。彼得学院的官员们精明地把“音乐厅”设在对着教堂庭院的一个房间里，经常举行流行音乐会，并尽可能使之远离学院的主要机构。他们也许认为，骚扰那些躺在墓地里的死人没有关系。可悲的是，他们没有想到住在附近的活人，那些活人难以忍受夜间发出的尖啸声、轰隆声、爆裂声。在举行音乐会前的下午，那里发出检验音响的声音，夹杂着吉他声和铙钹的碰撞声，人们由此就可以断定那里将要举行音乐会。

于是霍金夫妇又进行了一场斗争，而且他们认为非常迫切，大有必要。

不过，这一次不是涉及残疾人的问题，而是为了保护小圣玛丽胡同的平静及其居民的健康。彼得学院的主管部门不断收到群众来信，“音乐厅”看门人夜间常接到愤怒的电话，所有这一切只得到同样的回答：

“我们必须让我们的年轻人快乐。”

但是学院的负责人没有想到：那儿住的居民一点也不快乐，尽管霍金夫妇也是年轻人，他们的孩子更年轻。但是这些事实丝毫不起作用，官员们视而不见；即使胡同里的许多居民已经是耄耋之年，这个事实也不起作用。一天夜里大约两点钟，孩子们在脚边哭泣，霍金不再抱有希望，于是拨通了彼得学院院长家的电话，他家住在特兰平顿大街的另一边。喧闹声终于停止了。此后双方达成一项协议：缩短高音量的时间，降低午夜后的音量，这样胡同里居民的睡眠可以不受骚扰，而“年轻人”可以继续以某种低音的方式玩乐。

霍金还领导了一场运动，要求取消女学生不能进凯斯学院上学的禁令，这场运动持续了近十年的时间。

他对减少和销毁热核武器，也明确表示了自己的态度，他曾经公开说：

地球上的每个人平均拥有相当于4吨烈性炸药的核武器，半磅炸药就可能致人于死地，所以……我们必须懂得我们和苏联并没有冲突，双方都强烈关注对方的稳定，我们应该认识到这个事实，并携手合作，而不是武装自己互相对抗。

2. 教皇的期待……

我们前面已经讲过，1975年，霍金曾获得教皇保罗六世授予他的一枚奖章。随着霍金的名声越来越大。教皇似乎对这位宇宙学家更加关注了。保罗六世于1978年8月去世后，新教皇是约翰·保罗二世，从1978年被选为教皇至2005年4月3日去世，在位27年。在这27年当中，他受到人们的赞许。许多主教说，约翰·保罗二世不仅是一位很有造诣的学者，而且心肠好、厚道和精力过人。他在1978年10月17日的就职演说中表示，教会应该革新以适应时代的需要。他说到做到。1979年11月10日，在纪念爱因斯坦百年诞辰的大会上，新教皇为337年前被教廷审判的伽利略平了反，他说：

“伽利略表述了属于认识论性质的一些准则，这些准则，对于调和《圣经》与科学之间的矛盾是不可缺少的。”

这就是说，337 年前宣判伽利略的科学理论反对教会是不对的；新教皇大胆而公正地说：这个判决错了，应该恢复伽利略的名誉！

教皇保罗二世。

新教皇还叹息地说，爱因斯坦生前得到极大的荣誉，而伽利略却备受折磨。

1981 年，在约翰·保罗二世的主持下，梵蒂冈教皇科学院召开了宇宙学术会议。教会居然召开科学研究最前沿的会议，的确让人们感到惊讶，甚至不可理解。这充分说明约翰·保罗的开放政策。事实上，那时教皇科学院成了杰出科学家云集的中心，科学家们就科学问题向教皇提出建议。在这次会议上，霍金准备继续为伽利略的彻底平反讲话，还准备讲述他本人在宇宙学方面的研究成果：宇宙无始无终，因此根本不需要什么造物主。

霍金是研究宇宙学的权威，虽然他的研究结果使教皇有点担心和不以为然，但教皇仍然热情地邀请了霍金。

到了罗马以后，他们先是兴致勃勃地参观了罗马大剧场、古罗马广场、圆形竞技场和加加里斯都地下墓穴。那些天，罗马天气反复无常，常常是上午阳光明媚，下午就阴暗、闷热，乌云翻滚，有时电闪雷鸣，暴雨如注。简这次到罗马来，还带上了小儿子蒂莫西，蒂莫西是 1979 年 3 月底出生的。那天下午，简带着已经可以到处跑动的蒂莫西，想在 4 点前赶回旅馆，因为乌云已经开始翻腾，这预示着大雨随时会倾盆而下。但是罗马总是发生交通堵塞，加之闪电雷声频频出现，人们焦急地在公共汽车站拥挤着。简十分焦急，

罗马的圆形竞技场。

因为她觉得即使汽车来了，她和小儿子也没法挤上汽车，而霍金还在旅馆里等着，她答应按时回到旅馆，然后推着轮椅出去吃晚饭。

汽车来了，简几乎对她和两岁的儿子挤上车不抱任何期望。但奇迹出现了！蒂莫西喜欢公共汽车，他随着人群居然艰难地爬上了汽车！意大利人热情豪爽，他们看见小蒂莫西挤上了车，都欢呼起来：

“多么勇敢的孩子！”

“真可爱！真可爱！”

蒂莫西刚刚学会把单词按语法组合成一个比较完整的句子，因此非常乐意显示他的这一才能。他问一位奶奶：

“您有房子吗？”

不等别人回答，他立即解释说：

“我们有房子，我们有汽车，我们有车库，我们有花园。”

娘俩终于在 4 点钟以前赶回了旅馆。霍金坐在轮椅上由简推着，上饭厅享受意大利的美味佳肴。

霍金在这次学术会议上，首次正式公布了“无边界宇宙”的研究成果。所谓“无边界宇宙”是说：宇宙在空间没有边界，在时间上没有起点也没有终点。

在会议快结束的时候，教皇在冈多弗堡接见了参加会议的科学家们。按

梵蒂冈的后花园。右边中间偏下的独立建筑,是教皇的避暑别墅。

教皇约翰·保罗二世与霍金会面。

照教会的传统，教徒们在这种场合应该在教皇面前行跪礼，以示对教皇的尊重和敬爱。但是，当霍金的轮椅驶到教皇面前的时候，最令人惊愕的场面突然出现了……

教皇约翰·保罗二世离开他的宝座，走到霍金的轮椅面前，然后跪下来，这样他可以平视地与霍金交谈。四周的人都对这一场面目瞪口呆，有些教徒还认为教皇未免做的太过分了。要知道，霍金提出的宇宙理论彻底否定了上帝的存在，是彻底的无神论学说呀！但教皇并不在意周围人的感受，他轻声问道：

“您现在正在研究什么呢？”

“我正在研究宇宙的边界是否存在。”

教皇点了点头，说：“我希望您的研究，能够使人类更加

进步和幸福。”

他停顿了一会儿，又说：“我对于研究宇宙学的人有一个希望……像‘世界形成的一瞬间’这样的研究，最好还是不要研究的好。”

霍金不知如何回答，迟疑了一会儿回答说：“我尽力而为吧。”

教皇曾警告物理学家，不要对宇宙的起始问题挖得太深。他告诉科学家们，尽管科学家可以研究宇宙的进化，但是不能够也不应该问：宇宙在大爆炸创造世界的时刻，究竟发生了什么，更不应该问大爆炸之前发生了什么。教皇说：

“任何关于世界起源的科学假说，例如关于形成整个物质世界的原始原子的假说，并未解决有关宇宙起源的问题。科学单靠自身无法解决这一问题；这需要超越物理学和天体物理学的知识，这种知识称为形而上学；这尤其需要来自上帝启示的知识。”

霍金坐在轮椅上听着教皇的训诫和警告，面部表情很平静，但他内心却大不以为然。科学探索本身是不应当受到指责的，而且利用一种教义来想方设法限制思想自由，否认科学家提出宇宙“为什么存在”这个问题的权力，实在荒谬。教会在历史上曾经为科学设立过种种禁区，给科学发展带来了许多祸害，甚至让许多科学家饱受折磨，死于非命。这种教训如果不深刻反思，还要继续设立禁区，说什么那是上帝设立的禁区，显然是不正确的。

但霍金对约翰·保罗二世的忠厚和宽容，仍心存感激，所以他没有对教皇的告诫做什么表示，他只是感慨地说：

“天主教会已经比伽利略时代宽容多了。”

霍金不会忘记在这次会议上，教皇保罗二世还说了以下一段话：

> 对于那些正在准备庆祝伽利略的伟大著作《关于两大世界体系的对话》出版350周年的人，我要说的是，教会在经历了伽利略事件之后，已经拥有一种更为成熟的态度，并且对专属于它的权威也有了更为准确的领会和把握。我想重复一遍1979年11月10日我在教皇科学院当着诸位的面说过的话：“我希望神学家、学者和历史学家能够在真诚合作精神的推动下，更为深刻地认识伽利略事件，坦率地承认错误，无论它来自哪一方。藉此我希望能够消除许多人心中仍在构成障碍的误解，达到科学与信仰的繁荣和谐。”

当然，教会里的某些人有不同的看法。他们看见，那天下午教皇与霍金的交谈时间比与任何其他客人谈话时间都长。交谈了很久，教皇才站起身来，掸了掸自己的长袍，微笑着与霍金告别。霍金的轮椅就呼呼地驶向了平台的另一边。许多天主教徒感到受到了冒犯，他们认为教皇的姿态是对霍金过分地尊敬了。许多到场的非科学人士不了解霍金的最新观点，但霍金作为一个不信宗教的科学家，已是人所共知。那些人士完全不能理解：教皇为什么要跪在霍金面前；对他们来说，霍金的观点与正统的天主教义是相对立的。为什么教皇对他的忠实的信徒们不多感点兴趣呢？

霍金回到剑桥以后，仍然继续研究“禁区”中的问题，完全没有把教皇的训诫和警告放在心中。他的研究进一步证明，宇宙完全是自足的，它既没有边界，也没有起点和终点，因此宇宙根本不需要什么上帝。

上帝只对人的心灵有某种信仰上的作用，它对科学没有任何约束力，也不应该有任何约束力。即使对那些忠实信徒来说，博爱的上帝如果存在，也应该赋予他的创造物完全自由的意志，怎么会限制人类智力的发展和探索科学的自由？

1986年，霍金被选为教廷科学院院士，教皇约翰·保罗二世又一次接见了霍金、简和小儿子蒂莫西。这次罗马之行，比1981年要隆重得多，因为院士也许应该更加受到重视。这次访问的高潮是觐见教皇，所有参加会议的人都参加了。当霍金一家来到教皇面前时，教皇把手放在蒂莫西的头上，另一只手按在霍金和简的手上，平静地和他们

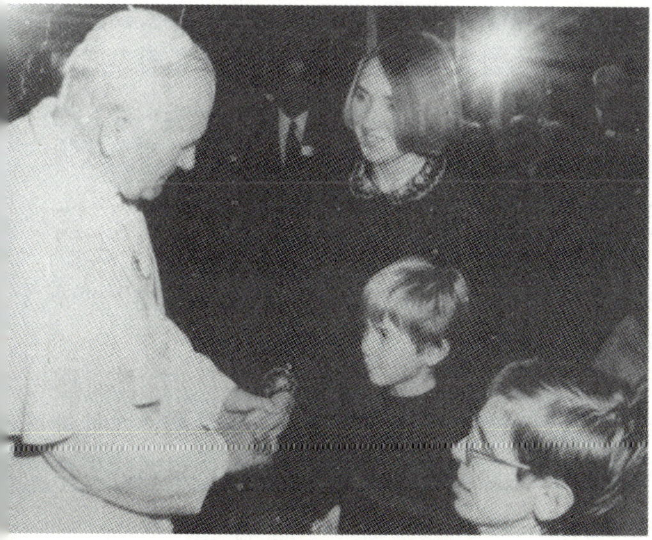

1986年，教皇约翰·保罗二世接见霍金一家三口人。

交谈。这时的霍金已经不能讲话了。1985 年一场肺炎后，霍金做了切开气管的手术，使他的嗓子不能再发出声音，他只能靠电脑声音合成器和别人交谈。

教皇对这位不屈服的科学家，表示了由衷的问候和祝福。

3. 霍金被封为爵士

霍金的名字在媒体上出现得越来越多，英国 BBC 电台专门在《视野》（Horizon）节目中，播出了对霍金的访问，报道了他科学上的成就。于是，英国公众第一次有机会看到霍金教授的生活和工作情况：他驾着轮椅在剑桥各处高速行进，以一种别具一格的方式与他的学生和同事交谈，在西大街的家中与简和孩子们在一起，参加官方的聚会……公众给迷住了。杂志上一篇接一篇地发表文章报道他，伦敦的《泰晤士报》和《电讯报》连续刊登关于他的文章，《纽约时报》、《新闻周刊》和《名利场》对他进行了深入的采访，在 80 年代的短短的几年中，在新闻媒介和一般大众的眼中，“黑洞”与“斯蒂芬·霍金”成了同义语，霍金成了英国家喻户晓的明星人物，连最显赫的英国王室成员都知道了霍金的大名。

1980 年，剑桥大学举行建校 500 周年纪念大会，尊贵的英国女王出席了这个大会，并且接见了一些著名的科学家。霍金虽然没有被英王接见，但是她显然已经知道霍金，因为当她从霍金身边经过的时候，她对旁边的人低声说：“喂，这不是那位提出黑洞学说的人吗？”

这年夏天，剑桥大学校长菲利浦王子到剑桥大学来视察，他告知学院领导，说他要到霍金家进行私人访问，以便和霍金不受干扰地长谈一次。

简知道以后，立即做了一盘水果蛋糕，插上 6 支蜡烛。王子来了以后，简点燃了蜡烛。蒂莫西幸运地和王子一起吹灭蜡烛，这使得蒂莫西洋洋得意了好多时；而罗伯特因要充当摄影师，不得不放弃这份荣誉。

遗憾的是，菲利浦王子还要参加另一个约会，没有时间与霍金长谈，吹灭了蜡烛后就走了。不过，让简感到兴奋的是王子带走了那盘蛋糕，而且过了几天还收到王子托他的私人秘书内维尔爵士写的一封感谢信，说她的蛋糕好吃极了，他们在办公室里美餐了一顿。

1981 年 4 月 12 日，美国“哥伦比亚号”航天飞机在佛罗里达的肯尼迪航

美国“哥伦比亚号”航天飞机待发升空。

天中心成功点火，开始了它的第一次飞行，并于 4 月 14 日在加利福利亚爱德华空军基地安全着陆；7 月 29 日，英国查尔斯王子和戴安娜踏上了红地毯，这次婚礼被称为“世纪婚礼”，全世界大约 7.5 亿人通过电视看到了壮丽的婚礼场面，英国政府还宣布这一天为公共假日。

对霍金一家来说，1981 年也是值得高兴的一年，这年 12 月底，英国女王宣布的 1982 年新年授勋名册上，霍金的名字被列入其中。由于黑洞研究方面的先驱性工作，霍金被女王伊丽莎白二世封为英帝国二等勋位爵士。授勋仪式定于 1982 年 2 月 23 日在白金汉宫举行。

由于担心霍金的轮椅控制不当而出问题，霍金和简决定，由她和罗伯特（已经 15 岁）陪同霍金前往白金汉宫授勋，露西也去，但小儿子蒂莫西年龄太小，不能参加。

授勋仪式上，所有的人都要穿新衣服，于是罗伯特穿上了他的第一套西服。露西 12 岁，正是顽皮好动的年龄，虽然她不愿意脱掉她的牛仔裤和 T 恤衫，但对于这样一个隆重的仪式也不忍割舍，因此她明确表示，一定穿上礼服和外衣。

为了在第二天上午 10 点以前及时到达白金汉宫，霍金一家在前一天晚上就开车到了伦敦，住在皇家学会顶层为会员准备的公寓里。也许是太兴奋了，那天晚上简在清理次日穿戴的衣物时，却到处找不到露西的新皮鞋。露西说，

白金汉宫。

就穿旧校鞋也行，还舒服一些呢！但简坚决否定了这个意见，那双校鞋已经磨损，绝不能穿它出席盛典。于是简在第二天一清早，带上露西到刚开门的鞋店买了一双新鞋。上帝保佑！虽然颜色不太中意，但大小却很合脚。到了白金汉宫以后，有人把霍金一家人带到一个与其他人走的不同的入口，乘一座老式电梯上了几层楼。又有人彬彬有礼地领他们穿过一道迷宫似的走廊，走廊里有各种各样的家具、名画和中国花瓶之类贵重的东西。他们急忙地走过，因此只能匆匆一瞥，无法细细欣赏。进入主厅后，他们就被分开了，罗伯特和霍金被领到受勋者行列，而简和露西则被领到富丽堂皇的主厅边上，她们可以从这个地方清楚地观看整个授勋过程。

在大厅的一端，有一个铺着红色天鹅绒地毯的台子，金色的光线从顶上倾泻在台子上，显得庄严、肃穆而又不失柔和；在大厅另一端的厢楼里，一支军乐队在演奏一首乐曲。当女王莅临时，军乐队奏起了英国国歌。然后是宣布授勋名单，每个受勋的人排队等待女王接见。

霍金在队列的中间，罗伯特站在轮椅后面，缓缓推动轮椅。当他们来到女王面前的时候，整个大厅中的人都聚精会神地看着这父子两人，那场景让所有在场的人都非常感动和终生难忘——一个身体严重残疾的人，凭着他不屈不挠的坚强信仰和意志，取得如此巨大的成就……头垂在胸前的霍金几乎无法把他的头抬高一点；霍金的旁边站着罗伯特，他满头金发，个子高高的，

白金汉宫花园的大门。

显得很高兴，却又带着一丝害羞的样子。女王慈祥地将一个红蓝相间的十字形勋章挂到霍金的颈上。

授勋仪式结束后，霍金一家四口人到一家豪华饭馆吃午饭。简和露西仔细地看着勋章，它系有一条灰色纹边的红带子，勋章上面的题字是“为了上帝和帝国”。还有一个小本子，他们瞧了里面的内容以后，发现他们由这个勋位而得到的唯一特权是：作为大英帝国的二等勋位爵士的女儿，露西可以在圣保罗大教堂的地下室的小教堂里举行婚礼。

罗伯特一定是觉得扫兴，就冷冷地说了一句：

“但愿她到时别又忘了穿鞋。”

1989 年，霍金被再次授勋。这次授予的是“勋爵”，是英国最高的荣誉称号之一，比“爵士”称号要高，是对公职人员和知识分子的最高表彰。

授勋仪式在 7 月举行。这次授勋出了一点小意外，还让女王惊恐了一会儿。当霍金一家被领到举办授勋仪式的帝国厅时，霍金像往常一样，驾驶着他的电动轮椅在前面冲，直向敞开的门驶去。女王伊丽莎白二世站在室内另一端壁炉旁边，穿着带白色条纹的王室蓝礼服。她向霍金一家看了一眼，脸上带着友好而忧虑的微笑。霍金急匆匆地向女王那边驶去时，突然地毯卷进了他的车轮，使车子骤然停下，无法前进。女王脸上显现出惊恐的表情。房

霍金一家四口人在白金汉宫门前(1989年7月)。露西穿的是礼服,有一点儿别扭,显得拘束;而小儿子穿着比较随便,所以一副自由自在的样子。

间里除了霍金一家人,只有女王一个人,她犹豫了一下,然后做了个手势,表示她要亲自上前把笨重的轮椅拖出困境。简一时惊慌失措,不知如何是好。幸亏侍从迅速赶来,抬起轮椅的前轮,才解除了混乱。

在慌乱中,简忘记了行屈膝礼,女王在发表简短的欢迎词时,也忘了握手。经过短暂尴尬的沉默,女王一定认为尽快授勋是最佳办法,因此她迅速镇定了自己,宣布她高兴地将勋爵勋章授予霍金。简代表霍金接受了勋章,然后拿给霍金看,并大声念出上面的题词:"行为忠诚,荣誉高尚。"

霍金利用语音合成器致答谢辞:"谢谢,陛下。"

接着,简将一本带有拇指印纹的《时间简史》献给了女王,这是一本霍金写的科普作品,当时正畅销全球。但是女王显然还不知道这本书,她还以为这是一本介绍法律的通俗读物,问道:

"这是一本为律师写的通俗读物吗?"

简十分惊讶,女王怎么会把这本书看成是与律师有关的书。她简单介绍了一下这本书的内容,还谈了一些霍金研究的成果,甚至还介绍了霍金使用的语音合成器。霍金用语音合成器表示他十分抱歉,不能与女王直接交谈,

英国女王伊丽莎白二世。

而且发出的声音是美式口音。

女王回答说："这实在不幸，难道没有英国语音可以利用吗？"

霍金的兴趣来了，他告诉女王，他乘飞机到世界各地去，马上又要到西班牙领奖。

女王显然知道霍金在国外得了许多奖，因此向简问道："菲利浦最近没有给霍金什么奖吗？"

简一下子糊涂了：菲利浦？菲利浦是谁呀？

啊，是菲利浦王子！把菲利浦和王子连起来，她才知道指的是谁，她急忙回答说：

"啊，给了奖的。6月15日，剑桥大学已经授予他剑桥大学'荣誉博士学位'。"

女王的接见，在轻松的交谈中结束了。女王再次向霍金表示祝贺，然后握手道别。

"荣誉博士学位"授予本校教授，这在剑桥大学是十分罕见的事情。菲利浦王子出席了这一特别授奖仪式，以表示他的关心和重视。仪式中有一项程序是霍金在铜管乐队伴奏下，驾驶轮椅通过凯斯学院的"荣誉门"。

国内外的奖励不断向霍金涌来，这表明霍金在英国、在全世界，已经有着十分重要的影响和崇高的地位。可以说，霍金这时正处于他事业的巅峰。

4.《时间简史》出版的经历

也许世界上绝大部分的人是从一本科普读物《时间简史》中才认识霍金的，尤其对于中国读者来说，恐怕更是如此。可是读者们也许不知道《时间简史》的写作和出版，还有许多有趣的故事呢。

开始，霍金绝对没有想写一本科普读物的想法。简曾经向他提出过写一本通俗读物，介绍他对宇宙的研究成果。这样，不但简可以从这本读物中多少了解霍金研究的东西，而且也可以让纳税人知道他的研究的价值，而纳税人则可以影响政府更好地支持他的研究。除此以外，简还有她个人的考虑，她希望通过通俗读物出版得到的收入，支持孩子们上最好的学校；仅靠霍金当教授的收入，是十分困难的。

霍金一家五口人合影。

除了简的劝说之外，还有一位剑桥大学出版社的编辑，叫米顿，他也一直劝霍金为普通读者（人数众多！）写一本介绍宇宙学方面的书。霍金开始的时候，对这个建议没有丝毫兴趣。但是到了1982年的下半年，他大约觉得简从经济方面的考虑很有道理。随着孩子的增多和日渐长大，他

剑桥大学出版社。

们所需的学费让他们家的经济日趋困难，而通俗读物如果能畅销，那收入是相当可观的呀！霍金曾经说：

我在1982年首次打算写一本有关宇宙的通俗读物，我的部分动机是为我女儿挣一些学费。（事实上，在这本书出版时，她在上学校的最后一年。）①但是其主要原因是我要向人们解释，在理解宇宙方面我们已经走了多远：我们也许已经非常接近于找到描述宇宙中万物的完整理论。

由于他以前的学术书籍都是剑桥大学出版社出版，所以开始的时候，一切出版事情他都与剑桥大学出版社联系。而且，这个出版社以前也出版过许多著名科学家的科普读物，卖的也都很好。于是，霍金按照米顿的要求开始写起来。

1983年初，霍金好不容易写完了初稿，立即送给米顿看。米顿飞快地翻阅霍金写的手稿，而霍金则十分担心地坐在轮椅上，等待米顿的意见。最后，米顿把霍金的初稿放到桌上，说：

“仍然太专业了，”然后他说了一句现在被人们奉作名言的话：“你要这样想：每一个方程式都会使书的销售量减少一半。”

霍金十分惊讶：“真的吗？为什么？”

米顿十分了解读者买书时的心理状态，他解释说：

①《时间简史》正式出版于1988年，这年露西18岁，高中刚毕业。——本书作者注

“当人们到书店看书时，他们只是很快地翻阅一下，然后决定他们是否喜欢读。你这本书上几乎每一页都有方程式，读者一看到这些方程式就会立即认为，‘这是一本解数学题的书’，接着就放回书架。”

霍金同意了米顿的意见，但谈到稿费时，两人的意见相差太远，根本无法谈拢。正在这时，霍金本人也完全没有想到，在大西洋彼岸，一个长着络腮胡子的人，偶然在《纽约时报》上看到一张照片，照片上的人就是在轮椅中坐着的霍金。这个 30 来岁的人，是美国矮脚鸡图书公司的高级编辑古扎蒂。他以前并不知道霍金这个人，但报纸上的介绍立即吸引了他。一个严重残疾了的英国科学家霍金，居然使宇宙学发生了一次革命。作为一个高级编辑，他立即想到这个神奇的事迹可以做出一本了不起的畅销书。他真是一个了不起的编辑，而且干事雷厉风行，立即派一位叫朱克曼的人去英国剑桥大学，商讨与霍金合作出书的事。

1982 年的霍金。

霍金希望他的书能有很大销量，使他可以大赚一笔钱；但剑桥大学出版社是以学术著作而闻名世界的，他们没有炒作通俗书籍的习惯和经验，所以他们估计霍金著作的销路也好不到哪儿去。霍金正为此事犹豫的时候，朱克曼及时到了剑桥大学，经过一番谈判，霍金很快和矮脚鸡图书公司（Bantam）签订了出版合同，他们战胜了诺顿（Norton）出版社，以 25 万美元的预付款取得了在北美和加拿大出版该书的版权。

在霍金改写他的通俗著作时，他的研究生们并不热情，他们对一个堂堂的教授写通俗读物表示不满，但霍金本人却明确地认为，除了想以此缓解家庭经济困难以外，他还负有对一般民众进行宇宙学启蒙的使命和责任。

写作是十分困难的，与编辑的合作也非常艰难。朱克曼第一次读了霍金的稿子以后的感觉是："我读了手稿后感到很有趣，我肯定可以为此书找到一个出版商，但此书对于外行读者来说不容易理解……那时我想我们应该请一位专业作家来，帮助霍金用一种更容易理解的语言来完成这部著作。霍金立马拒绝了；他希望这本书完全是他自己的。他是一个非常固执己见的人（He is a very strong-minded man）。"

作为一个编辑，古扎蒂必须将自己放在一个普通人的位置上，他必须考虑人们是否会掏钱买这本书，以及是否会读这本书。他试着将这个意思告诉霍金。碰上霍金这样有性格的人，古扎蒂的工作的确非常非常艰难。朱克曼提起古扎蒂所做的努力时说："我猜想古扎蒂对霍金的每一页书稿都至少要写2—3页的编者意见，目的全是要让霍金把被他的思维跳过去的东西做详细说明，因为不这样做别人就不理解。"

古扎蒂在回忆中也说："我坚持不懈，一直坚持到霍金使我能理解他的文字为止。也许他会认为我有一些笨，但我搞这本书本身就是在冒险。我不松劲地埋头苦干，直到我能理解他在说些什么。"

他总会指出好多地方对霍金说："很抱歉，霍金教授，这儿我不懂。"

霍金有时非常恼火：这么"简单的"东西都不懂，真活见鬼了！但朱克曼和古扎蒂坚持不懈，绝不放过任何一个不懂的地方，也不管霍金怎样愤怒。古扎蒂说：我一直坚持到霍金让我懂得他写的东西，我才罢休！不过事后，他们两人都能相互理解。古扎蒂说，霍金在整个过程中一直极其和蔼可亲，并对他表现出极大的耐心。古扎蒂是很谦虚的，对霍金在书中"作者致谢"一栏中给予他过多的赞扬，他说："我只是做了任何智力正常的人都会做的事，我不屈不挠，直到我能看懂到底发生了什么事为止。"

1984年圣诞节来临时，初稿终于让朱克曼和古扎蒂满意了，当然，还得修改。出版者的固执和"愚笨"，有时真使霍金想大发脾气，然后撒手不干；每当这时，他们又会用各种甜言蜜语让霍金继续修改。

1985 年 7 月，霍金到日内瓦的欧洲核子研究中心（CERN）工作了一段时间。不幸在 8 月初，一场突如其来的疾病，差一点要了他的命。后来命虽然保住了，但是由于开刀切开了气管，从此霍金失去了说话的能力。

由于这一场重病，《时间简史》的写作几乎夭折，出版者认为霍金即使大难不死，也很难再正常地思考和工作了。哪知顽强的霍金，当命运凶狠地扼住他的喉管时，在简和许多医生的帮助下，以及在他本人顽强的生存意志的作用下，他又活过来了！而且在离开医院后不久，又开始修改《时间简史》。这不由得使人想起贝多芬的《命运》的主题。

《时间简史：从大爆炸到黑洞》英文版的封面。

1988 年初春 4 月，《时间简史：从大爆炸到黑洞》（A Brief History of Time: From the Big Bang to Black Holes）终于出现在美国各地书店。为了促销，霍金还专程到美国纽约的洛克菲勒学院举行了新闻发布会，并在会上讲了话。

出版社对这本书的销量并不乐观，所以只印了 4 万册。但书一上市，却销售得出人意外地好，让出版社又喜又惊。这儿有个有趣的插曲：书出版没几天，有人发现书中有两幅插图摆错了位置，于是，矮脚鸡图书公司决定将发出去的书尽快收回来，加以改正。但他们却惊讶地获悉，各书店已经销售一空，正准备要求再次订购。图书公司立即改正了头版中的错误，开始大规模重印。到了夏天，仅在美国就卖出了 50 万册。到 1988 年夏，霍金的这本“难读”的书被列为畅销书已达 4 个月。他的名字很快家喻户晓，全美新闻机构纷纷报道了1988年出版界的这一盛事，在全美飞机场的书亭都热销着这本书。

在芝加哥，“斯蒂芬·霍金迷”们很快组成了一个俱乐部，并开始销售霍金T恤衫。从洛杉矶到匹兹堡，在那些中小学生和大学生们心目中，霍金已具有与摇滚明星一样的地位和商业号召力。

当年狂热崇拜英国哲学家伯特兰·罗素的霍金，现在自己也成了学生们崇拜的英雄。

到1992年1月，在这本书出版近4年的时间里，它已经被译成30种语言，全球销售量达550万册，创造了出版界的奇迹！

连《纽约时报书评》也不能忽视这本写宇宙科普的“小书”，在1988年的一篇评论中这样写道：

在一本轻松活泼、条理清晰的小书里，他（霍金）和所有能读书识字的人分享对于宇宙肇始及命运的看法……他的书是一名科学家以难能可贵的勇气所做的少见的分享，呈现出一个让人目炫神移的景象，并且具有一种顽皮的幽默感。

1919年，因为对日食的观测证实了广义相对论，爱因斯坦一夜之间成了全世界最著名的人物；现在同样的命运落到了霍金头上，但这次是因为霍金写了一本科普读物！从《自然》杂志到《每日邮报》都纷纷刊登评论文章，所有的文章都对此书大加赞赏，一篇接一篇的访谈文章出现在报纸和杂志上，霍金成了大名人。他必须经过挑选，才决定和哪些记者会面。

霍金希望尽可能地赢得最广泛的读者，他希望医生、律师和学科学的学生读他的书，也希望管子工和商贩也读他的书：

我很高兴一本科学方面的书籍能和明星的回忆录竞争，也许这样人类才有希望，我很高兴这本书能为一般大众所接受，而不仅仅是学者。当今时代科学起了巨大的作用，所以我们每个人对于科学是什么应该有一些概念，这是非常重要的。

1988年6月，《时间简史》在英国出版，销售同样火爆。短短几天，在伦敦各大书店就被抢购一空，很快在英国的畅销书排行榜上名列榜首，甚至在三年之后仍然位居前十名！

在出版后的两星期内，《时间简史》即被列入《星期日泰晤士报》畅销书榜，很快它又跃居榜首，并在整个夏天没有其他书可以与它抗衡。到了1991年，它的精装本在英国仍被列入最畅销书的前10名，在英国至今还没有出版平装本。

人们开始在路上拦住霍金，对他表示深深的仰慕。据说蒂莫西为此感到有些窘迫，但是霍金却陶醉于此！

霍金当然喜出望外。他在1992年估计，全世界每970人中就会有一本《时间简史》。

为什么霍金的这本通俗读物会如此畅销呢？这是很难回答的一个问题，他自己曾经说：

“毫无疑义，人们对于我克服残疾而成为物理学家，有一种本能的好奇心，这种好奇心起了推波助澜的作用。……有人说，人们买下我的书是因为它是畅销书，很有名气，但他们买下来并不读，而只是放在书架上或咖啡桌上炫耀自己。我断定这种情形肯定会有，但是，我同样发现，购买这本书的人当中，至少有一部分的确在阅读它。”

我们不去理会各种各样的评论，可以肯定的是，由于霍金有“难能可贵的勇气”写出了这本书，使得一般民众中的很多人知道了宇宙学，知道了黑洞。霍金对科学知识的普及，起了任何科学大师从没有起过的作用。他功不可没！

有三个故事很有趣，录在下面。

一

一位科学家在美国的一个加油站与服务员闲谈，当服务员知道这位驾车者是位科学家时，他兴奋地问道：“你知道霍金教授吗，他是我崇拜的英雄。”这位科学家叹息地说：“这本书之所以会取得如此的成功，就是因为突然每个人都成了霍金迷，每个人都钟爱他的理论。”

二

俄罗斯著名的物理学家林德，在《时间简史》出版后不久乘飞机到美国开会。在飞行期间，他发现邻座一位商人正在读霍金的这本书，于是林德问：

“您觉得这本书写得怎样？”

那位商人说：“很吸引人，我一看就放不下手了。”

林德说：“这真挺有意思，可是我发现这本书有些地方读起来不够通畅，有些地方我还不能完全理解呢。”

这位商人听了，很同情地对林德说：

“哪儿不理解？让我解释给您听……”

三

这个故事是霍金的母亲伊莎贝尔讲的。她说她儿子写的书能够成功的原因之一，是他写得好，还说：“这本书讲的内容是难以理解的，但文字却很好懂。”

她还说：“他相信每个人都能读懂他的书，他相信我也能读懂。我认为他有点过于乐观了，但他确实相信这一点。”

伊莎贝尔尽管是牛津大学毕业生，但由于她学的是文科，所以读完了全书，却不能完全读懂。她把这归咎于她的教育背景，而不是由于这本书本身的原因。

4. 日内瓦遭难

1985年春天，霍金在没有简的陪同下去了中国，还登上了长城。回来后，欧洲核子中心邀请他去工作。霍金想，在日内瓦良好的环境下，一方面继续研究宇宙学中的基础性问题，另一方面也可以抽出时间来写《时间简史》。

拜罗伊特的假日歌剧院，它闻名于世。

7月29日，霍金和他的新秘书劳娜及几个学生、护士乘飞机离开伦敦。简这一次没有陪同霍金，她要留下来送罗伯特参加童子军探险队。这个童子军探险队计划越过一条河，划船绕冰岛的

在瓦格纳的《尼贝龙根的指环》一剧中扮演女高音角色的布伦希尔德。

北海岸航行。她对罗伯特的探险充满了忧虑和担心。对于霍金，她倒是不太担心，一来日内瓦并不遥远，而且他们在8月8日要在德国会合；二来瑞士的医疗保健条件世界闻名。所以，当霍金一行离开家的时候，简只是很随意地与他挥手告别。这几年霍金每年几次飞往世界各地，甚至还去了遥远的中国！简根本没有想到霍金会有什么危险。而且她还有许多事要做，送走罗伯特以后，她要去德国的拜罗伊特，观看一场歌剧演出。拜罗伊特是德国中东部巴伐利亚州的一座小城，著名作曲家瓦格纳为了实现他的梦想，特意选择了这个小城，他要在这儿上演他的4幕歌剧《尼贝龙根的指环》(Der Ring del Nibelungun)。1872年开始兴建假日歌剧院，1876年为庆祝歌剧院落成，首次上演了《尼贝龙根的指环》。以后，瓦格纳即在此定居，这座小城也从此闻名于世。简以前并不喜欢瓦格纳的音乐，但后来也许是受了霍金的影响，也开始喜欢这位作曲家。这次简原来打算8月8日在拜罗伊特与霍金会合，一起观看《尼贝龙根的指环》；这个大型歌剧已经成了假日歌剧院的保留节目，长演不衰。爱尔兰著名剧作家萧伯纳曾经写了一本书《瓦格纳寓言》(The Fable of Wagner)，试图向英国人揭开《尼贝龙根的指环》的面纱，由此希望在英国也能发展出类似的音乐文化。

简和霍金计划在拜罗伊特观看歌剧以后，一起再回到瑞士。

8月7日，简到了距拜罗伊特不远的罗滕堡，这是一个拥有中世纪遗迹的旅游胜地。大约是下午，简往日内瓦打了一个电话，想安排好第二天与霍金会合的事情。电话刚一接通，霍金的新秘书劳娜就异常急促地叫起来："天哪，简，终于等到了你的电话！"

还没等到简明白出了什么事情，劳娜又大声讲："你必须马上赶到日内瓦，霍金现在正躺在医院里，处于昏迷状态，我们不知道他还能活多久。"

这个可怕的消息让简目瞪口呆，极度震惊。她立即陷入了内疚的漩涡中，把霍金遭遇的灾难一股脑地归咎于自己的粗心大意，她不断责备自己：

"为什么在没有我陪伴的情况下，让霍金独自出门远行？因为只有我才熟知他的身体状况，他的需要，他的药品，甚至他的好恶和他的担忧。作为他的代言人，我怎么能轻易把他交给不了解他的医生去摆布？"

简立即乘汽车，发疯似的在公路上飞驰，沿路不断地祈祷：

"上帝啊，请您救救他吧，千万让他活着呀！"

到了日内瓦，在医院里简终于见到了霍金。他还活着！简一直紧张的心总算稍稍松弛了一点点。但病情非常严重，不容乐观。他平静地躺在病床上，两眼闭着，昏睡不醒。他的嘴和鼻子上罩着氧气罩，各种管子和电线与身体各个部位连接着，让人眼花缭乱；监视器的显示屏上绿色、白色的波线不停地抖动，这使人们清楚地看出，霍金正在和死亡做着顽强的搏斗。

霍金这次病危的原因很简单，如果简在他的身边，很可能不会出什么问题。到了日内瓦以后，霍金的咳嗽加剧了。他的咳嗽多半是正常现象，不值得大惊小怪。以前遇见这种情形，简就会把霍金抱在怀里，轻轻地捶他的背，咳嗽就会逐渐平息。但这次简不在身边，劳娜又是刚顶替上来的秘书，不知道这种情形，于是她和几个学生都极力建议把他送进医院，而霍金却无法向这些人讲明情况，只好任由他们摆布。到了医

日内瓦湖是瑞士第一大湖。

院，医生也没见过这种病人，于是当做肺炎，把大量抗生素和营养品输入病人体内，结果导致霍金昏迷。

幸亏值班医生刚从电视上看到过介绍霍金的节目，知道这位病人患有肌肉萎缩症，因而清楚给病人用什么药，不能用什么药，否则很可能出现更可怕的后果。

当霍金在医院抢救的时候，劳娜发疯似的打电话寻找简，但是不知道她的行踪，直到简打电话到日内瓦来。

简到医院时，霍金的病情得到了控制，已经脱离危险。但医生对简说：如果不施行气管切开术，霍金的生存希望十分渺茫；虽然手术是必须的，但她也应该明白，手术后霍金可能再也不能讲话，甚至不能发出任何声音。

简不知道该做出什么样的决定，难道她的丈夫将从此永远沉默吗？简后来在回忆中写道："看来前途非常、非常的暗淡，我们不知道该如何是好——如果他要生存，那么我就要为他做出决定：做气管切开术，但是我还是自谴自责地想：我做了什么呀？我使他陷入了什么样的境地了啊！"

几乎没有选择的余地，但霍金的身体暂时不容许做切开手术。霍金又在日内瓦综合医院住了两个星期，简和同伴们商议，最好回英国治疗，于是他们租了一架空中救护机返回剑桥。在剑桥机场，阿登布鲁克医院的特护病房主任约翰·法曼带着救护车，在跑道上等待他们的归来。

回到剑桥的第三天，由于护理得法，霍金的病情稳定下来，约翰·法曼认为可以让霍金停止对呼吸器的依赖了。他热情地鼓励霍金在没有器械的帮助下，积极地锻炼自主的呼吸。

到 8 月 20 日，霍金又奇迹般地让人们大大地松了一口气，他可以在没有器械的帮助下呼吸了，有了一些力气，样子看起来也舒服了许多，似乎可以避免手术了。但是，后来霍金的肺部又被新型细菌感染，他不得不再次借助呼吸器呼吸。约翰·法曼和简想尽办法避免做手术，甚至请了很有名的催眠师，来减缓霍金的恐惧和放松呼吸肌，但都失败了。看来，做气管切开手术仍然是不可避免的。不过，现在是在英国，简不是孤身一人，这儿有众多亲友，要做出决定就不那么困难和痛苦了。

到了 9 月，霍金的身体再次好转，医生们决定乘他身体好转之机，做气管切开手术。

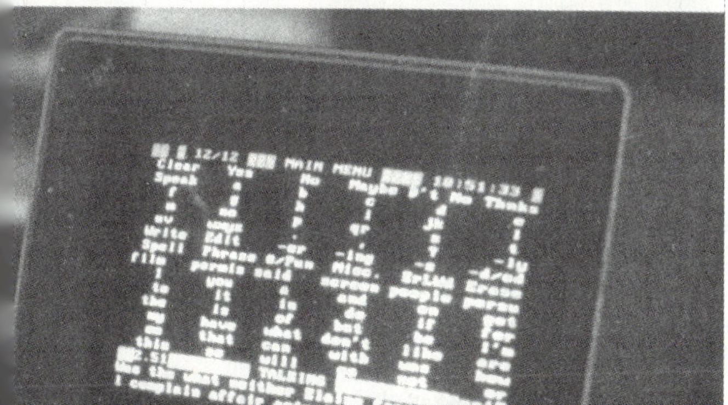

霍金用手来操作计算机程序的盒子(上),以及附在轮椅上的电脑显示屏(下)。

手术十分成功,在特别护理下,霍金很快恢复了。但这次生病和治疗,他付出了惨重的代价:手术彻底剥夺了他说话的能力!霍金回忆说:

1985年的夏天,我在日内瓦的欧洲核子中心,那是一座巨大的加速器。我打算到德国的拜罗伊特去听瓦格纳的《尼贝龙根的指环》的歌剧系列。可惜我得了肺炎,并被送到医院急诊。日内瓦医生告知我的妻子说我没有希望了,可以撤走维生系统。但是她根本不同意。我被用飞机送回到剑桥的阿登布鲁克医院。那里的一位名叫罗杰·格雷的外科医生为我进行了气管切开手术。这个手术救了我一命,却从此使我失声。”

他不得不依靠计算机专家给他设计制造的特殊软件和语音合成器来与他人“谈

话”，声音当然不再是他的声音，但总算可以和他的学生、同行和家人交流思想了。经过一段时间的使用，霍金每分钟可以输入 10 个字，他满意地“说”：“有点慢了，但我思考的速度也不快，所以它很适合我。”

他唯一感到不称心的是，这套设备是美国人研制的，因此他“讲”的话都带美国口音。久而久之，霍金的幽默感发作，会用他的语音合成器跟别人开玩笑。有一次，他和简在法国买的乡村别墅中举行家庭聚会，霍金为了让大家高兴，还用他的语音合成器讲出美国口音的法语，向参加聚会的人表示衷心的感谢。

即使在学术报告会上，霍金有时也会开开玩笑，让大家乐一乐。每次学术报告后听众可以提问，回答问题时由于语音合成器的操作需要时间，一般至少得十来分钟，这时霍金就会告诉大家：

“在我们准备答案的这段时间里，请你们看看报纸，相互交谈，放松一下。”

可是，有时回答的问题很简单，只回答“是”或“不是”的时候，为了逗乐，他也会故意让听众等上 5 分钟，这时听众会不由自主地爆发出笑声。可见，霍金喜欢捣蛋的天性丝毫没有什么改变。有一次，他得意地说：

“实际上我比失声之前更加能说会道了。”

霍金离开医院回到家中以后，立即开始修改《时间简史》，很快他就把稿子交给了出版社。后来，《时间简史》出人意料地畅销，加上霍金奇迹般地战胜死亡，还不断在科学研究方面创造奇迹，因此各大媒体都把目光盯住了霍金，他出现在许多电视片上。其中最有意思的是 1992 年圣诞节 BBC 播出的主持人与霍金在《沙漠孤岛》节目上的对话。

主持人：请告诉我你在沙漠孤岛上首先要听的唱片。

霍金：那是帕伦克的《格罗里亚》[1]。去年夏天在科罗拉多的阿斯平我第一次听到它。阿斯平主要是滑雪胜地，夏天时常开物理学会议。紧靠物理中心是一个巨大的帐篷，那里正举行着音乐节。当你坐在那里研究黑洞蒸发会发生什么问题时，你能同时听到演奏，这是非常理想的事情。因为它把我的两个主要快乐——物理和音乐结合在一起了。如果我在沙漠孤岛中兼有两者，根本不想被拯救。那就是说，直到我在理论物理中做出要告诉所有人的新发现为止。

①帕伦克是法国 20 世纪初的作曲家;《格罗里亚》(Gloria)通常是在做弥撒时演奏的曲子。

《星际航行》电视片中的一个镜头，左一为爱因斯坦，右一为牛顿，中间是霍金，霍金右面的是电影明星玛丽莲·梦露，她是霍金最崇拜的明星，在他的办公室里贴有她的照片。除了霍金是他本人之外，其他三人都是演员装扮的。

在节目快结束时他们的对话是：

主持人：斯蒂芬，迄今你已比预料的时间多活了三十年。尽管人们告诉你说你永远不会生育，你却当了父亲；你完成了畅销书；你改变了人们头脑中的空间和时间的陈旧观念。在你有生之年还计划做什么？

霍金：所有这一切之所以成为可能，只是因为我足够幸运地得到大量帮助。我对自己所取得的一切感到高兴，但是在我死之前还有许多想做的事。我不愿讲我的私生活，但在科学上我想知道人们应如何把引力和量子力学以及其他的自然力统一在一起。我尤其想知道黑洞蒸发时会发生什么。

更有趣的是，在 1993 年 1 月拍的《星际航行：下一代》（Star Trek: The Next Generation）系列剧中，他与爱因斯坦、牛顿和演员戴塔（Data，照片中背对摄影机的人）一起，打起了扑克牌，美国著名影星玛丽莲·梦露也坐在霍金的身边。爱因斯坦、牛顿和坞丽莲·梦露都是通过科学幻想故事中的“时空隧道”唤回来的。

霍金是玛丽莲·梦露的“铁杆”影迷。在这部影片中霍金洋洋得意地说：

幽默可爱的霍金会让你在惊愕之余捧腹大笑。

“任何一个想的到的故事，在浩瀚的宇宙里都可以发生。其中，肯定有一个故事是我和玛丽莲·梦露结了婚；也有另外一个故事，在那里克娄巴特拉[①]成了我的妻子。”

然而，并没有发生这样的“艳遇”，霍金“遗憾”地说：“这太遗憾了！不过，我赢了前辈们很多的钱。”

霍金成了名人以后，造访他的记者如潮涌一般。霍金总是很热情、善意地对待记者，而且不时语出惊人，但仔细回想起来又不免开怀大笑。这不仅仅显示出霍金的幽默感很强，而且也显示出霍金有很高的文化素养。

有一次，一位记者问他，最使他迷惑不解、魂牵梦绕的是什么？

霍金的回答只有两个字：“女人！”

这可真是语惊四座，让人一下子不解其意，但是如果仔细一琢磨，可不是真有大道理在其中吗？

记者经常喜欢问霍金相不相信上帝，他的回答视情况而定，但是都十分巧妙。有时他回答说：

“相信。如果您说的上帝，是指支配宇宙种种规律的一种体现的话，我就相信。”

这个回答倒不新鲜，爱因斯坦也这么回答过记者；但他的另一种回答则令人叫绝：

①克娄巴特拉是埃及托勒密王朝末代女王，貌美，有强烈的权势欲望。一开始是恺撒的情妇，然后又与安东尼结婚。安东尼溃败后，又想勾引屋大维，未遂，以毒蛇自杀。——本书作者注

“我学会了不回答关于上帝的问题，因为那只会惹来麻烦。”

在中国访问时，中国一位记者问他：

“您认为下个世纪最伟大的发现将是什么？”

霍金回答说：

“如果我知道的话，我就已经把它做出来了。”

他一面说，一面向翻译的人露出孩子般顽皮的笑容，真是一副十分得意的样子。

“您认为世界上最大的奇迹是什么？”

霍金答道：

“我还活着！”

我们不得不佩服霍金的幽默！实际上，幽默是优美人生的一种境界，是一个人品位高低的标志。

霍金的同胞、著名作家司各特说过：“幽默是多么艳丽的服饰，又是何等忠诚的卫士！它远远胜过诗人和作家的智慧；它本身就是才华，它能杜绝愚昧。”

点滴贡献(20世纪福克斯公司)。

我国著名作家林语堂先生说得好：

“没有幽默滋润的国民，其文化必日趋虚伪，生活必日趋欺诈，思想必日趋迂腐，文学必日趋干枯，而人的心灵必日趋顽固。”

可以说，缺乏幽默感的人，不能算是很完美的人。

霍金是一位有强烈幽默感的大师。

1999年，20世纪福克斯公司在卡通片《辛普森一家》中，“霍金”曾经出过场。图中围绕着霍金的是辛普森夫妇和他们8岁的天才女儿丽莎。《辛普森一家》是美国家喻户晓的卡通片，从1989年一直演绎到今天，故事还没有结束。霍金说："我是《辛普森一家》迷，它是最有灵气的节目，而且总是很讲道德。所以，我很高兴在剧中出现。"编导者不仅让卡通霍金出现，而且让他的声音也"亲自"出现，那声音就是"点滴贡献"。

6. 喜庆六十大寿

2002年是霍金的本命年。这时霍金已是世界最著名的科学家，又是最受欢迎的科普作家。正如英国粒子物理与天文学研究理事会主席伊安·哈里代所说：

霍金不但是全球闻名的一流科学家，能在同行中间激起热烈的反响，还是全世界的科学使者。他的贡献已经远远超出了科学界，真正把基本物理学的快乐带给了大众，空前提升了大众对宇宙学和物理学的认识和知识水平。

世界科学界，尤其是引以自豪的英国科学界，当然不会放过这个机会，他们要大大庆贺一番。2002年1月，在剑桥大学隆重举行了霍金60岁生日的庆祝活动。在剑桥大学的数学科学中心召开了两个会议：一个是1月7日至10日的学术讨论会，一个是1月11日的报告会。为期共5天。

在1月7日到10日的学术讨论会上，与会者讨论了八大主题：时空奇点、黑洞、霍金辐射、量子引力、M理论、德西特空间、量子宇宙学和宇宙学。霍金曾先后活跃在这些领域中，在这些领域的每个角落里我们都可以看到他的身影和留下的印迹，而且现

霍金参加了他自己60大寿的庆贺会，并做了演讲，吸引了600多名与会者和媒体记者。

剑桥大学皇家学会教授马丁·瑞斯。

在仍然积极地活跃在其中。

我们应该还记得，霍金是从奇点“起家”的，他自己在回忆中也多次说，他是从奇点走进黑洞的。加拿大阿尔伯达大学的物理学家伊斯雷尔在学术讨论会上回顾说：

> 斯蒂芬积极走进萌芽的黑洞领域，基础是他在奇点定理方面的工作……他一进入这个领域，就带进了清新的气息：1971年，在短短的几个月里，他奉献了三篇里程碑式的论文……这些论文是研究黑洞的第一股洪流。新的高潮是深入黑洞奥秘中心用上了量子力学。由此，“黑洞”与“霍金”几乎成了同义词。

在11日的报告会上，霍金和罗杰·彭罗斯、基普·索恩等做了科学普及的报告，后来英国BBC电台在当年8月5日至8日播放了这些演讲，节目的总题目是《霍金的演讲》①。

下面我们撷取一些有趣和易懂的内容，让读者欣赏一下科学家的情趣，以及他们是如何庆贺生日的。

三一学院院长、剑桥大学皇家学会教授马丁·瑞斯在演讲中这样讲道：

“我第一次遇见霍金，是来剑桥大学加入西阿马的研究小组，那时斯蒂芬已经从牛津过来两年了。天文学家有惊人的想象力，但我那时怎么也想不到能够目睹这样一个盛人的庆典。能在这个场合讲话，真是莫大的荣幸和快乐。

①《霍金的演讲》有李泳翻译的中译本《果壳里的60年》，湖南科技出版社，2005年出版。本节利用了其中一些资料，特此声明并表示感谢！

“我从一句话说起，但这句话不是斯蒂芬的，而是爱因斯坦的。爱因斯坦最有名的一句话是：‘宇宙最不可理解的事情是它可以理解。’

“我们确实在开始发现宇宙的意义。我们在度量宇宙的大小，正如古代先人和17世纪的航海家们度量地球的大小和形状一样。我先概括这些进步，然后提出两个疑难。”

马丁·瑞斯讲完以后，是美国加州大学圣芭芭拉分校物理教授哈特尔演讲。他30年前曾经与霍金一起开始理论天文学的研究，并与霍金共同提出无边界宇宙的模型，但是他非常谦逊地说：

“……我总是跟随着霍金的灵感，并幸运地在他开拓的几个方向和他一起工作……”接着他重点讲了“霍金宇宙的波函数”。

接下来讲话的是两位喜欢不拘一格讲笑话的天才学者，一个是彭罗斯，一个是基普·索恩。他们的讲话常常惹得满场听众哈哈大笑，而且在笑声中他们也没有忘记挖苦一下霍金。我们知道，霍金曾经几次用“超人”的胆量预言什么时候可以得到“终极理论”，但预言都没有兑现。彭罗斯没有忘记霍金的这个“软肋”，他不失时机地捅了霍金一下：

我很高兴斯蒂芬现在也正式步入老人的行列，所以再不怕说一些令人吃惊的事情了。我们知道，斯蒂芬总是说一些令人吃惊的事情，以后他的胆子可能还会大一点儿。

2002年的索恩，他在2001年做60大寿时，科学界为他开过庆典会，霍金曾在那次会上做过讲演。

索恩是在彭罗斯之后讲话的人。我们在前面讲过，霍金曾几次和索恩打赌，而且每赌必输，索恩很是以此为荣，因此在演讲中他当然不会忘记嘲笑一下霍金。他演讲一开始就说：

“在霍金 60 岁生日时讲话，是我莫大的荣幸和快乐。特别令我高兴的是，我的讲话恰好安排在彭罗斯和斯蒂芬之间。因为，我要讲的实验计划，正是为了检验他们以及其他人在 20 世纪 70 年代——那个黑洞研究的黄金时代，关于黑洞的迷人的理论预言。”

索恩谈到了许多正在完成和准备完成的实验设置和仪器，如“激光干涉仪引力波天文探测器（LIGO）、比萨的法/意探测器（VIGO）以及英/德的探测器（GEO600）”等等。根据这些设置的探测，索恩认为研究宇宙诞生时的那个奇点，“有美好的前景”；他甚至问：“能‘做’一个这样的奇点研究吗？”

谈到了奇点，他当然忘不了 11 年前——1991 年 9 月 24 日他和普雷斯基尔赢了的那场为“裸奇点”打赌的故事。那次霍金虽然输了，却输得不心甘情愿，所以索恩趁机把这个故事再讲一次。那次，赌状上是这样写的：

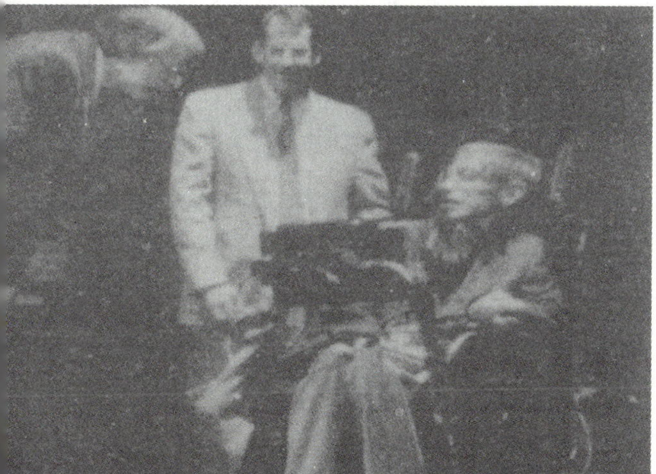

霍金认输了(右)，左为索恩，正弯腰接受霍金赔偿的T恤衫，中间站立者为普雷斯基尔。

霍金坚信裸奇点是应该被经典物理学定律禁止和讨厌的东西，而普雷斯基尔和索恩认为裸奇点作为量子引力体，可以不被视界遮蔽，而让整个宇宙都能看到……

输家为赢家买一件蔽体的衣服，衣服上绣上适当的认输字句。*

霍金最后输了。左边的照片是霍金在加利福尼亚的一次公开演讲时认输的照片。

*英文请参见第五章第二节有关照片。

照片中左边是索恩，他正高兴地弯腰准备接过霍金输给他们的T恤衫，普雷斯基尔站在中间。但当索恩一看见T恤衫上印的字句时（右下），气就不打一处来。在这次讲话中他趁机抖落了出来。

他调侃道：“斯蒂芬已经输了！有他在加利福尼亚的一个公开演讲时认输的照片为证……斯蒂芬错了，这可是一件难得的事情！他给我和普雷斯基尔每人买了件约定的衣服：一件印着他认输的字句的T恤衫。遗憾的是，我必须告诉你们，斯蒂芬在T恤衫上印的话大失风度！他在T恤衫上印了一个披着毛巾的女孩子（我的太太和斯蒂芬的太太吓了一跳，但斯蒂芬说话向来是没有遮拦的）。你们看到了，女孩子披的毛巾上面写着：‘nature abhors a naked singularity（大自然憎恶裸奇点）。’斯蒂芬勉强认输了，却声称大自然憎恶他已经承认的大自然能做的事情。那么，他为什么认输呢？又为什么那么没有风度、那么公然自相矛盾呢？”

索恩停顿了一下，让听众想一想。然后他回答说：“斯蒂芬是在超级计算机模拟的坍缩波面前被迫认输的。”

在索恩演讲的结尾处，他提到一年多以前在他的60寿辰庆贺会上，霍金送给他的一个“礼物”。那一次庆贺会于2000年6月3日在美国加州理工学院召

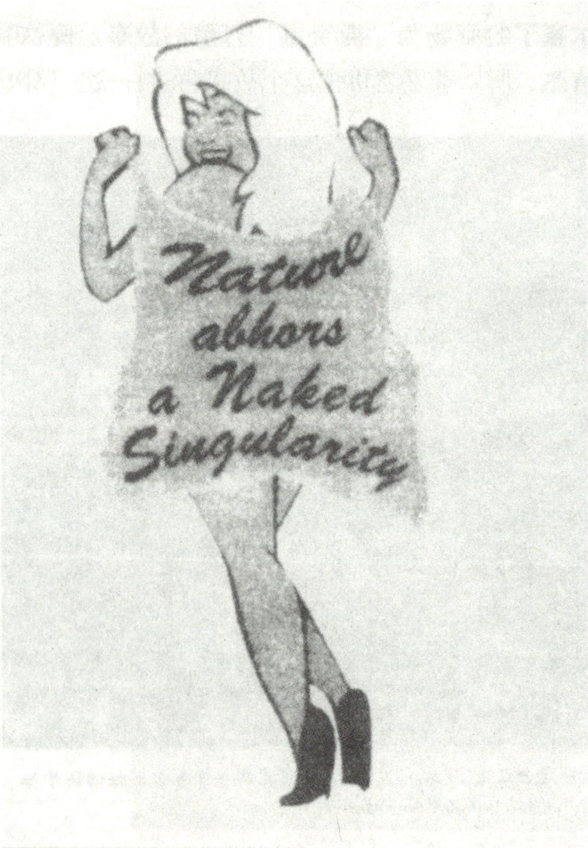

霍金在T恤衫上印的披着毛巾的女孩子，以及毛巾上写的字。

开，霍金在会上做了题为《让历史学家放心的世界》的演讲[①]。在演讲的末尾，霍金指出，从理论上说时间也可以回到未来，但概率太小太小，以至于实际上不可能。在结束他的祝贺演讲时开了一个玩笑：

我估计基普回到过去杀死他爷爷的概率是 $1/10^{60}$。这可真是一个极小的概率。不过，如果你现在仔细端详基普，你会发现他的轮廓有点儿模糊！这些模糊不清正好说明，不知哪个“天生”的兄弟靠着那点可怜的概率，从未来回到过去杀死了他的爷爷，所以基普并不完全在这儿！

索恩觉得一年前霍金送给他的这个“礼物”很有意思，他要回送一个礼物给寿星老霍金。什么礼物呢，且看索恩的讲话：

“斯蒂芬，在这个场合，在你 60 岁生日的时候，我要回敬你一个同样有趣的礼物。不过，它恐怕更像一个诺言，而不是一个具体的物理结果。我给你的礼物是，我们的引力探测器——LIGO、GEO、VIRGO 和 LISA——将检验你在黄金时代的预言[②]；在你 70 岁生日之前，它们就能做好。生日快乐，斯蒂芬！”

我在这儿不厌其烦地把这些调侃的趣事写出来，是想让读者看到科学家有趣的、幽默的另一面，而不要被一些其实不了解科学家的作品所误导，以为科学家一个个都是“傻冒”，是只会死读书而不知人间乐趣，走路碰电线杆、煮鸡蛋却把表丢进了锅里的阿木林。当你看了上面他们的讲话，我相信你会感受到他们真是一群天真可爱的人！

索恩讲完了以后，生性幽默、大胆而又敢想敢说的霍金上场了。人们当然会以最大的兴趣，以及摄影机对准霍金，而他也果然不负众望，一开始就幽默地讲到生日前不久的一次事故。

那是 2001 年 12 月 28 日，也就是生日前的 10 天（注意：10 天大致是 0.03 年），霍金去见妻子伊莱恩时（这时他已经与第一任妻子简离了婚），喜欢快速飞驰的霍金把轮椅撞上了小路边的墙，结果撞伤了右腿，后来被送到剑桥

①这次庆贺会的演讲集《时空的未来》已由李泳译成中文，湖南科技出版社 2005 年 2 月出版。本节引用了其中部分资料，特此表示感谢！

②霍金的预言就是回到过去的几率是 $1/10^{60}$，这是第一次尝试用量子引力定律制造的一个“时间机器”计算出来的。——本书作者注

从理论上说，人可以回到过去，但概率极小极小。图中的男士回到过去，不让夏娃摘果子。

大学医学院附属阿登布鲁克医院治疗。他说：

那大约是果壳里 59.97 年的事情[1]。圣诞节后的几天，我曾和墙有过一次“较量”，墙赢了。但阿登布鲁克医院又费尽气力把我拉了回来。

霍金的幽默无处不在，实在令人叹服。有一次，一位女游客在街上拦住他，问他是不是那个著名的斯蒂芬·霍金。霍金回答说，那位她想认识的霍金“比他好看多了”！在这次演讲中他又极其幽默地提到了另一件往事。提到为什么他当上了人人羡慕的

在生日庆典上的霍金。他似乎一点也没有变老，还是那副调皮的笑容，看不出十天前被摔伤。

① 59.97 年是指霍金从出生到 10 天前经历的时间：60 年减去 10 天：$60 - 0.03 = 59.97$（年）。

不干胶字条："黑洞是看不见的"。不过这个字条不是贴在门上，而是贴在汽车的尾部。

卢卡西教授。他说，那是因为当他在剑桥大学应用数学和理论物理系工作的时候，他在办公室的门上贴过一张不干胶字条："黑洞是看不见的(Black holes are out of sight)。"系主任见了这张字条"很是生气"，于是霍金开玩笑地说："他策划推选我做卢卡西教授，凭这一点把我搬到一间更好的办公室，然后他偷偷撕下了老办公室门上那张令人不快的字条。"

据说到了新的办公室以后，霍金又在门上贴了一张新的字条："请安静，老板睡着了！"不知这次会引起谁的不愉快。但想必他的研究生们见了这个字条会耸耸肩，不知该不该敲门。

霍金当然不会忘记与索恩打赌的事。如索恩所说，霍金虽然输了，但实在不服气，他说是因为在立赌状时措辞不小心，让他输了一次。虽然赔了两件T恤衫，"但他们两位很不满意我在T恤衫上写的字句。"结果，双方再次打赌，新赌状上是这样说的（英文可参见第五章的第二小节）：

霍金因为没有要求一般性……而输了一次赌，但仍然坚信裸奇点是讨厌的东西应该被经典物理学定律禁止。……有鉴于此，霍金特向普雷斯基尔和索恩提出如下的赌状……从一般初始条件出发的动力学演化……绝不可能产生裸奇点。

输者仍然像上次一样给赢家买一件蔽体的衣服，衣服上必须绣上恰当的、真正认输的字句，措辞严密。索恩惊叹道："这一次，我和普雷斯基尔恐怕要输了！”但双方都知道，这是一次更大的挑战，他们决定利用超级计算机模拟和用引力波探测器做更多的观测，去寻找更大和普遍存在的裸奇点。索恩还充满激情地说：这是多么激动人心的挑战啊！

在演讲中，霍金说他想到引力波重整化[①]，但在重整化过程中发现了“鬼”。他指的“鬼”就是“负几率”。几率怎么可能是负的呢？那不是真见了鬼吗？！后来霍金认为，如果真见了“鬼”，那不过说明我们不能以任意想象的精度做预言。如果理解和接受这一点，“那我们就能快乐地‘与鬼同在’了！”

在演讲结束时，霍金说的两段话非常感人，值得我们铭记：

活着做理论研究，是我快乐的时光。我们的宇宙图景在过去40年里已经改变了许多，如果说我为之做过点滴贡献，我感到幸福。

我想和大家分享我的兴奋和激情。

还有一个有趣的花絮，大会给每位参加会议的人一个很有意义的收藏品——一个杯子。杯子两面颜色不同：一白一黑。黑面画的是表示霍金的无边界宇宙的几何图形；白面是霍金最喜欢的温度公式。

黑面上的英文字是：The Future of Theoretical Physicsand Cosmology，Stephen Hawking 60th Birthday Conference, University

我们能快乐地“与鬼同在”。

①当用引力波的方程进行计算时，会出现无穷大，这时就需要用“重整化”的方法把无穷大去掉。

纪念品是一个杯子。杯子两面，一白一黑。黑面画的是无边界宇宙的几何图形；白面画的是霍金最喜欢的温度公式。

of Cambridge, 7-11, January, 2002（理论物理学和宇宙学的未来，斯蒂芬·霍金60岁生日会议，剑桥大学2002年1月7日—11日）。

白面上的英文是：And Hawking said: $T_H=hc^3/8\pi GMk$, and black holes gave torch light（霍金说：$T_H=hc^3/8\pi GMk$，于是黑洞发出光来）。

这后一句话使人想起了《圣经·创世纪》的一段经文：

起初，上帝创造天地。地是空虚混沌，渊面黑暗；上帝的灵运行在水面。上帝说："要有光。"于是有了光。

七、苦难情侣，最终分手

俄罗斯大文豪托尔斯泰。他说："幸福的家庭，幸福都是相似的；不幸的家庭，不幸却各不相同。"

当霍金在事业上走向辉煌的顶峰时，他的家庭却瓦解了。1990年，这对从患难和艰难奋斗中走过了风风雨雨的伴侣，最终离婚分手，各奔前程。如果仔细回首往事，我相信每一个人都会为他们最终分手而痛心、遗憾，甚至会有一分不理解。但他们真的分了手，这是无可置疑的事实。想指责两人中的任何一个人应该负主要责任，恐怕都不容易做到。

霍金和简组成的家庭，曾经有过幸福而浪漫的时刻，这种幸福"都是相似的"；但随着霍金名声的远播，家庭出现了矛盾和裂痕，最后导致不幸的离婚，这种不幸，"却各不相同"。托翁说得精彩，那我们就从简的家庭和她认识霍金开始，寻觅他们这段爱情、婚姻和生活。

1. 一个与霍金家庭不同的家庭

简1944年出生于一个知识分子家庭，霍金家也是一个知识分子家庭，但两个家庭的作风、风格和传统很不相同。简的父母循规蹈矩，是虔诚的教徒。当简开始喜欢上霍金并且知道他患上了一种严重的疾病以后，她把这事忧心地告诉了妈妈，而且说霍金很古怪。她的妈妈并没有对她的选择说三道四，更没有横加干预，她只是告诉女儿："你为什么不为他祷告？可能有所帮助。"

而我们已经知道，在霍金家的邻居看来，霍金家总是显得与众不同，他们常常特立独行，根本不在乎别人议论什么。他们家的墙纸剥落悬吊着，随着气流而上下或左右舞动，他们可以视而不见，一般不会去重新换上新墙纸；他们可以开一辆破旧、布满灰尘的轿车，而不愿费心或花钱把车洗一下或整旧如新。霍金的打扮也与简的风格不一样，他要么邋邋遢遢，要么打扮得让人感到奇特和不安。

霍金的母亲有十分突出的性格，这些性格深深地影响着霍金。霍金的母亲常常根据智力水平判断别人，而不是依据正直或可爱的程度。妩媚和过分的亲切，被视为性格上严重的缺陷，他们对那些不幸具有妩媚特征的人常常持怀疑的态度。后来，简曾经为霍金也具有这种"坚定的"性格，感到惊愕和非常不适应。

霍金家有众多堂亲和表亲，远房堂亲和表亲、兄弟姐妹加起来有一大批；而简的父母亲都是独生子女，根本没有堂亲和表亲。因此，当简见到那么多不仅血缘密切相连，而且面貌在她看来十分相似的人"的确震惊"。

庞大的家族可能会带来某种安全感，但同任何大家族一样，大家族中的个人会损失一些个性；而且这种庞大的家族，会使得其中的成员不重视外界的朋友。至少霍金的母亲就有这种作风。他们自己的亲人都足够地多，多到足可以漠视家族以外的人群。这种家族由于人数众多，使他们产生了一种至少不能认为是理性的心理状态：对自己的群体充满信心，而且重视保护自己的价值。

简发现霍金的姑妈缪里尔与家族的大多数人有些不同，她并不盲目地对其家族成员具有信心。当她知道霍金要与简结婚时，缪里尔姑妈并不像其他家族成员那样对霍金的选择抱着"天然的"信心，她告诉大家："我必须亲自去看看斯蒂芬到底要一个什么样的姑娘。"

但她的这种朴实的心理和言谈，却被家族中其他人认为是缺乏信心和智力水准太低的表现，因而常常引起其他成员的恼怒，或被完全忽视。

前面曾经提到，简的父母和简本人都是虔诚的教徒，他们按时且虔诚地参加宗教活动，例如礼拜和弥撒等等。但霍金家对宗教持自由主义态度，虽然有些宗教活动也会参加，但并不严格要求，如果不参加，也不会导致严厉的批评，他们全家都有信仰社会主义的倾向，在简看来似乎具有无神论的味道。有一件事给简留下了极深刻的印象。

当他们婚后过第一个圣诞节时，霍金与简的一家人去教堂做早礼拜。这件看来非常普通的事情居然引来霍金家人的惊讶和挖苦。霍金的妹妹菲莉帕用讥讽的口气对哥哥说："你现在觉得更圣洁了吗？"

霍金知道妹妹在挖苦他，他笑了一下，没有回答。

没有想到的是，他的妈妈插了一句：

"你哥哥当然是更圣洁了啊，因为他现在身边有了一位圣洁女子，能不受影响吗？"

简在回忆中对这件事写道：

> 我不知道如何对待这些话，因为这些话似乎有共谋的味道，似乎在针对一个很重要而基本的问题——我的信仰……他们这种愤世疾俗的态度缺乏真诚。

简有时不知道该如何应对这种信仰上的分歧，因为在她成长的过程中，遵守教规是生活中一件最基本的大事情。她和弟弟克里斯每个星期一定会由父母带上到教堂去做礼拜；下午则会到主日学校[1]去接受宗教知识教育。虽然简在小时候也会在做礼拜时，摇晃着双腿坐在教堂的座位上，让思绪驰骋八方，但长期的宗教教育，使她笃信教义；日后在霍金病重离不开她的照顾时，她的生活可以说艰难到了极点，但宗教的"为善"教育使她终于能够坚持下来，扶持霍金走向了学术的巅峰。

在日后的生活中，也常常因为霍金的无神论倾向，使她痛苦万分。但她总能用宗教的告诫使自己忘记苦恼，让自己时刻走在圣洁的路上。她在努力追求获得个人圣洁的目标，如果自己不圣洁，又怎能在别人身上推动真正的圣洁呢？

简的父亲是剑桥大学毕业的，后来一直担任高级文官职务，所以简在学

①主日学校（Sunday School），通常是对儿童和青少年进行宗教教育而开办的学校，一般隶属于某一教堂或教区。

泰晤士河边的议会大厦。

生时代已经几次进入英国社会中很高级的社交活动中。她出席过下院的宴会，甚至还在一个炎热的日子出席过白金汉宫的花园宴会。正因为这样的家庭背景，所以她的父亲从她6岁时起就开始告诉她，今后一定要努力学习，争取到剑桥大学学习。这方面的情形与霍金家颇有些类似，霍金的父母都毕业于牛津大学，所以从小就传输这样的观念：不进牛津大学，简直不可思议，而且得拿到奖学金！霍金家的收入可能比简的父亲少一些，没有奖学金而入牛津大学，他们负担不起。

简记得，在6岁前后，有一次她和家人从住在诺里奇的祖母家度假回家时，当父亲驱车穿过剑桥大学校区时，他对简说：

“喂，简，如果你勤奋的话，将来就可以到这里来学习了。”

她父亲收入虽然比较高，但要支持简和她的弟弟读完大学，仍然要倾其所有，并不轻松。有一段时间，他们家应该装修了，但由于全力支持儿女们读大学，不免经济拮据，她的父亲舍不得请专业工人装修，而想自己试着修修补补，凑合一阵子，但他顽强的努力却不断受挫，在修天花板时，他几次差一点摔下来；还有一次不知怎么弄的，一块天花板落了下来，出现了一个大洞，而他则全身落满了灰尘和碎片。于是装修天花板的努力以完全失败告终。后来，他终于算清了账：请专业人员干这些杂活更方便，更实惠，还更省钱。

由以上介绍，我们可以看到，简的家庭和霍金的家庭有很多相似的地方，否则他们两人走不到一起，不会“一见钟情”；但他们两家在气质、风格和传统上又有许多明显的和细微的差别，这些差别使他们在日后生活中产生了矛盾，并最终导致了离婚。这正是：

木之折也必通蠹，墙之坏也必通隙。

2. 相见、相恋和结婚

这一节，我们从简——一位年轻、虔诚的教徒的女性角度来描述她和霍金的相见和相恋，可能有些情景会重复，但视角却很不相同。

他们第一次相见是1962年的夏天。那年简18岁，刚刚高中毕业，准备申请进大学。在一个星期五的下午，简把一些不再需要的书本塞满五大书包，准备带回家里，只留下一些大学入学考试需要的课本。收拾完了之后，她准备和同班好友戴安娜和吉莲去城里玩，放松一下考试带来的紧张和疲惫。简戴上她喜爱的草帽，挂上书包，心情欢悦地与她们一起走出了校门。

出校门不远，简忽然看见路对面有一个奇特的年轻人在朝相反的方向走。之所以说奇特，是因为这个年轻人低着头，一头棕色头发向下蓬松着，把脸遮去了一大半，而且走路有些磕磕绊

简(后排右二)和圣奥尔本斯中学的同学们合影。右三是戴安娜，右1是吉莲。

绊，让人担心他一不小心就会跌倒在地。这个年轻人正思考着什么，完全没有注意对面有群嘁嘁喳喳的姑娘正谈论着他。

简和吉莲不认识这个年轻人，有些不礼貌地盯着他看。吉莲还说：

“这个人好古怪呀！”

戴安娜显然认识这个年轻人，说：

“他是斯蒂芬·霍金。我还和他约过会呢……”

简和吉莲都笑起来，不相信美丽活泼的戴安娜会与这个古怪的年轻人约会。吉莲说：“你绝对不会和他一起出门的，决不会。”

戴安娜认真地说：“他确实跟我一起出过门，他是我哥哥的朋友。你们别看他有点古怪，实际上非常聪明。有一次他还带我去看过戏，我还到他家吃过一次饭呢。他参加过禁止核武器的示威游行。”

初次的见面给简留下了一种挥之不去的但又朦朦胧胧的印象。在后来的回忆中，简这样描述她与霍金的第一次相遇：

> 出于难以解释的原因，我对刚才见到的那位年轻人有一种不安的感觉，因此那天后来的活动我觉得索然无味……也许是他的那种古怪中有某种东西，使我这个生活在传统中的女孩子感兴趣。我似乎有了某种奇怪的预感：我会再见到他。不管什么原因，那个情景深深地印在我的头脑里，可以很容易地回想起那个场面的光线、色彩、形态和背景、噪音等各个细节。

接着，在父母的安排下，简到国外去度假，开阔眼界，增长见识。这年她去的是西班牙，而且不同于往年的是，这次她是一个人去的。她 18 岁了，相信自己完全可以照顾自己。但对她的父母来说仍然放心不下，所以当简结束假期回到英国时，他们立刻从机场把女儿接回家，并且为她安全归来松了一口气。接着，她又和全家人一起到荷兰和卢森堡度假。简的父亲非常喜欢到各国旅游，他认为这可以给自己和两个孩子大大地增长见识，还可以陶冶性情，开阔胸怀。

接下来不愉快的事发生了：简没有考取剑桥大学。这使她感到沮丧，觉得对不起父亲的一片期望。后来，她被伦敦大学的威斯菲尔德学院录取，学习西班牙语。一连串的事情，使简几乎忘记了曾给她留下了深深印象的霍金。但接下来的事情证明了她“我会再见到他”的预感。

景色秀丽、情调别致的西班牙风景。图中为古堡。

1963年1月1日，戴安娜和她哥哥巴兹尔在他们家里举办一个新年聚会，他们向简发出了邀请。简愉快地接受了邀请。她穿了一套绿色的服装，还按当时颇时髦的发式把头发向后梳成一个松散的发卷。她以前很少参加这种聚会，她毕竟是一个刚进大学不久的女孩子，参加这种聚会她还缺乏自信。

聚会中，当她胆怯地向四周看的时候，她心里突然一震：她看见了霍金。他穿着黑色的丝绒上衣，戴着红色丝绒的蝶形领带，头发像上次见到的那样，从眼镜上方散在脸上。他正和同学谈着什么，而且不时地用手指比划着，似乎是为了使他的讲话更有说服力。

有些胆怯和不自在的简，立即很自然地走近正谈话的霍金和他的朋友，听他们谈些什么。霍金很会讲故事，又非常幽默，还有那很有创见的思想亮点……这一切都强有力地吸引着简。霍金讲得很投入，指手画脚，绘声绘色，周围的几个人听得也十分投入。有几次，他讲到什么可笑的事情，禁不住大笑起来，笑得几乎喘不过气来。简很喜欢听霍金讲话，他的讲话对她有很强的亲和力。她缺乏自信，不时用胆怯的目光扫视四周的人，而从霍金的讲话中她分明感觉到，霍金也像她一样在生活中不时遇到挫折，但他却总能够在各种逆境里看到有趣的一面，并且敢于大胆嘲讽自己。简没有这种本领，她在不顺利的时候常常不能坦然面对，陷于沮丧和低迷状态。她感到霍金虽然和她一样羞怯，但不同的是他敢于说出来，没有什么顾虑和忌讳，这说明他能够充分认识自己的价值，对自己的行为满怀信心。也许正是这一点深深吸引了简：她需要这样的朋友。

在聚会快结束的时候，简勇敢地和霍金交谈起来，并且告诉了他自己的名字和地址；霍金也把同样的信息告诉了简。简并没有想到什么时候可以再见到霍金，没有想到，几天之后收到了霍金寄给她的一份请柬，邀请她参加1月8日在他家举行的家庭聚会。

简有点犹豫，就找戴安娜商量该怎么办，戴安娜也收到了请柬，她告诉简，这个家庭聚会是庆贺霍金21岁生日的，但请柬上并没有说明。两人商量的结果是去参加；戴安娜还答应，到那天她到简家接她一起去。

1月8日，简带了一张唱片作为礼物，与戴安娜一起来到霍金的家。到了霍金家以后，她发现这一家人她以前都见过，霍金的妹妹玛丽和菲莉帕、弟弟爱德华在学校见过，只不过互不认识，霍金的妈妈伊莎贝尔常常到学校接小儿子爱德华，也经常可以见到。至于霍金的父亲弗兰克，她以前也见过，而且还有一段不算有趣的故事。有一天，她和弟弟克里斯看见一个高个子、白头发、气度不凡的人，正在他们房后的花园里收一窝蜜蜂。他们颇有点好奇，就想凑近些看一看，但令他们失望的是，他不大友好地把他们赶走了，不准他们靠近。

简想，她居然认识这家里的每一个人，但却从来没有想到他们是一家人。更有趣的是，他们家还有一个老人——霍金的祖母艾格尼斯·沃克，她几乎是圣奥尔本斯的大名人。这位祖母的钢琴弹得很好，每月在市政厅为一个民间舞蹈队伴奏演出。在圣奥尔本斯这个地方，许多人（尤其是年纪大的人）都喜欢参加民间舞蹈晚会，冬天的晚上参加者更为踊跃。每当这时，艾格尼斯祖母就会挺直肥胖的身躯，非常庄严地坐在大钢琴前面，然后技巧娴熟地弹动琴键。当她全身心沉浸在演奏时，那的确是一个非常让人激动的场面：只见她浓密的卷发随着曲调上下翻动，而且不时扭过头扫视跳舞的人，那气势颇像一个将军在检阅他的士兵。

在这次生日聚会上，霍金的同学围成一个小圈子，毫无顾忌地嘲讽社会上的陈规陋习和陈词滥调，颇有“指点江山，粪土当年万户侯”的气概。简胆怯地坐在角落的炉火边，并且让爱德华坐在她的大腿上，这似乎给她一丝安全感。她没有勇气加入热烈的交谈，只是尽量不惹人注意地坐在那儿，听

斯蒂芬一度十分消沉。(选自《漫画霍金》)

人们的议论和笑话。霍金也许由于是聚会的主角，不便与简单独交谈，所以简没有与霍金谈什么。

2月份一个星期六的上午，简觉得学习弄得她十分疲倦，于是决定邀上几位老同学到原来常常光顾的咖啡馆里放松一下。与她一起去的有戴安娜，她在一所医院当见习护士，还有一个叫伊丽莎白·钱特，正在一家小学当老师。三个姑娘在一起，真是热闹得像一台戏。她们除了互道别情以外，就是大谈新工作给她们带来的感受。正谈得热闹时，戴安娜忽然问道：

“你们可听说斯蒂芬的事情吗？”

简立即关注地听下文。伊丽莎白点了一下头说：

“是到医院去检查病吗？很严重，是吗？”

简不由心里一惊，问：“到底出了什么事？我怎么什么也没听见呀？”

戴安娜看了一眼简，也许对简的反应有些惊讶，她说：“他呀，已经在医院住了两个星期了。我想，他走路老是踉踉跄跄，似乎要跌跤一样，后来连鞋带松了都不能自己系。听说在做了许多检查之后，医生的诊断认为他患上了一种古怪而可怕的病，没办法治，最终可能会瘫痪。据说这种病人只能活两三年。”

简大吃一惊，觉得一个生气勃勃的21岁年轻人，居然会莫名其妙地面对似乎还非常遥远的死亡，这太不可思议了。她担心地问：“他现在怎么样？”

“有人去看过他，”戴安娜继续说，“据说他很消沉。几天前，他邻床的一个男孩因为白血病死了。啊，斯蒂芬住在公共病房里，没住在私人病房里，他的社会主义观念使他坚决住进公共病房。”

简又问：“他们知道真正的病因吗？”

“恐怕还不真正清楚。医生们认为，几年前他去伊朗旅游时注射过一种未经严格消毒的天花疫苗，有可能注射时把某种致病病毒带进他的脊椎。但这些都只是一些不确切的猜测。”

离开咖啡馆后，简在路上一直想着发生在霍金身上的不幸事件。到了家以后，她把这事告诉了妈妈。在二战期间，简的父亲曾患过一场重病，一度精神十分忧郁，几乎崩溃，仅仅由于妈妈坚定的信仰和决不动摇的信念挽救了这个家庭。简的妈妈见简神情郁闷，愣愣地发呆，她敏感地觉察到女儿已经喜欢上那个叫斯蒂芬的男孩。她低声对女儿说：

“那你就为他祈祷吧，会有用处的。”

简觉得妈妈的建议也许是正确的，而且，除此之外她又能做什么呢！

没有想到的是，在一个星期之后，简在火车站又遇到了霍金！这真是出乎意料之外，使她惊喜交集。那天简要乘火车到学校去，当她正在等上午 9 点的火车时，忽然看见从进站口摇摇晃晃走过来一个人，拎着一个棕色的帆布手提箱。仔细一看，简惊奇地发现那是斯蒂芬·霍金！她心里不由暗自惊呼一声：“天哪，果真是他！”

霍金也发现了简，而且因为见到简而容光焕发，十分高兴。这次他的穿着，也许是因为要到大学去，所以符合传统，不像以往几次显得与众不同。这种打扮，让简觉得他颇有风度。以前没有在阳光下看清他脸上的表情，这次简觉得霍金满脸的笑容十分动人，尤其那对清澈透明的灰色眼睛，对简很有吸引力。那是一种怎样的内在的美打动了她的芳心呢？恐怕只有简自己才能说清楚。根据后来简写的自传《音乐移动群星》（Music to Move Stars——A Life with Hawking）[①]里得到的信息，主要是霍金身上有一种自信让简痴迷，而她比较胆怯，也时常缺乏自信。一个人常常对于自己缺乏的东西感到特别珍贵。简还说：

“在（他）那副文静的眼镜后面，他的容貌中有某种东西吸引了我，使我

①赵伯英等译，《音乐移动群星——霍金传》，当代世界出版社，2002 年。但是，中译本用《霍金传》作书名，很不妥当。——作者注

1805年10月21日，英国海军将领纳尔逊勋爵在特拉法加尔，与法国和西班牙联合舰队作战时英勇牺牲。

可能是下意识地想起心目中的诺福克英雄——纳尔逊勋爵。”

他们两人上了火车，在去伦敦的途中进行了一次长时间愉快的交谈。简小心地提到，听说他住过院，她为此感到不安。但霍金似乎并不乐意转到这个话题上，只是皱了一下鼻子，又转到其他话题上。简感到，他的行为似乎说明一切都还顺利，没有必要老去想生病的事。简从心底钦佩这种勇敢、乐观的生活态度，由此更增加了对他的敬重。到快下车的时候，他谨慎地问，如果以后他请她一起去看戏，她能去吗？简说：“我当然很愿意呀。”

过了不久，在一个星期五的晚上，霍金请简去看《沃尔波内》，而且在看戏前还到意大利餐馆吃晚饭。这可是绝对的“大肆挥霍”了！他们匆忙吃了“相当奢侈”的晚餐后，立即赶到“老维克剧院”，在慌忙中坐下时，戏已经开演了。简的父母很喜欢看戏，所以简也有机会看过不少戏。《沃尔波内》讲的是一个老狐狸如何玩弄诡计，以检验一个继承人是否真诚，但在具体检验过程中老是阴差阳错地出现纰漏，让人乐得不可开交。简很快沉浸到剧情中，忘了旁边坐着的男友。看完了戏到汽车站等车时，她还兴奋地与霍金谈论戏的内容、演出效果等。显然霍金也非常喜欢这出戏。

上了车以后，霍金忽然有些不安，开始简不知道其中原因，只觉得有点奇怪。当售票员快走到他们身边时，霍金很抱歉地对简说：

“实在对不起，我已经没有买车票的钱了。你有零钱吗？”

简这才明白他刚才忸怩不安的原因了。她想，他一定用了不少的钱，心中不免有些内疚，连忙表示很乐意由她买车票。可是，当简找她的钱包时，天哪，钱包没有了！这一下可真让她尴尬极了。她向售票员说明了情况，售票员看见他们那种尴尬的样子，也理解他们的困境。他们立即下车，拔脚向老维克剧院跑去，霍金跑起来有点费力，勉强可以跟上。到了剧院，大门已经关了，他们从侧门进了剧场，观众席灯光昏暗，但还勉强可以看见。上帝保佑，在他们坐过的座位下面，简的绿色小钱包还静静地躺在那儿！两人都不由得松了一口气。

捡起钱包以后，他们正往回走时，剧场的灯突然熄了。他们陷入一片黑暗之中。简是女孩，不由惊恐地叫了一声。这时霍金显示出男孩子的尊严和勇气，十分勇敢沉着地对简说：

“不要紧张，拉住我的手！”

简抓住了霍金的手，屏住呼吸走出了剧院。当他们两人走到灯光明亮的大街上时，一起放声欢笑起来。这次意外的经历，似乎是上帝有意的安排，简更靠近霍金了，钦佩他临危不乱的勇气，感受到一种惬意的安全感。他们之间的友谊悄悄地发展着。

又过了几个星期之后，有一天简回家时，她妈妈告诉简：

“斯蒂芬来了电话，邀请你参加剑桥大学的五月舞会。”

简高兴地跳起来，抚掌问道：“真的吗？”

妈妈加了一句：“他还等你回话呢。”

对于一个女孩子来说，剑桥大学的五月舞会是非常吸引人的。简记得以前有一个女孩子被邀请参加五月舞会，所有的女孩子都羡慕得不得了。后来那女孩子向她们讲述舞会的盛况：通宵跳舞，喝不完的香槟，色美味香的熏鲑鱼，还乘平底船越过剑河去吃早饭……这简直像安徒生的童话故事《灰姑娘》里的奇遇一样。没有想到，在童话故事中才有的机遇，竟然真的降临到了简的身上！她立即答应了霍金的邀请，然后就急切地与妈妈商量穿什么衣服参加这一年一度的盛会。最后她们决定买一件蓝白相间的丝绸服装，价钱刚好她们能够买得起。

《灰姑娘》的插图：试鞋（作者：G · 多雷）。

五月舞会实际是在六月初举行。那是一天的下午，霍金开着他父亲的一辆老式轿车来接简。她发现霍金的身体状况比上次到老维克剧院看戏时更糟，以致怀疑他有没有能力驾驶这辆破旧的汽车。霍金是第一次到简的家来，因此简向她的妈妈正式介绍了霍金。妈妈听过简的介绍，因此没有对霍金的健康状态表示惊奇和意外，她礼貌地向他致意，谢谢他好意邀请简去参加五月舞会，然后与他们挥手告别。

但霍金驾驶汽车的风格，却让简“心惊胆战”，简在传记中怀着后怕的心情写道：

据说斯蒂芬开车像他的父亲。他父亲喜欢开飞车，在山上和拐角处也超车，甚至有人看见他在双行道上逆向开车。我们飞速前进，越过赫特福德郡的田野和树木，进入剑桥郡的开阔地面。一路上，风通过敞开的车窗呼啸而来，打消了我们试图谈话的念头。我几乎不敢看前面的道路，而斯蒂芬似乎什么都看，就是不看路。

简从来没有这种可怕的乘车经历，她本来就有些胆小，哪经得起这样的折腾？因此她在车上时就暗自发誓：回家时再也不坐他驾驶的车了！

舞会在剑桥河边的台地上举行，欢乐的人们在铜管乐队的伴奏下跳着舞，暂时休息的人们则坐在草坪上喝香槟。简想跳舞，但霍金腿脚不便，抱歉地对简说：

“对不起，我不跳舞。”

简明白他的难处，回答说：“没什么，不跳舞也好。”

但简还是不满意自己言不由衷的回答，觉得还是应该鼓励霍金融入人群去跳舞。后来她发现一个地下室传来爵士乐队的演奏，原来在昏暗的地下室中有许多模糊不清的人影在跳着很自由的舞步。简觉得这儿很适合霍金跳舞，于是说服了他，两人高兴地在舞池中来回舞动着身子，霍金跳得很有兴致，一直跳到乐队停止演奏。

黎明时分，他们两人与许多男女学生在三一街上昏头昏脑地晃着，后来到一个吃早饭的地方，简坐进一个扶手椅里，连早饭也顾不上吃，美美地睡了半晌午。午饭后，简想与一帮女朋友乘火车回家，因为她对霍金飚车仍心有余悸。但霍金听了简的想法后，坚持不同意；简婉转地说了一大堆理由，但他就是不肯。简心里有些恼火，但也不想得罪他，只好又一次惊惧地乘上那辆可怕的汽车。当他们终于在简的家门口停下车时，简在再次颠簸和受惊害怕后，心里很有些不满霍金的固执和不理会女孩子的心理的做法，所以在下车后只对霍金简单地告了别，就头也不回地进了屋。

剑河边的草坪，宁静而美丽。

她的母亲正在房前的花园里忙什么，见到简这样不懂礼貌地对待霍金，颇为惊讶，就急忙跟着进了屋，很生气地对简说：

“你总不至于连一杯茶也不让那个可怜的年轻人喝，就让他这么走吧？”

简听了妈妈的话，觉得自己也做得太不近人情，马上转身出门找霍金。还好，他没走，正准备发动汽车呢。当他听到简请他进屋喝茶，立即爽

马德里的凯旋门。

快地答应了。其实简还是很喜欢他的，但是她真受不了那疯狂行驶中的颠簸。但愿他明白这点。

暑假期间，简到西班牙的马德里住了一个多月。回到家以后，她立即想和霍金取得联系，但始终联系不上。后来与他妈妈联系上了，才知道他的身体更加不好，已经到剑桥去了。开学后，简到伦敦开始了紧张的西班牙语学习，没时间与霍金联系了。直到 1963 年 11 月，简才收到霍金写的一封信，说他很快会到伦敦来治牙，还问她愿不愿意与他一起看一场歌剧。

一个星期五的下午，他们又见了面。简发现他走路的步态更加蹒跚，路程如果远一点就只能坐出租车。但他似乎并不在意自己的境况变得更差，相反他发表意见时语气更加肯定，也更加具有说服力。看完了牙，他们准备慢慢走到剧院去。在路上他步履艰难，踉踉跄跄，上气不接下气，但他仍然不断指点江山，纵横谈论国内外发生的大事，指责美国总统肯尼迪几乎让世界陷入核战争的灾难之中，纯粹是蛮干……正说得起劲的时候，霍金突然摔倒在过路口的路中间，简被吓坏了。幸好有一个过路的人帮助她，把霍金扶起来。霍金显然也受到惊吓，一时站立不稳，只能在简的搀扶下走到路边。看来走到剧院去已经不可能，于是简叫了一辆出租车，乘车到韦尔斯剧院。

当天他们看的是瓦格纳的著名歌剧《漂泊的荷兰人》。歌剧是根据北欧的一个传说故事写成的。传说从前有一个荷兰的航行者，发誓要冒着巨大的风浪绕过好望角，即使终生航行亦在所不辞。魔鬼听了他的誓言，判他重罪——终身在海上漂流，直到世界末日。魔鬼还许他每七年登陆一次，让他寻找一个愿以忠贞的爱为他赎身的女人。后来，有一个叫森塔的女人深深爱上了这位荷兰的漂泊者，但他不愿连累她，立刻开船离开了海岸，但森塔却勇敢地纵身跳入大海。

这时，幽幻的船影沉下去了，海面突然涌起了高浪，旋又急剧落下，形成急速流动的漩涡。在落日的光辉中，森塔与荷兰人的影子相互拥抱着，浮现在海面之上……这时，管弦乐声激荡在剧场，使人久久不能释怀。人类充满着爱，但最终以殉情为标志，表达了尘世与神界的冲突，以及痛苦的主题。

伟大的德国歌剧家瓦格纳。他的《漂泊的荷兰人》于1843年首次公演。

简深受感动，想到身边的霍金，不禁爱意绵绵，而且似乎更理解了他的一些行为。她后来写道：

> 我开始理解斯蒂芬疯狂开车的举动。命运捉弄了他，他父亲的汽车就成了他发泄忧虑和愤怒的工具。他也是四处漂泊寻求援救，他有时不免会蛮干。

简也许会想到，如果霍金是那位荷兰漂泊者，那么她有勇气成为森塔吗？她严肃地思考过这种可能性，因为在那之后她开始亲自去了解有关他的病情。她多次到医学机构询问，但人们对这种少见的怪病都不清楚。即便能说一点，也大多是她已经知道的，最后，她放弃了进一步的询问，她想：也许不清楚更好。圣诞节后不久，简在霍金没有料到的情形下，到他家去看望他。他们一家正准备去伦敦看歌剧。见到简来了，霍金高兴极了，并邀请她在下一个星期陪他和他父亲去看歌剧《德尔·罗森卡瓦列尔》。看来，他们家欣赏歌剧是一项经常性活动。事实上，到了下学期开学后，斯蒂芬总有歌剧票，而简也就有机会经常陪他去伦敦看歌剧。就简的爱好来说，她更喜欢看芭蕾舞剧。有一次她表达了这个愿望，而且她已经通过学生会买到了《罗密欧与朱丽叶》芭蕾舞剧的票。但霍金立即以不容置疑的口气说：芭蕾舞的音乐浅薄琐碎，根本不值得一看。简见他那副对她的提议不屑一顾的神气，心中感到不快，也没有进一步说她已经买到票的事情。这就是霍金和他的家人的处世风格！这种风格在结婚以后，给简带来了许多伤害。

简和同学到科文特花园剧场看了《罗密欧与朱丽叶》。那场芭蕾舞剧的演出，让人深切感到什么是真正的优美和纯真、力量和格调、雅致和激情。整个演出都让简感动不已，甚至无法用语言来表达她的赞美和惊叹。她不明白，为什么霍金就不能“委屈”一下和她一同来欣赏芭蕾舞剧的美妙？她不相信真正美好的东西会有人不能理解和接受。

他们的交往越来越多，霍金因为治疗牙病和开学术会议常常到伦敦来，而简也开始越来越多地到剑桥去看他，到后来，他们两人都坠入了爱河，都迫不及待地等着下一次见面。但是，让简感到痛心的是霍金冷峻的理智，他对自己的病的前景不抱什么乐观的希望，没有勇气与简建立长期和稳定的关系，因此两人在见面后又显得关系紧张。也许霍金觉得他们陷入爱情是不理智的，甚至这场无望的情感使他更加痛苦。简理解他内心的苦痛，也知道他不愿意谈论他的病，更不敢谈到未来的打算，而且她也担心谈这些问题会无意中刺伤他的感情，在已有的伤口上撒一把盐，所以她总是凭女性的直觉来了解、揣摸他的情感，并不刻意或迫使他表述出来。但她没有料到，这种不相互交流内心感情的交往方式，最终演变得相互不能理解，最终隔膜增大到彼此不堪忍受。

在他们进一步交往中，简逐渐清楚地发现霍金和他的父母一样，虽然有很强的宗教背景，却经常宣称自己是无神论者，简能够理解，作为研究宇宙的科学家，他当然不容许上帝这样的造物主来干扰他的研究和计算；但她深信，在冰冷的客观科学事实之外，宇宙间还应该有更丰富的内容，宗教信仰就是其中重要的内容之一。如果只知道抚摩冰冷的科学真理，却没有仁慈的信仰，那对于简来说实在可怕和无法忍受。简在回忆中曾这样写道：

虽然那时我完全被他迷住了，被他那蓝灰色的眼睛和微笑时显出的酒窝弄得心神不宁，但是，我还是抵制了他的无神论。我的直觉告诉我，我不能让自己屈从于那种阴郁的负面影响，因为它不能给予人们安慰，不能让人们舒心，不能对人类的现在境况作出解释，会让人们失去希望。我担心无神论会把我们两人全毁掉。相反，如果要从我们的悲惨处境中得到任何美好的结果，我需要紧紧地抓住我能找到的任何一线希望，为我们两人保持足够的信仰。

又过了几个月，霍金走路逐渐离不开拐杖了。虽然身体状况并没有显著变化，但意志却十分消沉，整天把自己闷在宿舍里，不间断地播放瓦格纳的音乐；遇上简去找他，他常常陷于深思，很少讲话，即便讲话也更加简短。有时，他故意用粗鲁的态度对待她，明显地想尽力阻止他们的进一步交往，但是简觉得这种行为很愚蠢，因为她觉得他们的交往太深，让她退出已经不可能了。

简用女性的耐心和爱意让霍金逐渐明白了她的决心，而当霍金明白自己被一个非凡的女子真挚地爱恋以后，他阴郁的心情也逐渐被简的一片深情爱意所融化，他不再拒绝简的真爱。简的直觉告诉她，霍金开始更加自信，更加欢悦地对待他们之间的爱恋关系，这也就是说，他终于从无望的深渊挣脱出来，已经断定并非一切都毫无希望，未来也并非漆黑一片。简对于这时的霍金来说，真可以用拜伦的诗来描述：

她是生命与光明的倩影，
是众人注目的中心；
不论我把目光投向哪里，
回忆的晨星都会冉冉升起。

以前的种种障碍消除了，他们之间的情感急速地发展。他们开始急切地用电话互诉衷肠，并且不断地寻找和制造见面的机会，让经过时空发酵的相思和爱恋，在心灵的激情碰撞中尽情地释放。甜蜜而醉人的恋爱犹如生活的风帆，不仅让简越发妩媚动人，也让霍金乐观开朗和意气风发。

1964年10月的一个星期六的晚上，在剑桥小雨淅沥的河边，霍金终于吞吞吐吐地低声向简求婚。简轻轻地叹了一口气，羞怯地接受了他的求婚。

从此，简的生活发生了彻底的改变，原来想当外交官的念头被她勇敢地抛到了爪哇国。那时她还只有20岁，还没有足够的经验想到未来她将面临的严酷考验。虽然她看到了一些可怕的现实，但在玫瑰花的遮掩下，现实仍然是粉红色和美好无虑的。

当他的父亲知道女儿的决定后，他只提出唯一的期望："一定答应我，把大学读完，完成必修的学业。"

3. 携手共闯生死关

霍金和简把举办婚礼的日期初步定在1965年7月。但是，简还不知道威斯特菲尔德学院是否允许她在读书期间结婚，如果不允许，那他们的婚期就肯定得往后推一年，因为简已经向父亲承诺：一定要修完大学课程，取得本科学历。这是决不能违背的。但另一件事，简也不能不认真考虑。霍金的父亲一再提醒简说："斯蒂芬的病情如何发展是谁也意料不到的，一年时间对于一般人几乎不值一提，但对斯蒂芬就大不相同，谁也不知道他能不能够生存一年的时间。"这个残酷的现实，像恐怖的幽灵一样威胁着简，无声地、悄悄地左右着他们的每一个决定。

简明白事态的严峻性，她决定向学院申请结婚，向他们讲清楚她和霍金的关系，讲明他的病情和前景预测。幸好，学院充分理解了她的困境和非同一般的决心，同意她结婚，唯一的条件是她必须住在校外。简连忙回答说：

"我明白了，我已经找到一处私人住房，有一间房可以住……"

她想，幸亏是在威斯特菲尔德学院，要是在牛津大学或者剑桥大学读书，他们可不会有什么同情心来关心她的困难。

结婚以后，一系列意想不到的困难扑面而来：首先要在剑桥大学找到合适的住房。对于正常人来说，找到合适的房子并不困难，但对于霍金的身体状况来说，必须找一处离他工作地点不能太远的住房才行，否则他没法走那么远；而负责处理这方面事务的财务主任，不仅对他们的状况没有丝毫的同情，反而百般刁难，横加干预，让简和霍金气得咬牙切齿，但又没办法！霍金没时间处理这些“小事”，他要努力研究、尽快显示出他在学术领域里的价值，这样他才能留在剑桥和迅速得到提升。而简的书还没有读完，只有周末才能回到剑桥。

在困难面前，有时她还不能得到霍金的充分理解。读者还记得吗？有一次，简跌伤了手腕，结果敷上石膏回到剑桥大学。这时霍金正指望简回来给他打论文，见到她手上敷了石膏，他不仅没有关心安慰简，而是叹口气说不能为他打字了！他们没有多余的钱请人打字，简只好克服困难，忍受疼痛帮他把论文打出来。

诸如此类的困难，现在全碰上了。她是家庭主妇，能指望谁呀？只好硬挺着一个一个克服！这时，简充分感到信仰对她的重要。她曾说过：

“上帝保佑我”——简的油画像。

我相信，信仰帮助了我。我赞成信仰有一种更高的慈善力量——或许是上帝的力量。上帝似乎回应我所需要的帮助和支持，增强了我的勇气和决心……在承担摆在面前的任务时，我无疑要依靠我的信仰。

每个星期一她要赶到伦敦，把霍金留在家里，那时霍金还勉强可以自己照料自己。但简觉得很难受，想到他踉跄着走到办公室，去饭厅……她就无法忍受，但是对父亲的允诺，使她决心把大学读完。到了星期五下午，又急不可待地往剑桥家里赶，在地铁里计算着时间，唯恐半路出什么意外耽搁了回家的时间，简曾对人说，她有

一阵子做的最可怕的噩梦，就是地铁出了事呆在地铁里不能前行。

赶到家以后，她多半会把霍金口述的文章用打字机打出来。打字不成问题，但是宇宙学论文中经常出现的那些数学符号，如微积分、求和、开方，还有什么无穷大，无限级数……让读文科的简如见天书一般，差一点被它们逼疯。幸亏她是一个不肯服输的人，才好歹把这些困难一个一个地克服了。每当论文打完,她会有一种油然而生的自豪感。在回忆中,她兴致盎然地写道:

我的手指把关于宇宙起源的论述付诸文字，想到这一点也得到了一些满足。那些密码数字、字母和符号，都参与揭开浩瀚宇宙的秘密，想到这些敬畏之感油然而生。

1974年5月时的霍金夫妇;当时霍金刚刚被选为皇家学会会员。

不过，在打字的时候她可不敢想这么多，万一错了一个小数点,或者一个符号，那就会使宇宙起源之类的问题陷入可怕的混乱之中，使整个宇宙毫无秩序。再到后来，她的感情更加升华，认为自己作为一个高级文官的女儿，从小就受到精确运用语言的教育和潜移默化的影响，有重视语

小儿子蒂莫西2岁半时。

言明快和用词丰富的训练，因此可以弥补霍金的缺陷和不足。这样，简觉得自己至少有两方面的贡献：一是她不仅可以在体力上帮助霍金，而且在智力上也可以帮助他；二是她将来可以在人文科学和自然科学之间架起一座桥梁，她甚至设想可以把这种沟通当做未来的事业。

不仅要打字，当他们买下一处破旧的房子时，他们没有钱请人装修、粉墙，简只好放弃学习的时间，穿上旧衣服，戴上帽子，自己动手给墙刷白色乳胶漆。邻居见了，赞叹不已。

他们共同的努力终于得到了报偿：斯蒂芬的宇宙学研究取得了令人瞩目的成就，在他的那个研究圈子里，他的名声迅速飚升；他的收入加上不时得到一些什么奖金，使家庭拮据状态有了缓解。

但简的苦难几乎才开始，后来的情形越来越糟。首先是霍金的手指开始僵化变形，除了签名的机械动作以外，已经完全不能写作，简要帮他完成所有的写作工作；其次，简怀孕了，并于1967年5月生下长子罗伯特。开始，简还很有信心把照料一大一小的工作和继续学业的事并行不悖地进行下去。她还想在完成大学学业后，获得一个博士学位。但精力无穷的罗伯特很快打消了她雄心勃勃的计划。每当她把罗伯特安顿好，想坐下来集中精力学习时，

罗伯特就肯定会爬到她膝上，扭来扭去，咯咯地笑个不停。开始简不理解儿子的这种行为，后来才悟出，他只不过想和她亲热、交流罢了。儿子的这种合理的需求，终于打破了简的一切幻想和计划。如果他们有钱，当然可以请奶娘，但这种奢侈距他们太远，连想也不敢想。

霍金因为身体越来越糟，简不能像其他正常家庭那样指望丈夫在关键时刻帮助她一下，不但不能指望，而且霍金越来越依赖简了。更让简感到为难的是，霍金的威望在升高的同时，他越来越经常出国；他很重视出国访问和交流，这不仅是为了扩大自己的影响，而且也是为了进一步提高自己。在访问中会遇到各种各样的天才、怪才，而与这些人的争论肯定会使他大开眼界，甚至进入新的和更高的境界。后来，霍金的很多突破都得益于这种激烈的争论。

但每一次乘飞机旅行，对简来说都是一次灾难。尤其是后来霍金完全靠轮椅代步，她更是一想起出国，就噩梦不断！但每当她表示为出国而发愁时，霍金就用沉默表示他的不满。这种沉默有时会延续几天，最后只好由简打破沉默，向他表示道歉，一切不愉快的“战争”才会结束。1970年，女儿露西出生；1979年，结婚14年后，小儿子蒂莫西出生。

这个原来估计只能存在1—2年的家庭，不仅霍金奇迹般地活下来了，而且还有了三个孩子！更令人赞叹的是，1979年霍金被任命为剑桥大学卢卡西教授。能坐上这把教授交椅的人，从来都是英国最了不起的科学家。像牛顿和狄拉克（后者发现了反物质粒子），都曾先后担任过这一教授职位。

再过10年，即1989年，霍金被再次授勋，成为“勋爵”，这是英国最高的荣誉称号，是对公职人员和知识分子的最高表彰。在1988年，他写的《时间简史》先是在美国出版，后在全世界引起空前轰动，霍金的名声传到世界各个角落，与当年爱因斯坦的名声不相上下。

这对夫妇经历如此不可想象的磨难，终于到达成功的顶峰。但简却在这空前的成功中，越来越失落，越来越陷入痛苦的深渊。成功的炽热光辉照亮的是霍金，她却在这炫目的光亮中，沉入黑暗和迷茫之中。

这其中到底发生了什么事？

4. 处置失当，矛盾加剧

在结婚之前，简已经初步知道霍金家族的性格和待人接物的风格，与她从小习惯的很不相同。她也许认为只要在日后相处时处置恰当，加上相互了解和习惯，这种差异终会慢慢弥合。后来她才明白，她小看了这种差异，她没有从一开始就与霍金加强沟通，谈谈彼此的观念、习惯……以求彼此理解和退让，适应对方。

简是一个胆怯和比较容易自责的人，当出现了什么矛盾时，她本想与霍金交谈，让他了解自己的感受，但每到这一时刻她就退却了，反而自责自己心眼太小，小家子气，尤其看到霍金那副自信和不屑为“小事”烦扰的样子，她就更加自责。我们举一个典型的例子。

有一次，霍金的妹妹菲莉帕因一种奇怪的病住进牛津一家医院，他们家的人有些着急，在私下低声谈论着什么，但从来不向简详细说明他们为什么不安。连霍金也不与简谈论这件事，好像她是一个与他们家无关的外人，是一个根本不值得与之交谈的女子。这种潜在的分歧或者敌意，本应及时在沟通和交谈中消除，但简缺乏这种勇气。

露西、罗伯特（左一和右二）和邻居小孩在一个教堂花园里玩。

有一天，她开车和霍金一起去他父母家，准备与他的母亲去牛津看望菲莉帕。到家后，简正准备与他们一起出门时，他们两人突然一起盯着她。霍金似乎有些犹豫，却始终没有开口。最后，他的母亲开了口，毫不客气不可通融地对简说：

“菲莉帕想单独见斯蒂芬，不想见你。”

看到简一脸的茫然和尴尬，霍金没有说一句话，这显然让简更加伤心。她一时什么话也说不出来，只是惊诧地看着他们，尤其盼望霍金能够至少说出哪怕一个理由，为他母亲的突兀无理的态度辩解。但是没有！简从来没有受到过如此无理和几近羞辱的对待，她实在不懂这位长者怎么可以这样对待一个如此热爱她儿子的女人。她结结巴巴说了几句话，霍金的母亲用傲慢和讥讽的口气打断了简的话，说：

“我们知道你们两人相亲相爱，形影不离，那么我一个人去吧。”

简开始自责了，认为自己太小心眼，因此有些歉意地说：

“啊，不，我完全理解。好吧，霍金可以去，我一个人留在这里，我还有很多功课要做呢！”

但他们的车子却发动不起来，而斯蒂芬的母亲又不敢开简的车。于是简自告奋勇，由她开车把他们送到医院。但是，到了医院之后，简仍然没有进病房，而是在候诊室复习了一下午功课。回忆起这件事，简仍然有些激动地写道：

我们从牛津回来后，没有人再提那天上午发生的事。按照霍金家的传统，他们把那件事和其他许多心理和感情问题都掩盖起来，认为那些事情纯属琐碎小事，根本不值得认真考虑。在一种所谓的清高气氛中，他们从来不讨论情感问题：情感问题似乎对理智和理性的主导地位造成太大的威胁，而霍金家似乎正是依靠理性来保持其优越性的。

这是简几十年后在回忆中才有这样清醒的认识，在当年她可没有这种自信。正因为缺乏自信，她在霍金家的“理智”、“理性”面前显得自卑而胆怯，没有在潜伏的危机刚刚露头时，就相互倾心沟通，消除心理的障碍和过节，以至于后来发展得不可收拾。

话又说回来，霍金的成功一方面肯定得益于简这位伟大女性的爱和帮助，另一方面也正是霍金紧紧封死情感的可能伤害，他才有勇气面对可怕的生理缺陷，达到理性的伟大胜利。所谓“性格决定命运”就是这个意思。

简的性格（自责多于责人，容易和愿意原谅别人，富于情感的羞怯），当

1975年霍金夫妇(右一、右三)与亲人共度圣诞节。

然也决定了她的命运。当几个孩子接连出生，霍金的身体状况越来越差的时候，简出于对霍金的爱，对孩子的爱，还有她对上帝的信仰和一种崇高的使命感，使她能够斗志昂扬地面对一切困难，也克服了想象不到的困难。这时的简是不会从霍金身边离开的，而霍金也根本离不开她。

但后来发生的事情，就让简越来越难以忍受。

那时霍金成了全球的科学明星，生活经历又有传奇性质，因此各国媒体都挤到家里来，想用摄影机录下“惊人”镜头，一次又一次把观众吸引到电视机前。而每一次摄影机呜呜响动的时候，霍金当然就是中心人物，而简，有时加上孩子，都要服从霍金的需要，要在导演的安排下服从他们的“想象”，在镜头面前做出一些矫揉造作的姿态。而她认为导演的安排实际上是他们家庭生活不真实和拙劣的反映，她从内心感到厌恶。每到这个时候，她内心都会发出一种绝望的抗议。

但霍金已经习惯这种事情，媒体的这种公开宣传可以为他的事业带来很大的好处。简也深知这一点，也不愿意因自己的不满意而激怒霍金。但霍金却似乎忘记了尊重简的事业和人格。简找了一份教学工作，这是她唯一能使自己不成为霍金光环下的木偶，并保持自尊的希望。可是只要霍金需要，她得立即放下她的工作，出现在电视机镜头前，还不能愁眉苦脸，要装得面带微笑，心情愉快。如果霍金要出国，他也从来不征求简的意见：有没有空？能不能把工作放一下？从来不！在他的潜意识里，简得无条件服从他的需要，没有什么商量的余地。

有些媒体记者冷冰冰地提问，更使她无法忍受。她在自己努力下，获得了博士学位，尽力寻找合适的工作，绝对不愿意成为一个花瓶。但就有那么一些记者，莫名其妙地让人觉得，她只不过是霍金生命和成功的一个附属物，她之所以能享受如此“殊荣”，只不过因为很久以前和霍金结了婚，为他生了三个孩子，营造了一个安乐窝。因此，在这些记者、导演看来，满足媒体的需要，是简的任务，甚至是简的光荣！

但是，简不是一个爱慕虚荣的女性，更不愿意任人摆弄。她爱人们，愿意帮助他人，但她也有高度的自尊，希望有自己的生活空间，希望有维持自己尊严的工作。生活在霍金的光环或阴影下，绝非她所愿。

5. 家里来了志愿者

随着霍金的名声鹊起,社交应酬越来越多,这对于简可并不是一件什么好事情，她还有三个孩子要照应；霍金的行为能力又越来越受限制,虽然他有钢铁般的意志，顽强地克服困难，尽量减少对简的依赖，但疾病逐渐恶化，使他不得不向恶魔般的疾病妥协。最后连吃饭、睡觉、洗澡……几乎所有的活动都得靠简的帮助。简的负担之重，身心之疲乏，可想而知。如果简是一位甘愿当家庭妇女那种类型的女人倒也罢,她会因为丈夫的成功而心满意足。但不幸的是,她的家庭教养铸就她性格中的另一面:她希望有自己的追求和事业。她常常在内心质问自己：

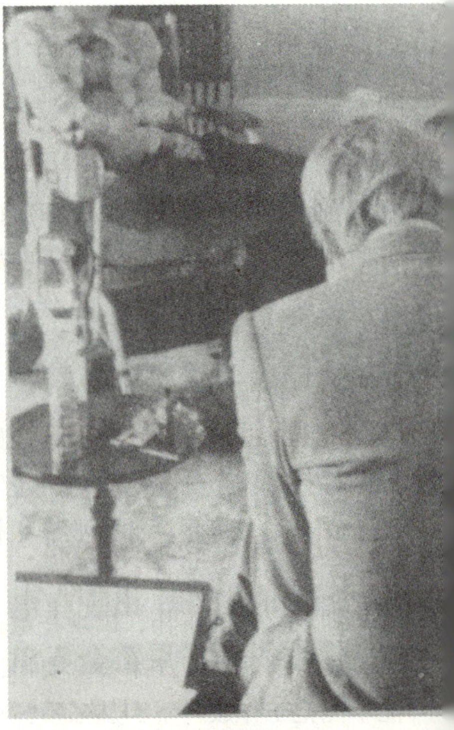

1975年3月,知名画家哈尼克为霍金画像,露西坐在一边,也被画进去了。

自己的生活走向何方？我拿什么向过去的30年交待？是的，我有孩子，还有斯蒂芬。斯蒂芬取得了卓越的成就，我也为他骄傲，但我并没有真正分享他的成功。

在一段时间内，她自觉并很骄傲地把自己的精力几乎全部献给了霍金，帮助他树立生活的信心和发挥他的天才。但在霍金取得辉煌成功的过程中，简却感到失落了。她开始问自己：“我是谁？我自己还剩下什么？”她从前雄心勃勃，个性很强，到后来却觉得自己渐渐成了媒体的摆设，像是摆在霍金左右的装饰品，成了一个由人挪去挪来的机器人，连起码的自尊心都在逐渐丧失。

当简的内心逐渐由苦闷而变得失望时，她和霍金由于已经形成的习惯，相互间一直很少交流和沟通，而霍金也由于家族铸造的性格从不愿意表示温情和体贴，可以想象，这样的两个人组成的家庭，又是在如此特殊状况下走过来的家庭——经历可怕的困难和极高的荣誉，想继续下去的确发生了困难。双方都没有什么可指责的，因为性格决定了命运。如果我们想把同情多给一点简，那么可以把爱尔兰著名作家王尔德的话送给她：

> 世上没有什么能够与出嫁后的女人的献身精神相比，对此，结过婚的男人却一无所知。

正像云雾的形成总得有一个可供结晶的水滴一样，霍金和简组成的家庭要彻底分裂也不那么容易，但是一个“志愿者”的出现，无疑使这个家庭终于开始裂变。

这个志愿者是乔纳森，是简在进入教堂唱诗班认识的。由于情绪低落，身心极度疲惫，一位理疗医师建议她参加当地教堂唱诗班：通过这种消遣活动使身心放松，肯定会解除她的一些苦恼和困扰。简听信了这个劝告，就到圣马克教堂加入唱诗班，那儿正需要几个女高音唱圣歌。经过练习，她取得了很大成绩，后来还被邀请参加教区各处唱圣歌的唱诗班。这种活动给她带来了愉快，恢复了一些自尊心。霍金现在有研究生帮忙照料，所以简的负担稍稍减轻了一些，有一段时间恢复了失去许久的自我。

在唱诗班，简认识了音乐指挥乔纳森，那是1977年年底的事情。那天唱完圣歌后，天已经很晚，乔纳森送简和露西回家，一路上他总是走在人行道的边上，保护她和女儿不被车辆撞着。他们边走边谈，像相识已久的朋友。

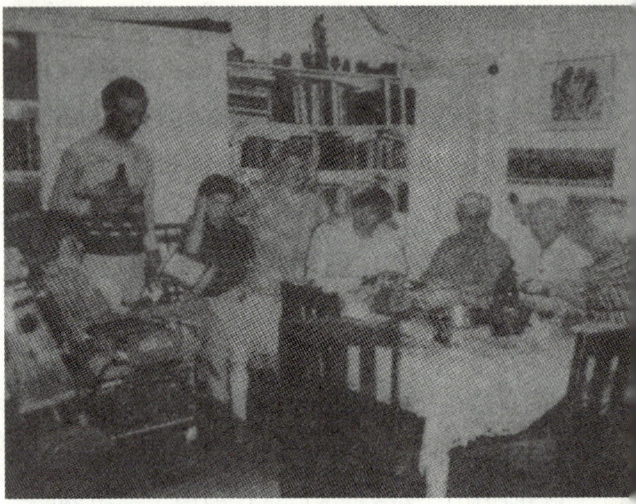

1986 年家庭聚会。左起：霍金、乔纳森、蒂莫西、露西、罗伯特、简的父亲、简的表舅杰克、简的母亲和房客佩吉。

简有很多年没有得到男性这样无微不至的关照，也好久没有这样愉快地与人交谈，谈唱歌、谈艺术、谈旅游……啊，久违了的倾心交谈！

乔纳森结婚后不久，妻子死于白血病，至今去世 18 个月了。在唱诗班当指挥，使他的痛苦渐次消解。简还从别人那儿得知，他是“一个多么好的人哟”！后来，简请他到家里教露西弹钢琴，露西也很快喜欢上了乔纳森。开始，他严格控制在简家停留的时间，后来由于和家里每个人都熟悉了，他停留的时间逐渐延长，有时留在简的家里吃中饭或晚饭，帮助简照顾霍金，这样，可怜的罗伯特就可以从承担了很久的家务中解脱出来，这让罗伯特感到无比高兴。久而久之，罗伯特开始在家门口等待乔纳森的到来，一见到他来了，立即欢叫着扑上前去和他扭打起来，其高兴之状，让简十分欣慰。但作为父亲的霍金会是什么感受呢？也许会由于自尊而有些尴尬，或者敌视？

但对于简来说，她觉得这简直就是上帝的惠泽。她曾谈到认识乔纳森以后的感受：

我处于精神崩溃边缘的时候遇到了乔纳森……是一种仁慈的神力有意安排的，使我们相识并成为相互关心的好朋友。

乔纳森则认为，他通过帮助霍金和简的一家人，找到了一个生活的目标，从而减轻了他的丧妻之痛。他把这层意思讲给了简听，使简消除了怀疑和不安。1978 年 5 月，他对霍金和简说：他准备承担起照顾这个家庭的义务。

开始，霍金不可避免地对这种“照顾”持怀疑态度，对乔纳森表现出一种男性间的敌视。他尽力表示出在智力方面对乔纳森的优势。但他很快发现乔纳森是一个无私的人，他是虔诚的教徒，根本没有与他竞争的任何意识，因此他沮丧地放弃了优越感和敌视。后来，还出现了一个简没有意料到的奇迹：在乔纳森的影响下，霍金变得更温和，更平静，更善解人意。简说：“斯蒂芬似乎可以松一松自己在同命运搏斗中所穿的坚硬沉重的盔甲。”

而且，简也开始和霍金谈心，诉说郁积在心中的苦恼。霍金大度而又温和地对简说，不仅他自己需要人帮助，简也需要人帮助；他表示，如果简能在乔纳森的帮助下心情愉快，这对他是一件值得欣慰的事情。这样，他可以全力以赴地进行科学研究。

在一段时期里，在他们三人齐心协力的努力下，简和霍金生活得比较愉快，烦恼也大为减少，而乔纳森在整个过程中，丧妻之痛渐次消解，还和霍金讨论他今后是应该成为音乐家，还是只满足于教音乐。教音乐是他谋生的手段。乔纳森比简小几岁，事业上远没有霍金那么光彩夺目，但他性情温和，善解人意，不固执己见，而且心地极其善良。在霍金和简的建议下，他开始思考自己成为一个演奏家的可能性，并开始向这个方向努力。而简也开始拾起荒废了的博士课程，觉得有希望实现梦寐以求的追求。

1981年3月，简终于披上了博士袍，成了梦寐以求的博士。

和平和安宁的气氛，使简恢复了生气和希望。她的弟弟克里斯认识了乔纳森以后，对姐姐简说：

简的弟弟一家六口人。

多年来，你一直独自一人驾驶着小船冲过波涛汹涌、前途未卜的水域。如果现在有人上船，愿意引导它驶向安全港湾，那么你应该接受他给你的任何帮助。

简的父母见到乔纳森以后，没有发表任何意见，也没有对乔纳森出现在女儿家中的事做任何评论。但简从一次谈话中知道他们对乔纳森评价很好，那次谈话是在简见到乔纳森的父母之后。她对妈妈说："乔纳森的父母是很好的人。"简的妈妈惊讶地看着女儿说："你这个笨孩子，这不是明摆着的吗？有乔纳森这样好的儿子，父母肯定是好人。他们怎么会不好呢？"

但是，这种奇特的组合，肯定会使一些外人难以理解，总会有人说三道四；而且，简也常常陷于苦恼中：她的行为是否构成了对霍金的不忠？虽然她并没有任何违规行为，但他们之间不可能没有爱情火花。每当感情纠缠不清时，简就会责备自己在谎言的掩饰下过一种双重生活。

这种奇特的组合，绝不是一种稳定的组合。只要稍加冲击，就很容易失去平衡而轰然坍塌！这恐怕是迟早的事情，简不会想不到，但她没有勇气拒绝乔纳森的帮助。

引起坍塌的外界条件，最后还是降临到了这个家庭。

6. 万般无奈终分手

由于霍金身体状况的恶化，他和简很少过夫妻生活，即使偶尔有这种事，质量也非常差，所以简就没有采取避孕措施。她哪里想到，她又怀了孕，1979年生下了第三个孩子蒂莫西。在整个怀孕过程中，乔纳森对简的照顾都十分周到，这使得简不仅顺利度过了这个困难时期，而且还利用这段少有的空闲，完成了间隔 13 年的博士论文。在临产那天晚上，由霍金的研究生开车把简送进医院。霍金想在孩子出生时待在简的身边陪伴她，于是在产房还专门安排一个相当大的空间，以便放下他的轮椅，他的理疗师也一直跟着他，以便随时照料霍金。乔纳森知道这时候他没有理由待在简的身边，虽然放心不下，但还是明智地走开了，到乡下他父亲那儿度过难捱的一天。

1987 年 10 月，西班牙友人宴请霍金夫妇。右三为蒂莫西，右一为伊莱恩，后来与霍金结婚。

由于难产，婴儿得留在医院，所以产后几周，简根本没有时间休息和恢复难产给身体带来的伤害。霍金需要照料，露西因为有了新来的弟弟而觉得少了一些母爱，十分委曲，也一时不能适应；而罗伯特又添乱，因为生病住进了儿童医院……在这种乱得一塌糊涂的时候，她更少不了乔纳森无私的帮助。他也毫无反悔地与他们一家同舟共济，共度困难时刻。他帮助照顾霍金，重家务活他几乎包了，还担负起送露西上学，到医院看望罗伯特的任务。有了这种周到的帮助，简才得以歇一口气，不至于身心彻底崩溃。

但是，乔纳森的无私帮助，虽然能被许多善心的人理解，但霍金的父母却丝毫不能原谅乔纳森进入他们儿子的家庭。有一天下午，简和霍金的母亲伊莎贝尔难得有机会单独坐在婴儿室里。简想利用这个机会解释乔纳森的无私帮助，还想介绍一下这个行为端正和善良的人。但她万万没有想到伊莎贝尔突然向简发起了出其不意的攻击，她用令人寒颤的目光直直地盯着简，冷酷无情地问：

“简，我有权知道蒂莫西是谁的孩子，是斯蒂芬的还是乔纳森的？”

简没有任何心理准备回答这种粗暴无理和突然袭击的问题，她愤怒、委曲，她想大声怒斥这个不讲道理的、践踏人性和美好感情的女人。但她生性

懦弱，没有胆量发脾气，她耐心地解释：她和乔纳森没有做过任何对不起斯蒂芬的事情，她也不会抛弃斯蒂芬，更不会拆散这个五口之家；而且乔纳森也决不会鼓励她做这样的事

1994年1月，简在剑桥大学的新房子里举行家宴。左起：罗伯特、简的母亲、简、露西、蒂莫西和简的父亲。

情。

但是伊莎贝尔根本听不进简的任何解释，在她看来乔纳森不可能像简说的那样是一个天使，在她看来蒂莫西一定是乔纳森的儿子，不可能是斯蒂芬的。她不顾一切后果，更没有一点同情心地继续攻击简，完全忘记简是如何在最危险的岁月帮助了她的儿子，她现在只看到儿子的辉煌成功。她无情地判定：

“你要明白，我们从来就没有真正喜欢过你，你确实不适合我们家庭。”

她在下逐客令了！要把简赶出霍金的家门！简的心破碎了，连斯蒂芬都从没有这样怀疑她、任意侮辱她，但一个做母亲的居然在没有任何事先沟通、交流的情形下，一锤子狠狠地砸下来，不顾事实，不问青红皂白。后来，伊莎贝尔为她的行为向简道歉，“但为时已晚”。简在想到这段难堪的痛苦时说：

> 由于霍金家的人不具备良好的心理直觉或觉察力，我不能指望他们家的任何人能像那些亲密而又机智的朋友们一样，理解乔纳森在我们这个家庭中的特殊重要性。

在这种沉重无情的打击下，简沮丧到了极点。霍金似乎也受到了母亲的影响，开始以他独特的方式表示不满。简情绪不好，意志消沉，奶水严重不足。霍金为了表示他的权威，不跟任何人商量，强迫只有 8 岁的露西与他一起，到城里买来一大堆奶瓶、橡皮奶头、奶粉……以为这样就解决了简喂奶的困难。但他没想到，这样却只给乔纳森增加了负担：他在每天晚上离开霍金的家里前，要调好第二天用的奶，然后放进冰箱里，以备不时之需。

不久，霍金父母又使出一招，让简无法应对。他们说美国得克萨斯州有一个医生，发明了一种新药，据说可以治疗霍金的病；而那位美国医生正准备邀请霍金去得克萨斯治疗，治疗时间可能是几个月，也可能是几年。霍金把他父母写给他的信给简看，但是去还是不去，却不置可否，似乎要让简一个人决定这么重大的事情。

简头脑发晕，无法对霍金说一句话。一家五口人，一个婴儿，加上不能动弹的霍金，她一个弱女子能够承担起这么重大的责任，举家前往美国？她想，他们使出这一招无非是想让乔纳森离开这个家庭，但他们又从来不想办法帮助这个可怜的家庭。她终于看清了这一残酷的现实：

霍金家根本不把我当人看待。我在他们眼里只不过是一个苦工，是一个为他们生了三个孩子的工具，是照料他们儿子的机器。我似乎无权拥有一个年轻女子的正常需要、希望和担心，更不要说知识方面的抱负了。我刚刚生完第三个孩子，在大孩子仍然病得很厉害，我还非常虚弱的时候，他们撕掉了薄薄的面纱，露出了狰狞面目，对我的厌恶之情在隐忍了多年之后，终于爆发出来。我太笨了，竟然没有认识到他们的恶毒用意……

这个家庭已经危若累卵，随时有崩溃的危险。简的心已经死了，她不再期望他们的什么“理智”，什么“同情”了。后来，简的父亲干预了这件事，他写了一封信给霍金的父亲，说如果大家都为霍金着想，那么要照顾两个年幼的孩子和一个在襁褓中的婴儿，再加上照料霍金，举家远行美国是不现实的。如果真有治好霍金病的可能，那他建议他们夫妻陪同去美国。

这封信挽救了简，因为霍金的父母没有回信，也不再提这件荒唐透顶的事情。

这场危机发生在1979年，这年霍金被任命为剑桥大学卢卡西教授。霍金的事业和成就，似乎并没有受到家庭危机的影响。甚至在日内瓦遇难失去语言功能以后，他仍然那么镇静地面对冷酷的人生。他依然那么冷静、睿智，而且那么幽默，抓住机会就开开玩笑，洋洋得意地显示出调皮的样子。在这种时刻，人们绝不会想到他的家庭正一步步走向终结。

1988年3月，霍金到美国去，简拒绝陪他一起去，因为在照料他的护士中，有些护士让简觉得无法共同相处，她称这些护士为“喜欢制造麻烦的护士”。简建议辞掉一些惹是生非的护士，但霍金断然拒绝，毫无商量的余地。就这样，他们的关系越来越紧张。1989年，他们两人还出席了一次新闻发布会，推销《时间简史》。从照片上看来，他们似乎不至于在一年之后最终分手。

1990年夏秋之交，霍金决定与简分居，他要和他的护士伊莱恩·梅森生活在一起。伊莱恩作为霍金的护士已经有3年多了。霍金现在收入不错，而且有基金会帮助，已经有能力请专职护士分班终日护理，但很难请到合适的护士，因为照料霍金是一件非常困难和沉重的事情。伊莱恩来了以后，情形总算好了一些。她认为照料霍金很容易，比起她养两个儿子容易得多。她的小儿子才两岁，大儿子与蒂莫西同岁，但她却能够忍受离开儿子的思念之苦，

1997年，简的已经成人的儿女陪她去教堂。左起：蒂莫西、露西、简和罗伯特。

全心全意照料霍金，并热情地担负起陪同霍金出国的护理照料事务。

最终，这对从患难中走过来的夫妻在1990年夏季以后开始分居，霍金跟伊莱恩住在了一起。由于种种原因，他们1995年5月才办理离婚手续。1997年7月，简则和乔纳森

1997年7月4日，简和乔纳森举行婚礼，各地亲友聚集一堂。

结了婚，离开英国，来到简的大儿子罗伯特工作的地方——美国的西雅图。罗伯特在微软公司工作。

在西雅图，身心得到解放的简决定写一部自传。一定要以“平衡而非情绪化的心态”来写她的自传，而且决心使这本自传必须是“消除恶意诽谤”的作品，使她能在倾诉往事后，“自由度过余生，不再为过去的阴影所烦扰”。在她的自传的结尾处这样写道：

霍金的孙子。

看到斯蒂芬继续获得巨大的成功，我为他高兴，也希望他得到应有的幸福。在《沙漠孤岛唱片》节目中，他向我表示敬意。由于这完全出乎我的意料，就更加令人感动。

这对离婚的夫妻的行为，堪称冰壶秋月，皎若星辰，令人们感动。我相信：他们合力拼搏的日子，会永远感动他们自己和每一位读者；他们适时地平静分手，也会给他们自己和关心他们的朋友带来由衷的欣慰！

宋代诗人王安石有诗云：

吹破春冰水放光，
山花涧草百般香。

八、霍金的中国情

霍金不仅在欧美闻名遐迩，就是在中国也被誉为当今最著名的科学家之一。他曾经两度来到中国，第一次是 1985 年，那时知道他大名的人恐怕不多；第二次是 2002 年底，这次霍金所到之处无不轰动，各种媒体也大肆炒作。

现在追溯起来，霍金的第二次中国之行能如此轰动，恐怕是因为他的《时间简史》在中国畅销多年。由书及人，人们这才知道有一个英国残疾科学家叫霍金，在宇宙学方面做出了很大的贡献。湖南科学技术出版社为此做出了很大的努力，功不可没。

1.《时间简史》在中国

在美国，《时间简史》于 1988 年 4 月出版，我在 1988 年 10 月 12 日就收到我大哥杨建军从美国寄来的原版书。那时我正因为冠心病住在大学医院里，在出院之前，我已经看完了整本书。那时我对霍金并没有什么特别的认识，封面上的霍金坐在轮椅上，除了比较瘦以外，似乎并没有什么特别的，我也没有从封面的照片中看出霍金有严重的残疾。知道他的令人敬佩的奋斗历程，是看了《时间简史》中译本[①]译者写的序，1995 年看了《时间简史续编》、《霍金讲演录》之后才了解的[②]。

当我在医院看完《时间简史》的英文版以后，被霍金的语言、思想所吸引，我立即让我的研究生翻译了其中我认为最精彩的两篇：《宇宙的图像》和《时间之箭》，投给《世界科学》杂志。他们很快在 1989 年的 4、5 两期上刊登出来。接着我在湖北找了几家出版社商谈出版这本书的中译本，但竟然没有出版社愿意出版！

---

①湖南科技出版社出版，1992 年。

②这两本书和《时间简史》，都是湖南科技出版社《第一推动丛书》之一。

1990年，清华大学出版社出版了《时间简史》的中译本，但并没有引起读者的广泛注意，这恐怕与这个译本的封面太平淡无奇有关。

《时间简史》中译本。

到了1992年，湖南科技出版社推出了后来名噪一时的《第一推动丛书》，丛书的第一本就是霍金的《时间简史——从大爆炸到黑洞》，而且译者之一就是霍金的中国博士生吴忠超！译者在序中生动地介绍了霍金，使读者初次知道了霍金是一位什么样的科学家。译者写道：

霍金的生平非常富有传奇性，在科学成就上，他是有史以来最杰出的科学家之一，他的贡献是在他被卢格里克病禁锢在轮椅上20年之久的情况下做出的，这真正是空前的。因为他的贡献对于人类的观念具有深远的影响，所以媒介早已有许多关于他如何与全身瘫痪作斗争的描述。尽管如此，当译者之一于1979年第一次见到他，仍然大吃一惊，当时的情景，至今仍历历在目。那是第一次参加霍金广义相对论小组的讨论班时。门打开后，忽然脑后响起一种非常微弱的电器的声音，回头一看，只见一个骨瘦如柴的人斜躺在电动轮椅上，他自己驱动着电动开关。我尽量保持礼貌而不显出过分吃惊，但是他对首次见到他的人对其残疾程度的吃惊，早已习惯。他要用很大努力才能抬起头来。在失声之前，只能用非常微弱的变形的语言交谈，这种语言只有在陪他工作、生活几个月后才能懂得。他不能写字，看书必须依赖于一种翻书的机器，读文献时必须让人将每一页摊平在一张大办公

霍金在他办公室的书桌前。

桌上，然后驱动轮椅如蚕吃桑叶般地逐页阅读。人们不得不对人类中居然有以这般坚强意志追求终极真理的灵魂，从内心产生深深的敬意。从他对译者私事的帮助可以体会到，他是一位富有人情味的人。

在另一篇文章中，吴忠超先生对下面的照片做了说明：“我是 1984 年 2 月离开剑桥之前，在他的办公室拍的一些照片。据说这些照片是他少有的露出童稚笑容的几张。照片背景的黑板上是我们论文的一些图。”

第一版的中译本，出版社和译者都费了不少心血：译者对霍金的传奇生涯做了感人的介绍，湖南科技出版社为书籍的封面做了精心的设计，但是纸张实在差劲！在媒体上也做了广泛的宣传，并在北京饭店与《读书》杂志社举行了首发式和座谈会，国内许多知名的科学家出席了这次座谈会，中央电视台对此也做了报道。这本书看来应该受到国内

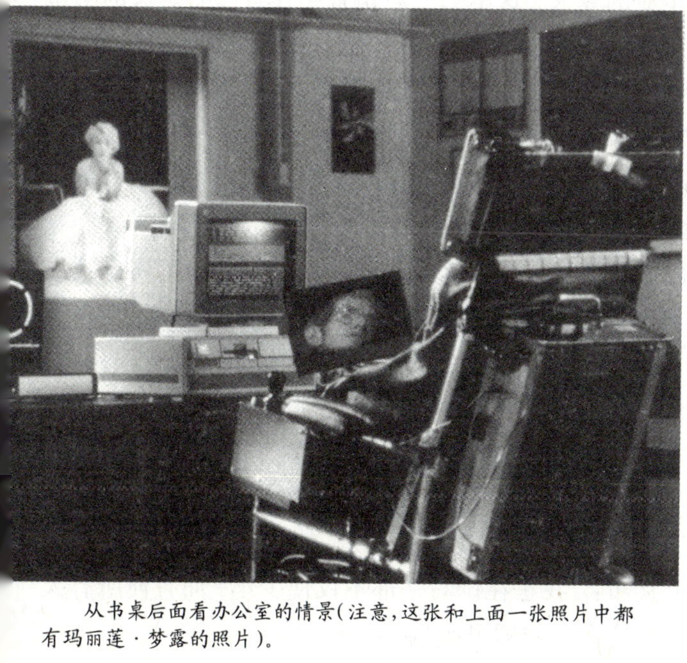

从书桌后面看办公室的情景(注意，这张和上面一张照片中都有玛丽莲·梦露的照片)。

霍金和他的中国博士生吴忠超合影(1984年)。

读者的重视，书也应该畅销。但是，《时间简史》第一版在1992年出版之后，在全国的征订数居然不到500本！直到1994年、1995年左右，这本书才渐渐在文化界和知识界流行开来，终于受到了读者的广泛欢迎，一时洛阳纸贵，成了热门的大畅销书；尽管出版社一印再印，在几年之内总是供不应求。到11年后的今天，这本书仍然是青年读者热心购买的书籍之一。吴忠超先生说，他和许明贤译的《时间简史》，在台湾10年来一直是畅销书之一，到1994年已经出版了6版，成为莘莘学子的“必读之书”。不过，吴忠超先生也说：“尽管如此，真正读完这本书的还是极少数。”霍金本人在一次讲话中也曾经说过，能够读懂《时间简史》全书的每一句话，就已经够格攻读引力物理学博士学位了。

2001年3月，湖南科技出版社又出版了《时间简史》的“十年增订版”；2002年2月，又出版了《时间简史》的“插图本”。2002年8月，正值霍金出席在北京举行的第24届国际数学家大会，一场“霍金热”席卷中国，《时间简史》插图本虽然定价45元，也仍然热销几个月。湖南科技出版社推出的霍金的另一本书《果壳中的宇宙》，虽非一般人可以看懂，也畅销一时。

在本节的最后，应该告诉读者一个更好的消息，这个消息对于那些很想读懂《时间简史》，却又不能完全读懂的读者来说是一个福音。2002年8月，霍金在一次记者招待会上宣布：“我正在撰写一部不仅使少年，而且使所有人都能看懂的版本，大约明年这个时候即可脱稿。”

《时间简史》10 年增订版(湖南科技出版社，2001 年)。

后来由于霍金在 2004 年年初大病一场，许多人都以为他这一次大劫难逃，那知顽强的霍金又一次击败病魔，活了过来。但是他的身体又一次受到严重摧残。现在，睡觉必须戴上氧气面罩，而且每 40 分钟左右，护理人员就必须为他翻身一次。就在这种极端恶劣的身体条件下，他没有忘记他的诺言，在 2004 年 5 月完成了《时间简明史》(A Briefer History of Time)。英文里只不过把原来的 Brief History 改成比较级的 briefer History。吴忠超先生已经把这本书翻译成中文。为了恰当地表示 briefer，吴先生在仔细思考后，决定把书名改为《时间简明史》。妙哉!

这本书仍然由湖南科技出版社出版。相信这本 briefer 和“所有人都能看懂的版本”的时间简史，会受到更多读者的热烈欢迎。

2. 两次到中国

霍金第一次到中国来，是由吴忠超先生联系的。那一次是 1985 年的春天，霍金访问了中国科技大学（合肥）和北京师范大学，在这两所大学做了学术报告，至今科大的学生一提起 20 年前霍金的报告，仍然非常兴奋。而霍金此后也几次向吴忠超问起科大的情形。

简因为家中有三个小孩，小儿子蒂莫西只有 6 岁，所以不能跟随霍金到遥远而神秘的中国来。霍金开始对简不跟他一起到中国，十分生气。后来简耐心解释说，三个孩子需要她的照料，再加之他的学生卡尔和约兰塔答应担负起陪同霍金到中国来的重任，霍金这才高兴起来。这两个研究生后来抬着霍金上下飞机和火车，而且还勇敢地把霍金连同轮椅一起，抬上了长城！

回国以后，他们都很疲劳，但霍金对自己成功的旅行，尤其是还上了长城，感到很自豪。不知道霍金是否知道中国有一句民谚："不到长城非好汉！"如果他听说了，那他岂止"自豪"，肯定还会为他登上长城的壮举而骄傲：

"我上了长城，我是好汉！"

但是，也许由于疲劳和气候不适，霍金从中国回家以后，身体状况很不好，经常咳嗽，甚至对食物也十分敏感，这些食物也常常会引起他剧烈的咳嗽。许多夜晚，霍金都是躺在简的怀里睡觉，简轻轻拍着他的背，让他安静下来，消除对一阵阵咳嗽的恐惧和惊慌。

当后来霍金在瑞士日内瓦遭遇不幸时，简当时不由惊恐地想到，春天她没有随霍金一起到中国来是多么危险的事！如果在中国发生了后来在日内瓦的不幸，后果真是不堪设想！

到了 1997 年，霍金又想拜访中国，中国的变化和进步，让他感到好奇。他多次向吴忠超谈起再访中国的事，但由于种种原因没有成行。

2002 年 8 月在北京举行第 24 届国际数学大会，霍金终于乘此机会，第二次来到中国；距第一次到中国过了 17 年。这 17 年中，霍金除了成为世界闻名的科学明星以外，在 1995 年他与简离了婚。所以这次是伊莱恩陪同霍金到中国来的。

8 月 9 日上午，霍金一行六人抵达上海浦东国际机场，这六个人除了霍金以外还有他的妻子伊莱恩、助手尼尔·希勒和三个护士，这三个护士负责 24 小时的轮班护理。

他们在上海国航宾馆稍作休息以后，先到浙江大学演讲；浙江大学请吴忠超先生做翻译。要做霍金的翻译是很不容易的，一来要了解他的研究内容，这才能保证翻译的准确性；二来要了解霍金的文化修养，否则也是无法贴切地传达他的思想。霍金的文化修养很高，对莎士比亚的作品十分了解，他常常顺手拈来一句莎士比亚作品中的原话，稍加修改，就会成为幽默而意思隽永的话。翻译者如果文化修养不高，就会大损霍金讲话的深度和奥妙之处。

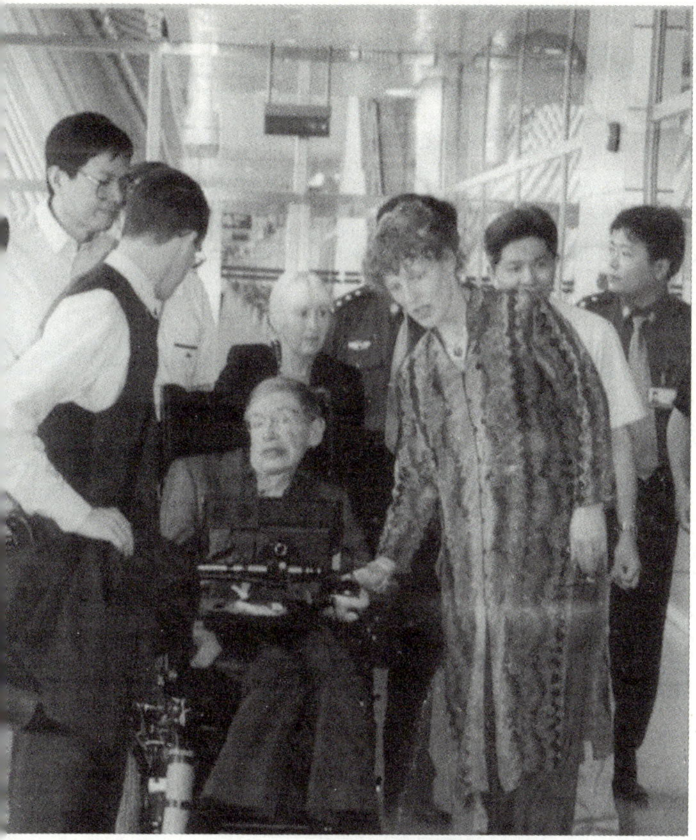

霍金与他的妻子伊莱恩(前排右一)到达上海浦东国际机场。后排左一是吴忠超先生,任霍金的临时翻译。

最后，翻译如果能熟知霍金讲话的习惯，就可翻译得更到位，更传神。

显然，作为霍金的博士生的吴忠超先生，几年来与霍金朝夕相处，由他任翻译当然是最合适的了。但就是吴忠超先生，翻译时也有为难之处。例如有一次在饭店用餐时，霍金喝了一点酒，胃口也很好，兴致来了，在电脑上打出：

“在中国，像罗马人那样行事。”

这句话可能很多人不知道说的是什么意思，当时吴忠超先生是怎么翻译的不大清楚，后来，他在《霍金的杭州之行》[①]一文中写道：

“我猜想他说的是入乡随俗。”

猜对了！原来霍金又是引用了莎士比亚的一句话：“在罗马，像罗马人那样行事。”意思的确是“入乡随俗”，与中国民间谚语“走到哪座山唱哪座山的歌”的意思相近。但霍金却非常俏皮地把第一个“罗马”两字改成了“中国”[①]。

①此文刊登在《科学》2003 年 5 期，第 55~58 页。

在国航宾馆休息了 4 个小时后，霍金的精神好了一些，所以在离开宾馆时，他能够有精力和兴致，用语言合成器向经理致谢。这是他这次踏上中国土地后说的第一句话。

在车上，伊莱恩将霍金抱到她怀里。当车到达浙江省地界时，原来护送他们的上海警车鸣笛向霍金一行告别，吴忠超向霍金说明鸣笛的意思，霍金觉得有趣，孩子般的笑容在他脸上荡漾开来。见到霍金的笑容，吴忠超感触万分地写道：

> 很早以来我就注意到，沮丧和孩子般的笑容在霍金的面部交替出现，这两种表情似乎是霍金情绪上最主要的起伏和波动。孩子般纯净的笑容是没遭世俗污染的容颜，而沮丧是对禁锢的无奈和对自由的渴望，毕竟只有灵魂能够自由地遨游宇宙是远远不够的。

吴忠超先生的这段感触，深切地道出了霍金的追求和无奈。我们可以说，顽强而成功的霍金，其实内心何尝没有无奈和痛苦啊！幸亏他有伟大的智慧，大大地化解了他的无奈和痛苦，当他的灵魂遨游宇宙，成为“宇宙之王”时，他的无奈和痛苦多少可以被化解一些。

当霍金一行到达杭州香格里拉饭店时，正门前有 100 多位记者等待采访、拍照。伊莱恩知道这一情形后，当机立断，改从后门进入饭店。霍金住的 631 号套房，正好对着西湖。第二天上午，当妻子、助手和护士都因为时差还在睡大觉时，霍金却

霍金在杭州举行记者招待会，左一为吴忠超，右一为霍金妻子伊莱恩。

①钱定平：《霍金的文化修养》，《科学时报·科学周末》，2002 年 12 月 8 日第 3 版。

霍金在浙江大学做学术报告。

似乎并没受到太大影响，自己驱动电动轮椅，到阳台上欣赏山色空蒙的西湖景色。

8月11日下午，在香格里拉饭店二楼举行了记者招待会。在事先就拟好的10个问题中，霍金只回答8个问题。8个问题问完了以后，记者自由提问，一位记者问：

“您1985年来过中国，在这17年里您觉得中国发生了什么变化？”

霍金幽默地回答说：“1985年满街自行车，而现在是交通堵塞。”

招待会快结束时，湖南科技出版社的代表向霍金赠送了他们出版社刚出版的插图本《时间简史》和《果壳中的世界》，这是印刷非常精美的两本书；此后几个月，这两本书畅销国内。虽然很多人并不一定能看懂，尤其是第二本，但许多读者都愿意花费近90元钱把它们买下来。

8月12日，霍金向杭州公众做《M理论的宇宙学》的学术演讲。

8月15日上午，他到浙江大学体育馆向莘莘学子做《胚的新奇世界》的学术报告。听众中除了浙江大学的学生以外，还有许多从上海赶来的学生，大约有3000多人听了霍金的报告。

在演讲开始的时候，在巨幅宇宙星空的背景下，一束光线照亮了霍金瘦弱的身子，在红色的大鹅绒幕布上投射出淡淡的影了。霍金讲道：

我们自以为生活在4维的空间里，但也许我们不过是高维空间事物的投影……

在没有演讲的日子里，霍金游览了西湖和杭州的河坊街。

在游览西湖的时候，大家乘坐一条比较大的画舫，霍金夫妇坐在最前面，浙江大学的丘成桐教授和吴忠超先生在他们身后，随时介绍眼前的风景。当画舫经过雷峰塔时，丘成桐向他们讲述了中国的神话故事《白蛇传》。伊莱恩津津有味地听着。当讲完了的时候，她立即说：

“那白蛇化成的妇人一定美丽动人。”

大家都笑起来。这时，一束斜阳射到雷峰塔的金顶上，显得格外光彩动人。

到了三潭印月附近，吴忠超对霍金讲，那屹立在水面上的三座石灯，其建成的年代比剑桥建校的年代还要古老，它们的所在之处，是西湖最深的地方。画舫在三潭停了一些时候，没有上小瀛洲画舫就往回行驶。

宋朝著名诗人杨万里曾经在一首诗里写道：

毕竟西湖六月中，风光不与四时同；
接天莲叶无穷碧，映日荷花别样红。

这首诗的名字是《晓出净慈寺送林子方》，历来受到人们喜爱，广为传诵。霍金不知是从哪儿听到过杨万里的这首诗，加上游兴未减，因此还想要欣赏“别样红”的“映日荷花”。但画舫不能穿过苏堤六桥到刘庄，只好返回，到西泠桥下欣赏荷花。

临上岸时，有人采来三朵荷花送给霍金夫妇。

大约到了5点钟，到河坊街游览。他们一行人边走边看，围观的人越来越多，后来还有一个女孩子给霍金献上一束鲜花，并且热情地吻了一下霍金的脸，周围人报以热烈的掌声。

沿途，一家茶馆送上“九九红曲茶”，霍金听了祝词，喝了这杯茶；一家工艺品商店的内画壶使霍金很感兴趣，这家工艺社立即答应第二天送给他一个鼻烟

霍金游览河坊街。

在游览河坊街时，霍金接受了一位杭州姑娘热情的一吻。

壶，里面将画上霍金的彩色像；经过一家成衣店，伊莱恩前天定做的连衣裙已经做好，当她看到做好的黄色连衣裙时，十分喜爱，店主还送她一套丝绸睡衣。

天色渐晚，他们一行人到“钱塘人家”饭店用餐。席间霍金将一杯米酒一饮而尽，并兴致极高地在电脑上打出了一行字，吴忠超趋近一看，是酒后豪情：

“我能解决 M 理论了！”

16 日，霍金又驱动轮椅，在西湖小道上浏览了风光，真如同宋朝大诗人苏轼所写的那样：

水光潋滟晴方好，
山色空蒙雨亦奇。
欲把西湖比西子，
淡妆浓抹总相宜。

霍金近照。

流连了一会儿，与大家合影之后，霍金一行乘飞机去了北京。

在北京国际数学家大会上，霍金又一次做了《胚的新奇世界》的学术报告。然后起程回到剑桥。

别了，霍金！

中国学者将永远记得您说过的这句话：

“我能解决 M 理论了！”

中国人也将永远记得您的另一句至理名言：

“一个人永远不要绝望！”

参考书目

（英）迈克尔·怀特，约翰·克里宾著. 洪伟译. 斯蒂芬·霍金的科学生涯（Stephen Hawking: A Life in Science）. 上海译文出版社，1997

（英）简·霍金著. Music to move the Science. 有两个中译本：音乐移动群星. 赵伯英等译. 当代世界出版社，2002；霍金前妻回忆录. 常云凤，王俪蓉译. 台湾：天下远见出版股份有限公司，2003

（美）梅莉莎·麦克丹尼尔著. 翟玉章译. 斯蒂芬·霍金：物理学的革命者（Stephen Hawking: Revolutionary Physicist）. 世界知识出版社，1998

斯蒂芬·霍金著. 许明贤，吴忠超译. 时间简史（A Brief History of Time: From Big Bang to Black Hole）. 湖南科技出版社，1992

斯蒂芬·霍金著. 胡小明，吴忠超译. 时间简史续编（A Brief History of Time: A Reader's Companion）. 湖南科技出版社，1994

斯蒂芬·霍金著. 杜欣欣，吴忠超译. 霍金演讲录. 湖南科技出版社，1994

（美）戴维·费尔津著.赵复垣译.霍金的宇宙（Stephen Hawking's Universe）. 海南出版社，2000

（英）保罗·戴维斯著. 崔存明译. 关于时间. 吉林人民出版社，2002

（日）鸨巢直树著. 漫画霍金：轮椅上的天才物理学家. 世界图书出版公司，1996

B. 格林著. 李泳译. 宇宙的琴弦（The Elegant Universe）. 湖南科技出版社，2002

基普·索恩著. 斯蒂芬·霍金序. 李泳译. 黑洞与时间弯曲（Black Holes and TimeWarps: Einstein's Outrageous Legacy）. 湖南科技出版社，2000

斯蒂芬·霍金，罗杰·彭罗斯著. 杜欣欣，吴忠超译. 时空本性（The Nature of Spaceand Time）. 湖南科技出版社，1996

斯蒂芬·霍金著. 吴忠超译. 果壳中的宇宙（The Universe in ANutshell）.

一位什么样的科学家……

从那时起，我就决心写一本霍金的传记。这个愿望直到今年才真的实现了。这要感谢长春出版社的张樱、杜菲两位编辑。我与她们两位是多年的朋友，而且十分幸运的是，我写的《玻尔传》和《居里夫人传》都是在她们的帮助下在长春出版社出版的。现在又由他们出版了我写的霍金的传记，让人觉得我与长春出版社实在有缘。在本书出版之际，我理应向长春出版社的张樱和杜菲两位编辑表示深深的感谢。

还有一点也许值得说一说，那就是霍金的离婚该不该写进来？写进来就会让读者感到遗憾。霍金的第一个妻子简，对于霍金的一生具有非常重要的意义。可以说，是这位伟大的女性在霍金因为疾病而极度失望时拯救了他；但是在霍金走向辉煌的时候，他们最终却分了手。这种遗憾是每一位读者无法释怀的。考虑良久，我还是决定把它写出来：让读者认识一个全面的霍金——有缺点的霍金。我们喜欢皆大欢喜的结局，然而世界上很少有这种理想的结局；让读者不要忘记这一点，也是作者的责任。

杨建邺

于华中科技大学宁泊书斋

2005年5月31日